구속사의 관점에서 본

구약성경 파노라마

소선지서 · I

(호세아 · 아모스)

개정판

구속사의 관점에서 본

소선지서·Ⅰ 파노라마(개정판)
호세아 · 아모스

Copyright ⓒ 머릿돌 2022

초   판   2003년 3월 24일
개 정 판   2022년 7월 15일

지 은 이   유도순
펴 낸 이   유효성
펴 낸 곳   머릿돌

등록번호   제17-240호
등록일자   1997년 5월 20일
주   소   경기도 성남시 분당구 성남대로 30, 501호
              Mobile 010-9472-8327
              http://cafe.daum.net/gusoksa
E-mail   yoodosun@hanmail.net/ yoohs516@hanmail.net,

총   판   기독교출판유통
주   소   경기도 파주시 월동면 통일로 620번길128 (031-906-9191)

ISBN   978-89-87600-94-9

디 자 인   참디자인(02-3216-1085)

구속사의 관점에서 본

구약성경
파노라마

유도순 지음

25

소선지서·Ⅰ

호세아 / 아모스

개 정 판

머릿돌

머 리 말

호세아서를 통해서 말씀하고자 하는 중심적(中心的)인 주제(主題)가 무엇인가?

"심판과 멸망"인가?

아니면 "불타는 사랑"입니까?

이것들이 호세아서의 중요한 주제 중의 하나임은 분명합니다.

그러나 저는 "아니라"고 말씀드리겠습니다.

하나님께서는 "내 마음이 내 속에서 돌이키어 나의 긍휼이 온전히 불붙듯 하도다"(11:8) 하십니다. 그런데 하나님의 사랑이 마음 속에서 "불붙듯"하고만 있었다면 나 같은 죄인에게는 별 도움이 되지 못했을 것입니다.

성경은 말씀합니다. "하나님의 사랑이 우리에게 이렇게 나타난 바 되었으니 하나님이 자기의 독생자를 세상에 보내심은 그로 말미암아 우리를 살리려 하심이라"(요일 4:9).

하나님의 "불붙는 사랑"은 자기 아들을 대속제물로 내어주시는 것으로 나타났던 것입니다. 그리고 이 계획은 임기응변으로 이루어진 일이 아닙니다. 성경은 말씀합니다. "이 복음은 하나님이 선지자(先知者)들을 통하여 그의 아들에 관하여 성경에 미리 약속하신 것이라"(롬 1:2).

그러므로 호세아서를 통해서 말씀하시려는 중심주제(中心主題)도 "아들에 관한 복음(福音)"입니다.
① "나의 진노가 그에게서 떠났음이니라"(14:4) 하시는데, 이는 주님께서 우리를 대신해서 진노를 받으심으로 떠나게 된 것입니다.
② "내가 그들을 스올의 권세에서 속량하며 사망에서 구속하리니"(13:14)하시는데, 우리가 스올의 권세에서 구원을 얻은 것은 오직 그리스도의 "속량"으로 말미암아서입니다. 이는 의문(儀文)이 아니라 복음인 것입니다.
③ 그러므로 "그 왕 다윗을 구하게"(3:5) 될 것이라고 말씀합니다. 이는 명백한 메시아 약속입니다.

호세아서는 "누가 지혜가 있어 이런 일을 깨달으며 누가 총명이 있어 이런 일을 알겠느냐"(14:9)고 마치고 있습니다.

형제여, 우리는 이를 증언하여 깨닫게 하라고 세움을 입은 "그리스도의 증인"들입니다. 저는 복음, 곧 우리 주 예수 그리스도를 증언하기 위해서 이 책을 썼습니다. 이는 제가 주님을 처음 만났을 때의 약속입니다.

우리교회
원로목사 유도순

Contents

아모스 파노라마

호세아

The Book of Hosea

호세아서 개관도표

주제 : 내가 네게 장가들어 영원히 살리라

사람이 행한 일(절망)	하나님의 심판	하나님의 약속(소망)
1장 너는 가서 음란한 여자를 맞이하여 음란한 자식들을 낳으라 이 나라가 여호와를 떠나 크게 음란함이니라(2)	나라를 폐할 것임이니라(4) 로루하마라 하라(6) 로암미라 하라(9)	너희는 하나님의 아들들이라 할 것이라(10) 한 우두머리를 세우고 그 땅에서 올라오리라 이스르엘의 날이 클 것임이로다(11) 형제에게는 암미라 하고 너희 자매에게는 루하마라 하라(2:1)
2장 그들의 어머니는 음행하였고(5) 음란한 자식들임이니라(4)	그는 내 아내가 아니요 나는 그의 남편이 아니라(2) 자녀를 긍휼히 여기지 아니하리니(4)	내가 네게 장가들어 영원히 살되(19) 긍휼히 여김을 받지 못하였던 자를 긍휼히 여기며 내 백성이 아니었던 자에게, 너는 내 백성이라 하리니(23)
3장 타인의 사랑을 받아 음녀가 된 그 여자를 사랑하라(1)	많은 날 동안 왕도 없고...지내다가(4)	내가 나를 위하여 그를 사고(2) 여호와와 그들의 왕 다윗을찾고(5)
4장 이 땅에는 진실도, 인애도, 하나님을 아는 지식도 없고(1) 내 백성이 지식이 없으므로 망하는도다 네가 지식을 버렸으니(6),	내가 네 어머니를 멸하리라(5) 나도 너를 버려 제사장이 되지 못하게 할 것이요(6)	
5장 음란한 마음이 그 속에 있어 여호와를 알지 못하는 까닭이니라(4)	너희에게 심판이 있나니(1) 여호와를 만나지 못할 것은, 이미 떠나셨음이라(6)	내가 내 곳으로 돌아가서, 내 얼굴을 구하기까지 돌아가리라(15)
6장 너희의 인애가 아침 구름이나 쉬 없어지는 이슬 같도다(4하) 그들은 아담처럼 언약을 어기고(7)	에브라임아 내가 네게 어떻게 하랴 유다야 내가 네게 어떻게 하랴(4)	늦은 비와 같이 임하시리라(3) 나는 인애를 원하고, 번제보다 하나님을 아는 것을 원하노라(6)
7장 달궈진 화덕과 같도다(4) 뒤집지 않은 전병이로다(8) 어리석은 비둘기 같이(11) 속이는 활과 같으며(16)	공중의 새처럼 떨어뜨리고, 회중에 들려준 대로 그들을 징계하리라(12) 화 있을진저, 패망할진저(13)	내가 이스라엘을 치료하려 할 때에(1) 내가 그들을 구속주려 하나(13)
8장 그들이 왕들을 세웠으나 내게서 난 것이 아니며(4) 우상을 만들었나니 결국은 파괴되고 말리라(4) 네 송아지를 버렸느니라(5)	나팔을 네 입에 댈지어다 원수가 독수리처럼, 덮치리니(1)	
9장 네가 음행하여 네 하나님을 떠나고(1) 선지자가 어리석었고, 신에 감동하는 자가 미쳤나니(7) 선지자는, 새 잡는 자의 그물 같고(8)	형벌의 날이 이르렀고 보응의 날이 온 것을 알지라(7) 내가 그들을 떠나는 때에는, 그들에게 화가 미치리라(12) 내 집에서 그들을 쫓아내고, 다시는 사랑하지 아니하리라(15)	
10장 그들이 두 마음을 품었으니(2) 그들이 두 가지 죄에 걸릴 때에(10)	이제 벌을 받을 것이라(2) 이는 그의 영광이 떠나감이며(5)	너희 묵은 땅을 기경하라 마침내 여호와께서 오사 공의를 비처럼 내리시리라(12)
11장 부를수록 점점 멀리하고(2) 돌아 오라 할지라도 일어나는 자가 하나도 없도다(7)		이스라엘아 내가 어찌 너를 버리겠느냐, 내 마음이 불붙듯하도다(8) 내가 그들의 집에 머물게 하리라(11)
12장 형의 발뒤꿈치를 잡았고(3), 천사와 힘을 겨루어 이기고(4)	야곱을 행실대로 벌하시며, 보응하시리라(2)	하나님은 벧엘에서 그를 만나셨고 우리에게 말씀하셨느니라(4)
13장 바알로 말미암아 범죄하므로 망하였거늘(1) 교만하며, 나를 잊었느니라(6) 너를 도와주는 나를 대적하였으니라(9) 너희 하나님을 배반하였으므로(16)	사자 같고, 표범 같으니라(7) 곰 같이, 암사자같이 그들을 삼키리라(8)	네가 애굽 땅에 있을 때부터 네 하나님 여호와라 나 외에 구원자가 없느니라(4) 내가 그들을 스올의 권세에서 속량하며 사망에서 구속하리라(14)
14장 이스라엘아 네 하나님 여호와께로 돌아오라 네가 불의함으로 말미암아 엎드러졌느니라(1) 말씀을 가지고 여호와께 돌아와서 아뢰기를, 모든 불의를 제거하시고 선한 바를 받으소서 수송아지를 대신하여 입술의 열매를 주께 드리리이다(2)	나의 진노가 그에게서 떠났음이니라(4)	내가 그들의 반역을 고치고 기쁘게 그들을 사랑하리니(4) 내가 이스라엘에게 이슬과 같으리니 그가 백합화같이 피겠고...포도주같이 되리라(5-7) 누가 지혜가 있어 이런 일을 깨달으며, 여호와의 도는 정직하니 의인은 그 길로 다니거니와(9)

※도표 : 본문은 행을 따라 옆으로 읽으시고, 의미는 부호를 따라 추구해 보십시오.

호세아 파노라마

호세아 선지자는 북쪽 이스라엘이 앗수르에 의해서 패망하기 직전에 하나님께서 마지막으로 회개할 기회를 주기 위해서 세우신 선지자입니다. 호세아 선지자를 가리켜 "0시의 선지자, 상한 마음의 선지자"라 부르는데, 이는 예레미야가 유다의 멸망을 목격해야 했듯이 호세아도 이스라엘의 멸망을 직접 목격해야 했기 때문입니다. 호세아서는 크게 세 부분으로 나누어집니다. 첫 부분인 1-3장은 이스라엘이 자기 남편을 버리고 다른 정부(情夫)를 따라간 음부(淫婦)로 묘사되어 있습니다. 둘째 부분인 4-10장에서는 그들이 어찌하여 심판을 받아 마땅한가를 말씀합니다. 그런데 마지막 부분인 11-14장에서는 그들에게 회복의 소망을 말씀하는 내용입니다.

호세아서는 하나님께서 선지자에게 "너는 가서 음란한 아내를 맞이하라"(장가들라)고 명하시는 것으로 시작됩니다. 선지자가 정결한 처녀가 아니라 음란한 여인을 아내로 맞이한다는 것은 합당하지 못한 처사입니다. 그런데 왜 이렇게 명하시는 것일까요? "이 나라(이스라엘)가 여호와를 떠나 크게 음란함이니라"(1:2)고 그 이유를 말씀하십니다. 이를 통해서 하나님과 이스라엘의 관계를 보여주시려는 것입니다. 그렇다면 그 관계란 절망인 것입니다.

그런데 성경은 언제, 어떤 상황에서도 절망으로 끝나고 있지 않습니다. 다음 장에서 하나님은 "내가 네게 장가들어 영원히 살되 공의와 정의와 은총과 긍휼히 여김으로 네게 장가들며 진실함으로 네게 장가들리니"(2:19)라고 소망을 말씀하십니다. 호세아에게 장가들라 하심과 하나님이 네게 장가들겠다는 것이 대칭(對稱)을 이루고 있는 구조(構造)라는 점을 놓치지 마시기 바랍니다. 여기에는 하나님께서 이루시고자 하는 원대한 계획이 함의(含意)되어 있는데,

① 하나님과의 연합(네게 장가들어)

② 하나님의 나라건설(영원히 살되)

③ 이것이 어떻게 가능하여지는가 하는 이루시는 방도(공의와 정의와 은총과 긍휼히 여김으로)가 계시되어 있는 것입니다.

누가 누구에게 장가들겠다고 말씀하시는가? 만군의 여호와께서 창녀와 같은 "네게" 장가들겠다는 것입니다. 이는 죄인 된 인간이 들을 수 있는 지고(至高)지선(至善)의 말씀인 것입니다. 이 이상은 없습니다. "장가들겠다"는 결혼 관계는 하나님과의 관계를 나타내는 묘사인데, 이를 가리켜 연합교리라고 말합니다. 부부 됨은 가장 가까운 것만을 나타내는 것이 아니라 하나 됨을 의미하는 것입니다. 시조의 범죄로 말미암아 하나님과의 관계는 분리되

었고, 합할 수 없는 처지가 되었습니다. 그런데 의로우신 하나님이 죄인하고 어떻게 연합을 할 수 있단 말인가? 그러므로 "너는 또 가서 타인에게 사랑을 받아 음부가 된 그 여자를 사랑하라", 즉 값을 주고 사오라(3:1-2)는 "구속"이 필요하게 되는 것입니다. 이는 호세아가 고멜을 사랑하는 것을 말씀하시려는 것이 아닙니다. 자기 아들을 대속제물로 내어주시고 우리를 사랑하시고 구속하여주실 것을 예표로 보여주시려는 것입니다. 하나님은 말씀하십니다. "내가 그들을 스올의 권세에서 속량하며 사망에서 구속하리니"(13:14), 이 구속을 통해서 장가드심이 가능하여지는 것입니다. 이는 의문(儀文)이 아니라 복음인 것입니다. 이것이 "공의와 정의의 은총과 긍휼히 여김으로 네게 장가들리라"는 말씀에 함의되어 있는 뜻입니다.

하나님께서는 음부 같은 이스라엘을 향해 "내가 어찌 너를 놓겠느냐, 내가 어찌 너를 버리겠느냐" 하시면서 "내 마음이 내 속에서 돌이키어 나의 긍휼히 온전히 불붙듯 하도다"(11:8) 하십니다. 그런데 하나님의 사랑이 불붙듯 하고만 있었던 것은 아닙니다. 그렇게만 하셨다면 장가드심은 불가능했을 것입니다. 하나님은 사랑을 나타내셨던 것입니다. 성경은 말씀합니다. "하나님의 사랑이 우리에게 이렇게 나타난 바 되었으니 하나님이 자기의 독생자를 세상에 보내심은 그로 말미암아 우리를 살리려 하심이니라"(요일 4:9).

그러므로 호세아서를 상고할 때에 결정적으로 중요한 요점은, 첫째 부분인 1-3장에 "절망과 소망"이 여러 번 교차하고 있음을 깨닫는 일입니다. 이를 놓치게 되면 핵심적인 주제에서 곁길로 빠지게 됩니다. 호세아는 음란한 아내와 결혼하여 "이스르엘·로루하마·로암미"라는 "음란한 자식들"을 낳습니다. 이것은 인간이 낳은 자식들임을 명심하시기 바랍니다. 그렇다면 하나님께서 "내가 네게 장가들어" 낳게 될 자식들은 어떤 자식들일까요? 이 대조(對照)가 이름을 통해서 계시되어 있는데,

① "이스르엘이라 하라"(1:4), 즉 나라를 폐할 것임이니라 하신 것이 놀랍게도 "이스르엘의 날이 클 것임이로다"(1:11)고 절망에서 소망으로 변화가 일어납니다. 이것은 하나님이 낳은 자식, 즉 이루심입니다.

② "로루하마라 하라"(1:6), 즉 긍휼히 여겨서 사하지 않을 것임이니라 하신 것이 부정하는 "로"를 떼어버리고 "너희 자매에게는 루하마라 하라"(2:1) 하십니다. 여기에 소망이 있습니다.

③ 로암미라 하라(1:9), 즉 내 백성이 아니라 하신 것이 "너희 형제에게는 암미라 하라"(2:1) 하십니다. 여기에 소망이 있습니다.

④ "그는 내 아내가 아니요 나는 그의 남편이 아니라"(2:2) 하신 것이 "내가 네게 장가들어 영원히 살되"(2:19)하고 절망에서 소망으로 바뀝니다. 이것이 복음인 것입니다.

⑤ 또다시 "많은 날 동안 왕도 없고 지도자도 없고 제사도 없이"(3:4) 지낼 것을 말씀합니다. 이는 절망의 기간을 의미합니다. 그런데 "그 후에 이스라엘 자손이 돌아와서 그들의 하나님 여호와와 그들의 왕 다윗을"(3:5) 구하게 될 것을 말씀합니다. 어찌 보면 하나님은 변덕이 많은 분처럼 보일 수 있습니다. 아닙니다.

인간의 행위중심으로 보면 절망 그것뿐이라는 것입니다. 그러나 하나님께서 이루어주실 은총과 긍휼히 여기심, 즉 그리스도를 통한 구속에 소망이 있음을 반복해서 보여주고 있는 것이 호세아서의 중심적인 주제입니다.

통일 왕국이 분열 왕국 되었을 때 북쪽 이스라엘에는 예배드릴 성전이 없었습니다. 그래서 여로보암은 백성들이 예배드리려 예루살렘으로 가는 것을 막기 위해서 "이에 계획하고 두 금송아지를 만들고 무리에게 말하기를 너희가 다시는 예루살렘에 올라갈 것이 없도다 이스라엘아 이는 너희를 애굽 땅에서 인도하여 올린 너희 신들이라 하고 하나는 벧엘에 두고 하나는 단에 둔지라"(왕상 12:28-29)고 기록되어 있습니다.

이처럼 북 왕국은 우상숭배의 토대 위에 세워진 나라였던 것입니다. 벧엘이란 "하나님의 집"이란 뜻인데 그곳에다가 금송아지를 둔 것입니다. 그래서 호세아서에서는 벧엘이라 하지 않고 "벧아웬"(4:15, 5:8, 10:5), 즉 "사악한 집"이라고 부르고 있는 것입니다. 하나님을 버리고 금송아지를 섬기기 시작한 그들은 거기서 멈춘 것이 아니라 바알과 아스다롯 이라는 이방 신들을 섬기기에 이르렀고, 정치적으로는 하나님 중심에서 두리번거리는 어리석은 비둘기같이 애굽을 의지하는 자와 앗수르를 의지하는 자(7:11)로 양분되어 있었습니다. 이 두 가지, 즉 우상숭배와 하나님보다 이방을 의지하는 것을 간음·행음·음란 등으로 표현하고 있는 것입니다.

그러므로 호세아서의 핵심은 "그 왕 다윗을 구하리라"(2:5)는데 있습니다. 죽은 지 수백 년이나 된 다윗 왕을 구한다는 것은 영적 다윗 되시는 그리스도를 가리키는 명백한 예언인 것입니다. 1:11절에서는 "이에 유다 자손과 이스라엘 자손이 함께 모여 한 우두머리를 세우고 그 땅에서부터 올라오리니"하고 다윗을 "우두머리", 즉 대표자로 말씀합니다. 그러므로 호세아서에서 혼동하지 말아야 할 점은 "너희는 내 백성이 아니라 한 그곳에서 그들에게 이르기를 너희는 살아계신 하나님의 아들들이라 할 것이라" (1:10)는 말씀을 이스라엘을 버리시고 이방인을 택하신 양 말해서는 안 된다는 점입니다. 이 말씀을 로마서 9:26절에서도 인용하고 있는데, "너희는 내 백성이 아니라 한 그곳"이라 하신 <그곳>이란 어떤 지역(地域)을 의미하는가? 인간의 행위로는 절망한 지점인 것입니다. 그 절망한 "그곳"에서 하나님은 일을 시작하신다는 말씀입니다. 그러므로 호세아서를 통해서 말씀하시고자 하는 바는 "율법의 행위로 그(하나님)의 앞에 의롭다 하심을 얻을 육체가 없나니"(롬 3:20), 오직 "그리스도 예수 안에 있는 속량으로 말미암아 하나님의 은혜로 값없이 의롭다 하심을 얻은 자 된다"(롬 3:24)는 복음인 것입니다. 그런데 유대인들은 "하나님의 의를 모르고 자기 의를 세우려고 힘써 하나님의 의에 복종하지 아니하다가"(롬 10:3) 부딪쳐 넘어지고 만 것입니다.

그러므로 호세아서는 결론에서 "누가 지혜가 있어 이런 일을 깨달으며 누가 총명이 있어 이런 일을 알겠느냐 여호와의 도는 정직하니 의인은 그 길로 다니거니와 그러나 죄인은 그 길에 걸려 넘어지리라"(14:9)는 말씀으로 끝맺고 있는 것입니다. 여기에는 크게 두 가지 뜻이 있다 하겠습니다.

첫째는 "누가 이를 전파하여 깨닫게 하고 듣고 믿게 할 것이냐?" 하는 의미가 있습니다. 그러므로 호세아서를 설교할 때에 교훈만을 가르칠 것이 아니라 복음, 즉 예수 그리스도를 증언하여 그들을 그리스도의 신부로 단장시켜 줄 사명이 설교자들에게 있다는 것입니다.

둘째는 이처럼 망극하신 하나님의 사랑과 복음 진리를 증언하면 모든 사람이 다 깨닫고 믿어 구원을 얻을 것인가? 아닙니다. "여호와의 도" 즉 "십자가의 도가 멸망하는 자들에게는 미련한 것이라"(고전 1:18)한 대로 "죄인은 그 길에 걸려 넘어지게" 된다는 것입니다. 그러나 "구원을 얻는 우리에게는 하나님의 능력이라", 즉 "의인이라야 그 도에 행하리라"고 말씀하십니다.

형제여, 이런 진리를 깨닫게 해주시고 이런 사랑을 받게 해주셔서 하나님과 화목하게 해주시고, 자녀가 되게 해주시고, 신부가 되게 하여 주신 참으로 선하시고 신실하신 하나님께 우리도 이렇게 고백하십시다. "우리가 수송아지를 대신하여 입술의 열매를 주께 드리나이다"(14:2). 아멘.

호세아 1장 분석도표
주제 : 폐하시고, 세우시는 하나님

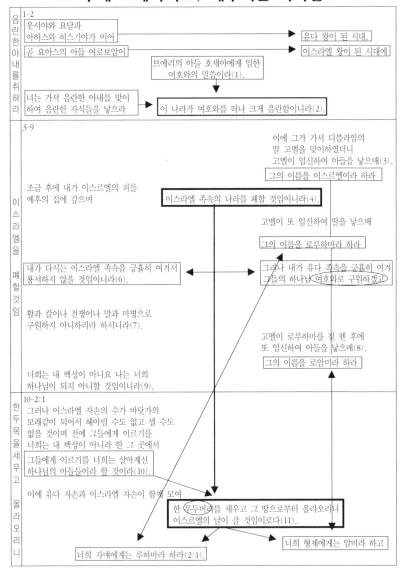

1장

폐하시고, 세우시는 하나님

[10] 그러나 이스라엘 자손의 수가 바닷가의 모래 같이 되어서
헤아릴 수도 없고 셀 수도 없을 것이며 전에 그들에게 이르
기를 너희는 내 백성이 아니라 한 그 곳에서 그들에게 이르
기를 너희는 살아 계신 하나님의 아들들이라 할 것이라

　호세아 선지자는 북쪽 이스라엘을 위하여 세움을 받은 최후의
선지자입니다. 그리하여 북 왕국 이스라엘이 멸망하는 것을 목격
해야 했습니다. 그러므로 호세아서를 대할 때에, 최우선적으로 구
속사(救贖史)의 선상(線上)에서 호세아서가 놓여있는 좌표(座標)와
호세아로 말씀하신 시점(時點)을 염두에 두는 것이 중요합니다.
이러한 역사성(歷史性)을 무시하게 되면 하나님께서 이루시고자
하는 구속사의 맥락은 깨닫지 못하게 되고 한낱 교훈(敎訓)만을
설교하게 될 뿐, 하나님의 나라건설이라는 원대한 설계도를 드러

내지 못하게 되고 맙니다.

1장을 이해하는 핵심적인 포인트는 도표에서 보시는 대로, "이스라엘 족속의 나라를 폐할 것임이니라"(4하) 하신 "폐하심"과 "이스르엘 날이 클 것임이로다"(11하) 하신 "세우심"에 있습니다. 어찌하여 폐하신다 하시는가? "이 나라가 여호와를 떠나 크게 음란"(2하)했기 때문입니다. 그런데 폐하여진 그들이 어떻게 큰 나라로 세워지는 것이 가능하게 되는가? 이처럼 "폐하시고, 세우심"은 남 왕국 유다의 경우도 동일합니다. 남 왕국 유다를 위하여 최후로 세움을 받은 선지자는 예레미야인데, 그에게 주어진 사명이 "뽑고 파괴하며 파멸하고 넘어뜨리며, 건설하고 심게"(렘 1:10) 하시려는 상반된 사명이었습니다.

호세아서의 내용도 심판과 회복의 상반(相反)된 내용을 담고 있습니다. 이를 통해서 무엇을 말씀하시려는가? 사람의 행위중심으로 보면 절망이요, 하나님께서 주권적으로 이루어나가시는 구속 사역에만 소망이 있다는 점을 말씀하시려는 것입니다. 1장에서 하나님은 "너희는 내 백성이 아니요 나는 너희 하나님이 되지 아니할 것임이니라"(9)고 하시고, "그러나"하고 "너희는 내 백성이 아니라 한 그곳에서 너희는 살아계신 하나님의 아들들이라 할 것이라"(10) 하십니다. 어찌하여 "내 백성이 아니라" 선언하시는가? 그런데 어떻게 해서 "너희는 살아계신 하나님의 아들들이라" 하심이 가능하여지는가?

예레미야서에서는 "보라 때가 이르리니 내가 다윗에게 한 의로운 가지를 일으킬 것이라 그가 왕이 되어 지혜롭게 다스리며 세

상에서 정의와 공의를 행할 것이라"(렘 23:5)하고 "다윗"을 일으
킬 것을 말씀하고, 호세아서에서는 "한 우두머리를 세우고(1:11),
그들의 왕 다윗을 구하리라"(3:5) 하십니다. "다윗"을 통해서 가
능하여진다는 말씀입니다. 여기에 성경의 통일성과 약속의 일관
성이 있는 것입니다. 이처럼 반복되는 "절망과 소망", 이것이 호
세아서를 통해서 증언해야 할 핵심적인 주제입니다. 이를 세 단
원으로 나누어 상고하겠습니다.

첫째 단원(1-2) **음란한 아내를 맞이하라**
둘째 단원(3-9) **이스라엘을 폐할 것임이라**
셋째 단원(10-11) **한 우두머리를 세우고 올라오리니**

첫째 단원(1-2) **음란한 아내를 맞이하라**

"여호와께서 처음 호세아에게 말씀하실 때 여호와께서 호세아에게
이르시되 너는 가서 음란한 여자를 맞이하여 음란한 자식들을 낳으
라 이 나라가 여호와를 떠나 크게 음란함이니라 하시니"(2).

호세아서는 "웃시야와 요담과 아하스와 히스기야가 이어 유다
왕이 된 시대 곧 요아스의 아들 여로보암이 이스라엘 왕이 된 시
대에 브에리의 아들 호세아에게 임한 여호와의 말씀이라"(1)고
시작하고 있습니다.

구속사적 좌표

① 이는 호세아 선지자가 활동한 시대적인 배경을 말씀함인 데

㉠ 호세아서 1:1절을 이사야서·아모스서·미가서의 첫 절과 대조해보면 이들이 같은 시기에 활동한 선지자들임을 발견하게 됩니다.

㉡ 그런데 이는 단순히 시대적인 배경만을 알려주려는데 목적이 있는 것이 아닙니다. 그 의도가 "유다 왕과 이스라엘 왕" 즉 남북의 왕을 동시에 언급하고 있는 데서 드러납니다.

② 유다 왕의 언급을 보면 웃시야 →요담 →아하스 →히스기야가 "이어(계승) 유다 왕이 된 시대"라고 계승(繼承)된 왕위를 말씀하고 있습니다. 그러나 이스라엘 왕은 "요아스의 아들 여로보암이 이스라엘 왕이 된 시대"라고 언급하고 있을 뿐, 계승된 왕위에 대한 언급이 없습니다.

열왕기하에 의하면 호세아 선지자는 여로보암 이후로 스가랴·살룸·므나헴·브가히야·베가 그리고 이스라엘 최후의 왕인 호세아에 이르기까지 활동했습니다. 그런데 이들을 무시해버리고 있는 것입니다.

㉠ 이렇게 말씀하는 의중(意中)에는 엄청난 뜻이 들어있는데 이는 남북 왕국 중 어디에 정통성(正統性)이 있는가를 나타내는 말씀이기 때문입니다.

㉡ 남쪽 유다에는 유일하게 다윗의 왕통이 계승되어 내려왔으나, 북쪽 이스라엘은 반역(叛逆)으로 인하여 왕위가 여러 번 단절(斷絶)되어 여로보암도 다섯 번째 왕조인 예후 자손이요, 그 후에도 반역은 계속되어서 최후의 왕 호세아 때는 왕조가 아홉 번이나 바뀐 제 9대 왕조였던 것입니다.

③ 이것은 무엇을 말해주고 있느냐 하면 북 왕국 이스라엘은 정통성을 인정받지 못하고 있음을 나타냅니다. 북쪽 이스라엘은 태어나지 말았어야 할 나라입니다. 왜냐하면 솔로몬의 아들 르호

보암 왕 때에 열 지파가 다윗 왕가에 반역하고 세운 불법적인 나라이기 때문입니다.

　㉠ 이는 정치적인 반역인 것만이 아니라

　㉡ 하나님께서 다윗을 택하셔서 왕으로 세우시고 그에게 세워주신 "메시아언약"에 대한 신학적(神學的)인 배신행위였던 것입니다.

그들은 말했습니다. "우리가 다윗과 무슨 관계가 있느냐 이세의 아들에게서 받을 유산이 없도다"(왕상 12:16), 하나님께서는 "이새의 줄기에서 한 싹이 나리라"(사 11:1) 하시는데, "이새의 아들에게서 받을 유산이 없도다"라는 말은 메시아를 통하여 주시려는 엄청난 유업을 부정하는 반역의 말이었던 것입니다.

④ 그리하여 초대 왕이 된 여로보암은 금송아지 둘을 만들어 벧엘과 단에 두고 "너희가 다시는 예루살렘에 올라갈 것이 없도다 이스라엘아 이는 너희를 애굽 땅에서 인도하여 올린 너희 신들이라"(왕상 12:28-29)고, 하나님께 예배하기 위하여 예루살렘으로 올라가려는 것에 담을 쌓은 토대 위에 세워진 나라가 북쪽 이스라엘인 것입니다.

　㉠ 그러므로 역사서를 보면 이스라엘의 역대 왕을 평가하는 기준이 "다윗의 길로 행하느냐? 여로보암의 길로 행하느냐?"(왕상 15:34, 16:2,7,19,26,31, 22:52, 왕하 3:3, 10:29,31, 13:2,6,11)로 평가하고 있음을 보게 됩니다.

　㉡ 그런데 북쪽 이스라엘에는 다윗의 길로 행한 왕은 단 한 사람도 없었고, 모두가 여로보암의 길로 행하고 그 죄에서 떠나지 않았다고 계속적으로 말씀합니다.

⑤ 그러므로 북쪽 이스라엘과 남쪽 유다의 차이는, 어느 쪽이 좀 더 강하고 보다 선한가에 있는 것이 아니라

㉠ 어느 왕국이 메시아언약의 토대 위에 세워졌느냐는 여부에 있었던 것입니다.

㉡ 여로보암이 80만의 대군을 이끌고 유다를 침공한 적이 있습니다. 그때 군사적으로는 중과부족이었던 유다 왕 아비야는 "이스라엘 무리들아 다 들으라"고 외칩니다.

㉮ "하나님 여호와께서 소금 언약으로 이스라엘 나라를 영원히 다윗과 그의 자손에게 주신 것을 너희가 알 것이 아니냐

㉯ 이제 너희가 또 다윗 자손의 손으로 다스리는 여호와의 나라를 대적하려 하는도다.

㉰ 여로보암이 너희를 위하여 신으로 만든 금송아지들이 너희와 함께 있도다

㉱ 우리에게는 여호와께서 우리 하나님이 되시니 그를 우리가 배반하지 아니하였고 여호와를 섬기는 제사장들이 있으니 아론의 자손이요 레위 사람들이 수종 들어 매일 아침저녁으로 여호와 앞에 번제를 드린다"(대하 13장)고, 참과 거짓을 대조시켜 외쳤습니다.

이 말에 실려 있는 무게와 힘을 아시겠습니까? 이에 사기를 잃은 80만의 군사들이 유다 군사 40만에게 패하고 말았던 것입니다. 북쪽 이스라엘은 이 근원적인 죄를 아직 회개하지 않고 있음을 망각해서는 안 됩니다. 이것이 첫 절 속에 함의(含意)되어 있는 "구속사적 좌표"입니다.

⑥ 그러므로 호세아 선지자는 북쪽 이스라엘을 책망할 때에 남쪽 유다도 동시에 거론하고 있음을 보게 됩니다. 왜냐하면 분리해 나간 이스라엘이 유다, 즉 메시아언약으로 복귀함이 없는 회개란 무의미하기 때문입니다. 호세아서를 강론할 때에 이점을 놓치지 않는다는 것이 대단히 중요한 요점입니다.

음란한 아내를 맞이하라

① "여호와께서 비로소 호세아로 말씀하시니라"(2상). 이 "비로소"라는 표현에는 하나님 속에 간직하고 계시던 비밀을 처음으로 나타내셨다는 그런 의미가 있습니다. 그 뜻을 깨닫는 것이 중요한데 비로소 하신 말씀이 무엇인가?

㉠ "너는 가서 음란한 아내를 맞이하여 음란한 자식들을 낳으라"(2중)는 말씀입니다.

㉡ 왜 이렇게 명하시는가? "이 나라가 여호와를 떠나 크게 음란함이니라"(2하) 하십니다. 하나님은 선지자로 하여금 "음란한 아내"를 맞이하게 하심으로 하나님의 아내인 이스라엘이 "음부"가 되었음을 보여주시려는 것입니다. 이를 행위계시라고 하는데 선지자란 말로만 전하는 자가 아니라 삶 전체를 통해서 메시지를 전달하는 자임을 깨닫게 됩니다. 하나님께서는 예레미야 선지자에게는 "너는 이 땅에서 아내를 맞이하지 말며 자녀를 두지 말지니라"(렘 16:2) 하십니다. 왜냐하면 "심판과 멸망"을 경고하면서 자신은 결혼하여 신혼을 즐긴다면 메시지와 행위가 부합하지 않기 때문입니다. 에스겔 선지자에게는 "네 아내를 빼앗으리니(죽음) 슬퍼하거나 울거나 눈물을 흘리거나 하지 말라"(겔 24:16) 하십니다. 왜냐하면 선민 이스라엘을 대적 바벨론에게 내어준다는 것은 하나님의 아내의 죽음과 같기 때문입니다.

㉢ 오늘의 설교자들에게는 이렇게 명하시지는 않으십니다. 그러나 설교자의 삶이 그의 설교와 일치하게 될 때 비로소 그 말씀에 감화력이 있게 된다는 점은 불변의 진리인 것입니다.

② 한 걸음 더 나아가 하나님의 말씀의 대언자인 선지자로 하여금 음란한 아내로 인하여 탄식하시는 하나님의 마음을 품고 대언하게 하시려는 의도로 여겨집니다. 3:1절에 보면 호세아의 아

내 고멜이 또다시 타인에게 사랑을 받아, 즉 바람이 났다가 버림을 당해 팔려버리는 것을 보게 되는데 호세아의 심정이 얼마나 찢어지듯 아팠을까요?

　그런데 하나님은 "여호와가 그들을 사랑하나니 너는 또 가서 타인의 사랑을 받아 음녀가 된 그 여자를 사랑하라 하시기로" 값을 주고 사오는 것을 보게 됩니다. 이것입니다. "여호와를 떠나 크게 음란"하고 있는 이스라엘로 말미암아 탄식하시는 하나님의 심정을 맛보게 하심으로 하나님의 심장(心臟)으로 대언하게 하기 위해서였던 것입니다. 이점을 바울 사도는 "누가 주의 마음을 알아서 주를 가르치겠느냐 그러나 우리가 그리스도의 마음을 가졌느니라(고전 2:16), 내가 예수 그리스도의 심장(心臟)으로 너희 무리를 얼마나 사모하는지 하나님이 내 증인이시니라"(빌 1:8)고 말씀합니다. 사도 바울은 그리스도의 마음, 그리스도의 심장을 가지고 복음을 증언한 사도였습니다. 호세아 선지자도 하나님의 마음을 품고 외친 선지자였던 것입니다. 그래서 호세아서가 다른 선지서와 달리 감성적인 진한 감동으로 다가오는 이유가 여기에 있는 것입니다. 이점이 설교자들이 사모해야 하고 그리워해야 할 점이 아니겠는가?

　③ 그런데 여기 또 하나의 결정적인 이유가 있는데 하나님은 어찌하여 선지자의 아내로서는 합당하지 못한 "음란한 아내"를 맞이하라 하셨는가? 2:19절을 보십시오. 하나님께서 "내가 네게 장가들겠다"라고 말씀하시는 하나님의 아내가 어떤 처지와 형편에 있는 자들인가를 생각해 보시기 바랍니다. 호세아의 아내처럼 변명의 여지가 없는 음부들인 것입니다.

④ 그렇다면 거룩하신 하나님께서 음부를 아내로 맞이하시는 것이 어떻게 가능해진단 말인가?

　㉠ 그래서 선지자로 하여금 "값을 주고 사오라"(3:2)하시는 것입니다. 이것이 구속입니다.

　㉡ 성경은 말씀합니다. "그리스도 예수 안에 있는 속량으로 말미암아 하나님의 은혜로 값없이 〈의롭다 하심〉을 얻은 자 되었느니라"(롬 3:24). 거룩하시고 의로우신 하나님이 음부를 아내로 맞이할 수 있단 말인가? 아닙니다. 하나님은 "의롭다 하심을 얻은 자"에게 장가드시려는 것입니다. 오직 "그리스도의 구속으로 말미암아"임을 잊지 말아야 합니다. 하나님은 호세아서를 통해서 이 엄청난 복음을 계시하기 위해서 호세아에게 "음란한 아내를 맞이하라" 명하셨던 것입니다.

둘째 단원(3-9) **이스라엘을 폐할 것임이라**

"이에 그가 가서 디블라임의 딸 고멜을 맞이하였더니 고멜이 임신하여 아들을 낳으매"(3).

본 단원의 중심점은 고멜이 낳은 "음란한 세 자녀"의 이름을 통해서 계시하는 데 있습니다.

① "여호와께서 호세아에게 이르시되 그의 이름을 이스르엘이라 하라"(4상) 하십니다. 왜 "이스르엘"이라 하라 하시는가?

　㉠ "조금 후에 내가 이스르엘의 피를 예후의 집에 갚으며 이스라엘 족속의 나라를 폐할 것임이니라"(4하) 하십니다.

　㉡ 이스르엘은 사마리아와 갈릴리 사이에 있는 아름다운 성읍과 골짜기

를 가리키는 말인데 예후는 이곳에서 많은 피를 흘렸던 것입니다. 유다 왕 아하시야와 이스라엘의 왕 요람을 죽이고 왕위를 탈취한 곳이 이곳이고(왕하 9장), 아합의 70명 아들들과 아합의 집에 남아 있는 자를 몰살한 곳(왕하 10장)도 이곳 이스르엘이었던 것입니다. 예후는 한때 아합 집을 심판하기 위한 도구로 사용되었으나, 그도 여로보암의 길로 행함으로 이제는 "이스르엘의 피를 예후의 집에 갚으시겠다"(4)고 말씀하시는 것입니다. 이는 예후 왕조를 폐하는 것에 그치는 것이 아니라 요점은 "이스라엘 족속의 나라를 폐할 것임이니라", 즉 북 왕국 자체를 폐하시겠다는 것이 "그의 이름을 이스르엘이라 하라"는 뜻입니다.

② "고멜이 또 임신하여 딸을 낳으매 여호와께서 호세아에게 이르시되 그의 이름을 로루하마라 하라"(6상) 하십니다. 긍휼(矜恤)을 뜻하는 "루하마"에 부정하는 <로>를 붙임으로 "다시는 이스라엘 족속을 긍휼히 여겨서 용서하지 않을 것임이니라"(6하)는 뜻인 것입니다. 이는 그동안 하나님께서 이스라엘을 향하여 "루하마"로 대하셨다는 것인데 이제 그 긍휼을 거두시겠다는 것입니다. 이는 곧 심판을 뜻합니다.

③ 그런데 이것이 웬 은혜입니까? "그러나 내가 유다 족속을 긍휼히 여겨 그들의 하나님 여호와로 구원하겠고"(7상) 하십니다.

㉠ 7절은 "그러나"로 시작되는데 이는 "긍휼히 여기지 않겠다" 하신 6절과 상반되는 말씀임을 나타냅니다.

㉡ 그러면 "유다 족속을 긍휼히 여기시겠다"는 뜻이 무엇인가? 이는 남쪽 유다는 망하지 않을 것이라는 그런 뜻이 아닙니다. 왜냐하면 유다도 그 후에 바벨론에 의하여 멸망 당했기 때문입니다.

말씀하신 시점(時點)

④ "이는 구원이 유대인에게서 남이니라"(요 4:22), 즉 그리스도가 유다 지파를 통해서 오시게 될 것을 전망(展望)하는 말씀으로 보아야 합니다.

　㉠ 이점이 "그들의 하나님 여호와로 구원하겠고 활과 칼이나 전쟁이나 말과 마병으로 구원하지 아니하리라"(7하)는 말씀에 분명히 나타나고 있습니다. 이는 이스라엘과 유다가 멸망 당해도 하나님의 구원계획은 폐하심이 없이 이루시겠다는 말씀인 것입니다.

　㉡ 그래서 "내가"(7상), 즉 하나님이 주권적으로 구원하시겠다고 말씀하시는 것입니다. 이 구원 약속이 어떤 상황, 어떤 시점에서 주어졌는가? 절망적인 상황과 시점에서 주어진 것임을 주목해야 합니다. 그러므로 구약성경을 상고하노라면 계속적으로 고백하게 되는 것은, "어떤 자들이 믿지 아니하였으면 어찌하리요 그 믿지 아니함이 하나님의 미쁘심을 폐하겠느냐 그럴 수 없느니라 사람은 다 거짓되되 오직 하나님은 참되시다 할지어다"(롬 3:3-4) 한 하나님의 미쁘심입니다. 구약성경은 사람의 거짓됨, 즉 불신앙과 반역에도 불구하고 계획하시고 언약하신 바를 묵묵히 이루어 나오신 하나님의 참되심의 역사로 요약되는 것입니다.

⑤ "고멜이 로루하마를 젖뗀 후에 또 임신하여 아들을 낳으매 여호와께서 이르시되 그의 이름을 로암미라 하라"(8-9상) 하십니다.

　㉠ "암미"란 "내 백성"이라는 은혜로운 뜻인데 그 암미에 부정사인 〈로〉가 붙음으로 "너희는 내 백성이 아니요 나는 너희 하나님이 되지 아니할 것임이니라"(9하)는 비극적인 이름이 되었던 것입니다.

　㉡ 세 아이의 이름 즉 "이스르엘 · 로루하마 · 로암미"의 뜻을 생각해 보십시오. 점점 깊은 절망으로 떨어지고 있는 것입니다. "이 나라가 여

호와를 떠나 크게 음란"(2하) 한 결과는 "폐하시고, 긍휼히 여기지 않으시고, 너희는 내 백성이 아니요 나는 너희 하나님이 되지 아니할 것임이니라"까지 떨어지고 만 것입니다.

⑥ 여기 중대한 요점이 등장하게 되는데 하나님은 애굽 바로의 종이었던 이스라엘 백성들을 인도해내시면서 "너희로 내 백성을 삼고 나는 너희 하나님이 되리니"(출 6:7) 하셨습니다. 그런데 이 지점에 와서 "너희는 내 백성이 아니요 나는 너희 하나님이 되지 아니할 것임이니라"고 이를 파기하신다는 말씀인가? 하는 의문이 제기될 수 있기 때문입니다. 아닙니다.

㉠ 하나님의 구원계획, 하나님의 약속은 절대로 폐하여진 것이 아닙니다.

㉡ 호세아서를 통해서 말씀하고자 하는 것은 "너희로 내 백성을 삼고 나는 너희 하나님이 되리니" 하신, "암미"가 인간의 행위로는 불가능하다는 점을 드러내고자 하는 데 있는 것입니다.

㉢ 이처럼 인간행위로 구원이 불가능함은 북쪽 이스라엘만이 아닙니다. 5:5절을 보십시오. "이스라엘의 교만이 그 얼굴에 드러났나니 그 죄악으로 말미암아 이스라엘과 에브라임이 넘어지고 유다도 그들과 함께 넘어지리라" 하십니다. 이점을 예레미야서에서는 "내게 배역한 이스라엘이 간음을 행하였으므로 내가 그를 내쫓고 그에게 이혼서까지 주었으되 그의 반역 자매 유다가 두려워하지 아니하고 자기도 가서 행음함을 내가 보았노라"(렘 3:8) 하십니다. 구약의 역사가 북이스라엘만이 아니라 남 유다도 멸망하는 것으로 끝마치고 있다는 것은 인간의 행위로는 구원의 가망이 없다는 결론이 났음을 보여주고 있는 것입니다. 이를 보여주시는 의도는 신구약을 막론하고 구원은 오직 하나님의 긍휼히 여기심과 그리스도에게만 있음을 깨닫게 하기 위해서인 것입니다.

셋째 단원(10-11) 한 우두머리를 세우고 올라오리니

"그러나 이스라엘 자손의 수가 바닷가의 모래 같이 되어서 헤아릴 수도 없고 셀 수도 없을 것이며 전에 그들에게 이르기를 너희는 내 백성이 아니라 한 그곳에서 그들에게 이르기를 너희는 살아 계신 하나님의 아들들이라 할 것이라"(10).

① 10절은 "그러나"로 시작이 되는데 이는 앞에서 진술한 것을 뒤엎는 접속사입니다. 무엇을 뒤집는 "그러나"인가? "너희는 내 백성이 아니라"한 것을 뒤집는 것입니다. 이점이 이어지는 말씀에 분명히 나타나는데 "(너희는 내 백성이 아니라 한) 그 곳에서 그들에게 이르기를 너희는 살아 계신 하나님의 아들들이라 할 것이라" 하십니다. 즉 "로암미를 암미"가 되게 하겠다는 말씀입니다. 그뿐만이 아니라 "바닷가의 모래 같이 되어서 헤아릴 수도 없고 셀 수도 없게" 행해주시겠다고 말씀하십니다.

② 호세아서를 교훈적으로 접근한다면 변덕이 많은 하나님처럼 될 위험이 있습니다. 왜냐하면

㉠ 긍휼히 여기지 않을 것이라(6) 하셨다가 긍휼히 여기리라(7) 하시고

㉡ 내 백성이 아니라(9) 하셨다가 내 백성(10)이라 하시고

㉢ 폐할 것임이라(4) 하셨다가 바닷가의 모래같이 될 것이라(10)고 말씀하고 있기 때문입니다. 그러면 "로암미가 암미"되는 것이 어떻게 가능해진다 하시는가?

③ "이에 유다 자손과 이스라엘 자손이 함께 모여 한 우두머리를 세우고 그 땅에서부터 올라오리니 이스르엘의 날이 클 것임이로다"(11), 이를 통해서 가능해진다는 것입니다. 여기에는 이중적(二重的)인 의미가 있는데

㉠ 분열 왕국이 되었던 이스라엘과 유다가 이방 포로가 되는 징벌을 통해서 "하나"로 합쳐지게 될 것이라는 의미가 있습니다. 포로에서 귀환한 후 성전을 건축하고 봉헌식을 행할 때 "이스라엘 지파의 수를 따라 수 염소 열둘로 이스라엘 전체를 위하여 속죄제를 드렸다"(스 6:17, 8:35)고 말씀합니다. 이점을 에스겔 선지자를 통해서도 "그 막대기들을 서로 합하여 하나가 되게 하라 네 손에서 둘이 하나가 되리라"(겔 37:17)고 말씀하셨습니다.

㉡ 그런데 이 예언의 궁극적인 성취는 예수 그리스도 안에서 이루어질 말씀이라는 점입니다. 오순절 이후에 예루살렘의 사도들이 사마리아에 내려가 형제들에게 안수함으로(행 8:14) 연합이 이루어졌으며, 나아가 유대인과 이방인 사이에 막혔던 담을 허시고 "이 둘로 자기의 안에서 한 새 사람을 지어 화평하게 하시고 또 십자가로 이 둘을 한 몸으로 하나님과 화목하게 하심"(엡 2:14-16)으로 온전히 성취되었던 것입니다. 그래서 "이스르엘의 날이 클 것임이로다"(11하)하시는 것입니다.

④ 그날에 "너희 형제에게는 암미(내 백성)라 하고 너희 자매에게는 루하마라(긍휼히 여겨서 사하신다)하라"(2:1)하십니다. 얼마나 분명한 계시인가?

㉠ 하나님은 이미 믿음의 조상에게 "아브람이라 하지 아니하고 아브라함(열국의 아비)이라 하리라" 하시고, 그의 아내에게는 "이름을 사래라 하지 말고 그 이름을 사라라 하라"(창 17:5,15) 하셨습니다. 그 하나님께서 우리에게도 형제들에게는 "네 이름을 로암미라 하지 말고 암미라 하라", 자매들에게는 "네 이름을 로루하마라 하지 말고 루하마라 하라"고 고쳐주신 셈입니다.

㉡ 어떻게 이것이 가능하여지는 것입니까? "한 우두머리"(11)라 하신 예수 그리스도로 말미암아서입니다. 하나님께서는 이를 보여주시기 위해서 이스라엘이 멸망할 무렵에 선지자들을 집중적으로 투입하셨

습니다.

⑤ 호세아서를 강론할 때에 감성(感性)적으로 하나님의 "사랑"만을 강조하기가 쉽습니다. 보다 더 하나님께서 계획하시고 언약하신 바를 주권적으로 이루어나가시는 "하나님의 구원계획"을 증언해야 하는 것입니다.

　㉠ 10절에서 "이스라엘 자손의 수가 바닷가의 모래 같이 된다"는 말씀은 바로 아브라함에게 하신 언약이었던 것입니다. "내가 네게 큰 복을 주고 네 씨가 크게 번성하여 하늘의 별과 같고 바닷가의 모래와 같게 하리니 네 씨가 그 대적의 성문을 차지하리라"(창 22:17, 13:16) 하셨습니다.

　㉡ 하나님께서 아브라함에게 세워주신 언약은 다름이 아닌 "또 네 씨로 말미암아 천하 만민이 복을 받으리니"(창 22:18) 하신 메시아언약입니다. 그리고 이것이 곧 하나님의 나라건설인 것입니다. 하나님은 이 약속을 성취해 나가고 계시는 것입니다.

⑥ 그러므로 바울은 "너희는 내 백성이 아니라 한 그곳에서 그들에게 이르기를 너희는 살아 계신 하나님의 아들들이라 할 것이라"(10)는 말씀을 인용하여서, "곧 유대인 중에서뿐 아니라 이방인 중에서도 부르신 자니라"(롬 9:24)고 구원이 이스라엘의 벽을 넘어서 이방인들에게까지 확대될 말씀으로 증언하고 있습니다. 베드로도 "너희가 전에는 백성이 아니더니 이제는 하나님의 백성이요 전에는 긍휼을 얻지 못하였더니 이제는 긍휼을 얻은 자니라"(벧전 2:10)고 말씀합니다. 선지자들은 한결같이 "심판과 멸망"을 경고했습니다. 그러나 멸망만을 외친 것이 아니라 구원자 "다윗 왕과 새 언약"의 소망을 예언하였던 것입니다. 사람의 행위로는 구원의 불가능성이 입증된 시점에서 하나님은 일을 시작

하시는 것입니다. 이것이 1장에서 계시하신 "폐하시고, 세우시는 하나님"의 구원계획입니다.

호세아 2장 분석도표
주제 : 내가 네게 장가들어 영원히 살리라

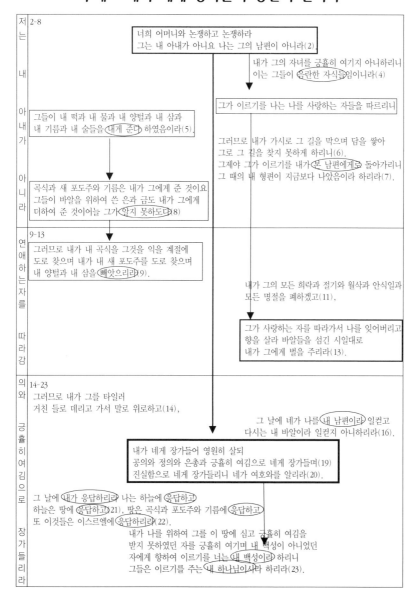

2장

내가 네게 장가들어 영원히 살리라

¹⁹ 내가 네게 장가 들어 영원히 살되 공의와 정의와 은총과
긍휼히 여김으로 네게 장가 들며

  2장을 해석하는 핵심 포인트는 도표에 나타나 있는 대로 "그는 내 아내가 아니요 나는 그의 남편이 아니라"(2) 하신 말씀과 "내가 네게 장가들어 영원히 살되"(19) 하신 상반(相反)된 의미를 규명하는 데 있습니다. 2장에서도 1장에서 제기된 "절망과 소망, 심판과 회복"이라는 상반된 갈등은 계속되고 있습니다. 인간의 행위 중심으로 보면 "그는 내 아내가 아니요 나는 그의 남편이 아니라"(2)고 말씀하실 수밖에 없는 것입니다. 왜냐하면 그가 "사랑하는 자(우상)를 따라가 음행했기"(5) 때문입니다. 그러나 하나님의 주권적인 구원계획은 "내가 네게 장가들어 영원히 살리라"

(19)는 불가사의한 약속을 하시는 것입니다. 이것이 2장의 중심점이요, 호세아서 전체로 보아도 이점이 절정(絶頂)이라 할 것입니다. 그렇다면 의로우신 하나님께서 음녀와 같은 자에게 "네게 장가들어 영원히 살겠다"는 것이 가능해지는가? 하는 점입니다. 여기에 인류의 "소망"이 있기 때문입니다. 이를 세 단원으로 나누어 상고하겠습니다.

첫째 단원(2–8) **그는 내 아내가 아니라**
둘째 단원(9–13) **사랑하는 자를 따라간 이스라엘**
셋째 단원(14–23) **공의와 긍휼히 여김으로 장가들리라**

첫째 단원(2–8) **그는 내 아내가 아니라**

"너희 어머니와 논쟁하고 논쟁하라 그는 내 아내가 아니요 나는 그의 남편이 아니라 그가 그의 얼굴에서 음란을 제하게 하고 그 유방 사이에서 음행을 제하게 하라"(2).

① "너희 어머니와 논쟁하고 논쟁하라" 하시는데,
㉠ "너희 어머니"란 백성의 지도자들인 제사장 선지자들을 가리킵니다. 4:4-5절에 보면 제사장과 선지자를 가리켜 "네 어머니를 멸하리라" 하십니다.
㉡ 그리고 어미와 쟁론할 "그 자녀들"(4)이란 백성들을 가리키는 말씀이고
㉢ 쟁론하라고 말하는 남편은 하나님을 상징합니다. "쟁론"(爭論)하라 하시는데 무슨 문제가 발생한 것일까요? 그 아내가 음행을 범한 것

입니다. 그리하여 "그는 내 아내가 아니요 나는 그의 남편이 아니라"(2)고 선언하십니다.

② 그런데 아내가 음행을 범한 것이 끝이 아니라 심각성은 음란한 자식들을 낳았다는 점입니다. 그리하여 "내가 그의 자녀를 긍휼히 여기지 아니하리니 이는 그들이 음란한 자식들임이니라"(4) 하시는 것입니다. 그러면 "음란한 자식"은 누구를 가리키는가? 백성들입니다. 성도들이 음란한 자식들이 되었다는 말씀입니다. 여기에 문제의 심각성이 있습니다. 음행한 연고로 "너는 내 아내가 아니다"고 버림을 당하는 것은 당연하다 하겠으나, 이런 경우 비참해지는 것은 언제나 자식들입니다.

㉠ 그래서 "너희 어머니와 논쟁하고 논쟁하라" 하시는 것입니다. 이 장면을 영상으로 그려보십시오. 자식들이 "우리 아버지는 누구냐"고 어머니와 논쟁하게 된다는 것은 얼마나 비극적인 가정의 모습입니까? 이것이 호세아 선지자 당시의 이스라엘의 상황이었습니다.

㉡ 이는 호세아 당시에 국한된 경고가 아닙니다. 주님께서 "화 있을진저 외식하는 서기관들과 바리새인들(어머니)이여 너희는 교인 한 사람(자식들)을 얻기 위하여 바다와 육지를 두루 다니다가 생기면 너희보다 배나 더 지옥 자식이 되게 하는도다"(마 23:15)고 저주하신 연고가 다름 아닌 호세아서의 악순환이었기 때문입니다. 그러므로 이 말씀은 교회 지도자와 성도들의 관계로 적용된다고 하겠습니다. 때문에 지도자와 교회는 끊임없는 논쟁을 통하여 지속적인 개혁(改革)이 필요한 것입니다.

③ 어찌하여 그의 어머니가 음행, 즉 다른 신을 섬기게 되었는가? 이점을 심각하게 살펴보아야 합니다. 왜냐하면 인간의 죄성(罪性)은 예나 이제나 변함이 없기 때문입니다. "그가 이르기를 나는 나를 사랑하는 자들을 따르리니 그들이 내 떡과 내 물과 내

양털과 내 삼과 내 기름과 내 술들을 내게 준다 하였음이라"(5)고 따라가게 된 원인을 말해주고 있습니다.

　㉠ 여기서 열거하고 있는 것들은 의식주에 필요한 것들입니다. 이런 것들은 살아가는 데 있어서 필요한 것들입니다.

　㉡ 문제는 "내 떡·내 물·내 양털·내 삼·내 기름·내 술들·내게 준다"고 하나님 중심이 아니라 온통 "나"라는 자기중심에 빠진 데 있습니다.

　㉢ 이러한 자기중심적인 신앙은 필연적으로 "떡·물·양털·삼·기름·술들"이라는 땅의 것을 추구하는 물질주의와 기복주의에 빠지게 되는 것입니다. 이러한 기복신앙의 병폐는 신앙의 목적을 "먼저 그의 나라와 그의 의를 구하는 것"에 두는 것이 아니라 자신의 욕구를 추구하는데 둠으로 신앙대상을 우상화하게 된다는 데 있습니다.

　④ 하나님은 말씀하십니다. "곡식과 새 포도주와 기름은 내가 그에게 준 것이요"(8상) 하십니다.

　㉠ 이런 일반은총들도 우상이 준 것이 아니라 "내가 준 것이다", 하나님이 주신 것임을 말씀하십니다. 심지어 "그들이 바알을 위하여 쓴 은과 금도 내가 그에게 더하여 준 것이라"고 하나님이 주셨음을 강조하십니다.

　㉡ 그런데 "그가 알지 못하도다"(8) 하십니다. 우상숭배의 특성은 "알지 못한다"는 무지(無知)에 있습니다. "그들의 우상들은 은과 금이요 사람이 손으로 만든 것이라 입이 있어도 말하지 못하며 눈이 있어도 보지 못하며 귀가 있어도 듣지 못하며 코가 있어도 냄새 맡지 못하며 손이 있어도 만지지 못하며 발이 있어도 걷지 못하며 목구멍이 있어도 작은 소리조차 내지 못하느니라"(시 115:4-7), 이것이 그들이 "내 바알"(16)이라 한 우상입니다. 그런데 보고 듣고 말하며 움직이는 사람들이 그런 목석과 같은 우상 앞에 절하며 빌고 있다니 얼마나 무지의 소치입니까? "그들의 총명이 어두워지고 그들 가운데

있는 무지(無知)함과 그들의 마음이 굳어짐으로 말미암아 하나님의
생명에서 떠나 있도다"(엡 4:18) 하십니다. 이것이 "알지 못하도다"
하신 무지입니다.

⑤ "그러므로 내가 가시로 그 길을 막으며 담을 쌓아 그로 그
길을 찾지 못하게 하리니"(6) 하십니다. 무슨 뜻인가?

㉠ "가시로 그 길을 막으며 담을 쌓겠다"는 뜻은 재난으로 그들을 징계
하시겠다는 것입니다.

㉡ 이에 대한 반대개념이 "그러므로 하나님께서 그들을 마음의 정욕대
로 더러움에 내어버려 두사" 한 "내어버려 두심"(롬 1:24,26,28),
즉 유기(遺棄)입니다. 그런 의미에서 "가시로 그 길을 막으며 담을
쌓아" 막으시겠다는 것은 또 다른 사랑의 발로입니다. 왜 그렇게 하
시려는가?

⑥ "그제야 그가 이르기를 내가 본 남편에게로 돌아가리니 그
때의 내 형편이 지금보다 나았음이라 하리라"(7하)를 기대하시기
때문입니다. 여기에 징계의 목적이 있는 것입니다. 하나님은 "그
는 내 아내가 아니요 나는 그의 남편이 아니라" 하시면서도 그
아내를 못잊어 하시는 것입니다.

둘째 단원(9-13) **사랑하는 자를 따라간 이스라엘**

"그가 귀고리와 패물로 장식하고 그가 사랑하는 자를 따라가서 나를
잊어버리고 향을 살라 바알들을 섬긴 시일대로 내가 그에게 벌을 주
리라 여호와의 말씀이니라"(13).

① "사랑"이라는 말이 2장 전체로 하면 다섯 번(5,7,10,12,13),

본 단원에서만 세 번 등장합니다. 사랑을 해도 열렬한 사랑을 하고 있는 셈입니다. 그러면 누구를 그토록 사랑하고 있는가? 하나님입니까? 아닙니다.

　㉠ 바알(8,16) 우상입니다.

　㉡ 무엇을 바라고 그토록 사랑했는가? 물질 축복을 위해서인 것입니다.

　㉢ 남 왕국 유다 말기에도 같은 상황이 전개됩니다. 그들은 말했습니다. "우리 선조와 우리 왕들과 우리 고관들이 유다 성읍들과 예루살렘 거리에서 하던 대로 하늘의 여왕에게 분향하고 그 앞에 전제를 드리리라". 왜 이렇게 고집을 부리고 있는가 하면, "그때에는 우리가 먹을 것이 풍부하며 복을 받고 재난을 당하지 아니하였더니 우리가 하늘의 여왕에게 분향하고 그 앞에 전제 드리던 것을 폐한 후부터는 모든 것이 궁핍하고 칼과 기근에 멸망을 당하였기"(렘 44:17-18) 때문이라는 것입니다. 말씀의 무지에서 나오는 사랑 즉 열심(熱心)은 미신적인 우상숭배와 상통한다는 점을 유념해야 합니다.

　② "그러므로 내가 내 곡식을 그것이 익을 계절에 도로 찾으며 내가 내 새 포도주를 그것이 맛들 시기에 도로 찾으며 또 그들의 벌거벗은 몸을 가릴 내 양털과 내 삼을 빼앗으리라"(9) 하십니다.

　　㉠ 그들은 "내 떡·내 물·내 양털·내 술"이라고 말하면서 사랑하는 자(바알)가 내게 준 것(5)이라고 말했으나

　　㉡ 하나님은 "내가 준(8), 내 곡식, 내 새 포도주, 내 양털, 내 삼"을 도로 찾으며 빼앗으리라(9) 하시는 것입니다. 이는 하나님이 베푸신 축복을 거두시겠다는 말씀입니다.

　③ 뿐만이 아니라 "내가 그의 모든 희락과 절기와 월삭과 안식일과 모든 명절을 폐하겠고"(11) 하십니다. 이는 더욱 무거운 징벌인데 왜냐하면 이는 물질 축복만이 아니라 신령한 은총까지 폐하시겠다는 경고이기 때문입니다. 이는 그들이 포로로 끌려가게

되므로 물질적으로 궁핍할 뿐만이 아니라 예배도 드릴 수 없는 처지에 놓이게 될 것을 의미합니다.

④ 13절은 본 단원의 결론이라 할 수 있는데 "그가 귀고리와 패물로 장식하고 그가 사랑하는 자를 따라가서 나를 잊어버리고 향을 살라 바알들을 섬긴 시일대로 내가 그에게 벌을 주리라 여호와의 말씀이니라"(13) 하십니다.

㉠ "나를 잊어버렸다"(13상)고 말씀합니다. 이것이 근본 원인입니다. 왜 하나님을 잊어버리게 되었는가? 4:6절이 그에 대한 답을 제공해주는데. "네가 지식을 버렸기" 때문이라는 것입니다. 백성들을 가르쳐야 할 지도자들이 지식을 버림으로 "내 백성이 지식이 없으므로 망하게" 되었다고 말씀합니다. 이는 주님 당시도 그러했습니다. "화 있을진저 너희 율법교사여 너희가 지식의 열쇠를 가져가서 너희도 들어가지 않고 또 들어가고자 하는 자도 막았느니라"(눅 11:52) 하십니다.

㉡ 하나님을 잊어버리게 되면 거기서 멈추게 되는 것이 아니라 필연적으로 "향을 살라 바알들을 섬기는"(13중) 우상숭배와 결부되게 되는 것입니다. 소나 양을 제물로 드리고, 예배를 드리기만 하면 되는 것이 아닙니다. 제사의식에는 하나님을 아는 지식 곧 언약에 근거해야 하는 것입니다. 그들은 의식(儀式)은 지켰으나 본질(本質)은 망각했던 것입니다. 하나님은 "영과 진리로 예배하는 자들을 찾으신다"(요 4:23)고 말씀합니다. 지식이 결여된 제사행위를 이사야 선지자는 "소를 잡아 드리는 것은 살인함과 다름이 없이 하고 어린 양으로 제사 드리는 것은 개의 목을 꺾음과 다름이 없이 하며 드리는 예물은 돼지의 피와 다름이 없이 하고 분향하는 것은 우상을 찬송함과 다름이 없다"(사 66:3)고 통렬히 비난하는 것입니다.

㉢ 결과는 "시일대로 내가 그에게 벌을 주리라"(13하) 하십니다. 찬송을

드리고, 기도를 드리고, 예물을 드리기만 하면 되는 것이 아닙니다. "드림"은 우리에게 있으나 "받으심"은 하나님에게 있다는 점을 명심해야 합니다. 백성들이 하나님을 잊어버리고 "사랑하는 자들을 따르리니 그들이 내 떡과 내 물과 내 양털과 내 삼과 내 기름과 내 술들을 내게 준다"고 말하게, 한 책임이 "어머니" 즉 지도자들에게 있다는 점을 명심해야 하겠습니다. 말씀을 맡았다는 것이 영광스러운 반면 그 책임이 얼마나 막중한가! 그러므로 벌을 받되 "선생 된 우리가 더 큰 심판을 받게"(약 3:1) 되리라 말씀하시는 것입니다.

셋째 단원(14-23) 공의와 긍휼히 여김으로 장가들리라

"내가 네게 장가들어 영원히 살되 공의와 정의와 은총과 긍휼히 여김으로 네게 장가들며 진실함으로 네게 장가들리니 네가 여호와를 알리라"(19-20).

첫째와 둘째 단원은 인간 행위 중심으로 본 내용입니다. 그 결과는 절망 그것뿐입니다. 그러나 셋째 단원은 하나님께서 주권적으로 행해주시겠다는 내용인데 오직 여기에 소망이 있는 것입니다. 그러므로 본 단원에서 주목해야 할 점은 "내가 … 하리라"(14,17,18,19,21,23)는 구조(構造)입니다. 그리고 "그날에"(16,18,21), 즉 미래(未來)에 대한 예언이라는 점입니다. 하나님은 먼저 절망적인 상황을 보여주신 후에 "그날에, 내가 … 하리라"고 주권적으로 행해주실 소망을 말씀하시는 것입니다.

성경은 하나님이 행해주신 일과 사람이 행한 일로 되어있습니다. 그러므로 설교의 우선순위와 강조점은 마땅히 하나님이 행해주신 일에 두어야 하는 것입니다. 왜냐하면 여기에 하나님의 사랑과 은혜와 긍휼과 소망이 있기 때문입니다. 성도들이 은혜받기를 원하는가? 하나님이 행해주신 일을 듣고 믿음으로 받을 때 "은혜"받게 되는 것입니다. 인간이 행해야 할 일은 교훈이지 은혜가 아닙니다. 그런 다음에 이에 근거하여 "그러므로 형제들아"(롬 12:1)하고 인간이 행해야 할 실천윤리가 뒤따르게 되는 것입니다.

① 6번이나 등장하는 "내가 … 하리라"는 약속 중에서도 가장 중요하고 경이로운 말씀은, 단연 "내가 네게 장가들어 영원히 살되"(19상) 하신 "장가들겠다"는 말씀입니다. 이는 2장의 핵심이요, 호세아서 전체의 중심주제(主題)라 할 수 있는 핵심적인 말씀입니다. 그토록 중요한 말씀이기 때문에 "장가든다"는 말씀을 세 번 강조하고 있습니다.

㉠ 2절에서 "나는 그의 남편이 아니라" 하신 하나님께서

㉡ 19절에서는 "내가 네게 장가들겠다"고 말씀하시다니 놀랍지 않습니까!

② 그렇다면 하나님께서 "네게 장가들겠다" 하시는 <너>는 누구인가 하는 점입니다.

㉠ 이점을 문맥적으로 보면 2:2절에서 "너희 어머니와 논쟁하고 논쟁하라 그는 내 아내가 아니요 나는 그의 남편이 아니라 그가 그의 얼굴에서 음란을 제하게 하고 그 유방 사이에서 음행을 제하게 하라"한 음부라 말할 수밖에 없습니다.

㉡ 그렇다면 의로우신 하나님께서 "음부"(淫婦)를 아내로 맞이해 드리실 수 있단 말인가? 아닙니다.

공의와 사랑으로 장가들리라

③ 그래서 "공의와 정의와 은총과 긍휼히 여김으로 네게 장가
들며"(19중) 하십니다. 말씀하시는 네 단어들을 음미해보시기 바
랍니다. 이는 크게 둘로 즉 <공의와 정의, 은총과 긍휼히 여김>
으로 나누어지고, 둘은 상반(相反)된 개념임을 보게 될 것입니다.

　㉠ 먼저 하나님의 "공의와 정의"로 한다면 이는 "장가"가 아니라 심판
　을 의미합니다. 그러므로 음부와 같은 "죄인"에게 장가든다, 즉 연합
　한다는 것은 불가능한 것입니다.

　㉡ 그래서 하나님은 "은총과 긍휼히 여김"으로 장가들겠다고 말씀하시
　는 것입니다. 그렇다면 어찌하여 "공의와 정의"를 말씀하시는가?
　"내가 네게 장가든다"는 것이 하나님의 거룩하시고 의로우심에 손상
　을 입으시면서 장가들겠다는 것이 절대로 아님을 나타내기 위해서
　인 것입니다. 그렇다면 이 상반 된 〈공의와 공정의, 은총과 긍휼히
　여김〉을 어떻게 동시에 만족시킬 수 있는가?

　㉢ 이를 충족시킨 사건이 예수 그리스도께서 담당하신 십자가로 나타났
　던 것입니다. 이점을 로마서 3:26절에서는 "곧 이 때에 (자기 아들
　을 십자가에 못 박을 때) 자기의 의로우심을 나타내사 자기도 의로
　우시며 또한 예수 믿는 자를 의롭다 하려 하심이라"고 말씀합니다.
　십자가 사건은 하나님의 "공의(정의)와 사랑(은총과 긍휼히 여김)"을
　동시에 만족시켜드린 사건이었던 것입니다.

④ 그런데 "공의와 긍휼"만이 아니라 "진실함으로 네게 장가들
리니 네가 여호와를 알리라"(2:20) 하십니다. 무슨 뜻인가? 시편
89:35절은 "내가 나의 거룩함으로 한 번 맹세하였은즉 다윗에게
거짓말을 하지 아니할 것이라" 하십니다. 그래서 "진실함으로 네
게 장가들리라" 하시는 것입니다. 그러므로 우리를 구원하신 여

호와의 행사(行事)를 "진실함으로 네게 장가들리니"(20) 하신 <진실>하신 행위라는 점을 명심하십시다. 이를 시편에서는 "여호와께서 그 백성에게 구속을 베푸시며 그 언약을 영원히 세우셨으니 그 이름이 거룩하고 지존하시도다"라고 찬양하면서, "그의 손이 하는 일은 진실과 정의이며 그의 법도는 다 확실하니 영원무궁토록 정하신 바요 <진실과 정의>로 행하신 바로다"(시 111:7-9)고 증언하고 있습니다.

무촌(無寸)의 관계

⑤ 그러면 "내가 네게 장가들겠다"는 의미가 무엇인가 하는 점입니다. 촌수(寸數)를 들어서 설명하는 것이 도움이 될 것입니다.

㉠ 나와 부모와의 관계는 1촌입니다. 형제간의 관계는 2촌입니다. 그리고 형제의 자녀들과의 관계를 3촌이라고 말합니다. 형제의 자녀들 간의 관계는 4촌 간입니다.

㉡ 그렇다면 부부관계는 몇 촌일까요? 촌수가 없습니다. 굳이 말한다면 무촌(無寸)이라고 말할 수가 있겠지요. 바로 이것입니다. 하나님께서 "내가 네게 장가들겠다"고 말씀하심은 나와 너와는 무촌의 관계라 하심과 같은 의미인 것입니다.

㉢ 하나님께서 아담에게 아내를 짝지어주시면서 "이러므로 남자가 부모를 떠나 그 아내와 연합하여 둘이 한 몸을 이룰지니라"(창 2:24)하신 "한 몸"의 관계라는 말씀입니다.

㉣ 사도 바울이 "이 비밀이 크도다"(엡 5:32) 할 정도로 이 연합교리는 신비의 극치를 나타냅니다. 성경은 이 신비를 "포도나무와 가지, 머리와 몸, 신랑과 신부" 등으로 설명하고 있습니다. 다시 말하면 떨어

질려야 떨어질 수 없고, 떼어놓을 여야 떼어놓을 수 없는 관계를 의미합니다.

㉤ 그러므로 "내가 네게 장가들겠다" 하시는 이보다 경이로운 말씀은 달리 없습니다. 이는 인간이 들을 수 있는 지고(至高)지선(至善)의 말씀인 것입니다.

장가드는 시점(時點)과 지점(地點)

⑥ 이 점에서 "내가 네게 장가들어 영원히 살리라" 하신 시점(時點)과 지점(地點)을 생각하게 합니다. 1:10절에서는 "너희는 내 백성이 아니라 한 그곳에서 그들이 살아 계신 하나님의 아들이라 일컬음을 받으리라"고 <그곳>이라 말씀하는데 그렇다면 "그곳"이란 어떤 지점을 말씀하고 있습니까? "그곳"이란 팔레스타인도 아니요 그렇다고 한국도 아닙니다. 인간의 행위로는 불가능성이 입증된 "그곳" 즉 그 지점(地點)"에서 오직 믿음으로만이 가능하여짐을 말씀하는 것입니다. 또한 이스라엘이 멸망 당하게 된 즉 절망적인 시점(時點)에서 "네게 장가들겠다고 말씀하신다는 점을 명심해야 합니다.

이 지점을 15절에서는 "아골 골짜기로 소망의 문을 삼아 주리니"라고 말씀합니다. 아골 골짜기란 아간과 그의 가족이 죄 값으로 정죄를 받은 곳입니다. 그런데 그곳으로 "소망의 문"이 되게 하시겠다는 의미가 무엇인가? "절망을 소망" 되게 하시겠다는 뜻이 아니라, "소망의 문"을 삼아주겠다고 말씀하신다는 점을 주목하시기 바랍니다. 자신이 아간 처럼 죽어 마땅한 죄인임을 인정하는 절망적인 지점이 소망으로 들어가게 되는 "문"(門)이 된다는 말씀입니다. 누가 그리스도의 아내가 될 수 있는가? 답은 분명해진 것입니다. 자력으로는 "아골 골짜기"임을 깨달은 자, "내가 문이라 하신 예수 그리스도를 믿음으로 말미암아 의롭다함을 얻는 자"(롬 3:22) 뿐입니다.

⑦ "내가 네게 장가들어 영원히 살리라"고 "영원"이라 하십니다. 결혼 25주년을 은혼식, 50주년을 금혼식이라고 말합니다. 그러나 그 부부 사이는 결국 죽음으로 갈라지게 됩니다. 100주년이 아닙니다. 1000주년도 아닙니다. 하나님과의 연합은 <영원>하다고 말씀하십니다. 하나님의 사랑은 영원토록 변함이 없으십니다. 이것이 영원한 영광에의 참여함입니다.

⑧ "여호와께서 이르시되 그날에 내가 응답하리라 나는 하늘에 응답하고 하늘은 땅에 응답하고 땅은 곡식과 포도주와 기름에 응답하고 또 이것들은 이스르엘에 응답하리라"(21-22)

　㉠ 21-22절에는 "응한다"는 말이 다섯 번이나 강조되어 있습니다. 하나님과의 관계가 결혼한 것처럼 바른 관계가 될 때 모든 것은 <응>(應)하는 관계가 된다는 말씀입니다.

　㉡ 전에는 로암미(내 백성이 아니다)가 되어 불응(不應)하는 상태이었으나 이제는 "내가 그들에게 복을 내리고 내 산 사방에 복을 내리며 때를 따라 소낙비를 내리되 복된 소낙비를 내리리라"(겔 34:26) 하시겠다는 말씀인 것입니다.

내가 나를 위하여 이루리라

⑨ "내가 나를 위하여 그를 이 땅에 심고"(23상) 하십니다.

　㉠ 시편에서는 출애굽하여 약속의 땅에 정착한 것을 "주께서 한 포도나

무를 애굽에서 가져다가 민족들을 쫓아내시고 그것을 심으셨나이다"
(시 80:8)라고 찬양합니다. 하나님께서 심어주심으로 말미암아서만
심기 울 수가 있는 것입니다. "의인은 종려나무같이 번성하며 레바
논의 백향목같이 성장하리로다 이는 여호와의 집에 심겼음이여 우리
하나님의 뜰 안에서 번성하리로다"(시 92:12-13)

ⓛ 주목할 점은 "나를 위해서"라고 말씀하신다는 점입니다. 이는 구속사
를 이해하는데 키워드와 같은 말씀인데 하나님의 나라건설은 하나님
의 이름과 명예가 걸려있는 역사(役事)라는 뜻입니다. 하나님은 말씀
하십니다. "내가 이렇게 행함은 너희를 위함이 아니요 너희가 들어
간 그 여러 나라에서 더럽힌 나의 거룩한 이름을 위함이라"(겔
36:22). 그래서 애굽에서 인도하여내시고, 바벨론에서 돌아오게 하
셨던 것입니다.

ⓒ 그러나 이것만으로 하나님의 명예가 온전히 회복되는 것은 아닙니다.
에덴에서 추방당한 근원적인 돌아옴이 이루어져야 하기 때문입니다.
하나님은 자기 백성을 잃어버리셨던 것입니다.

ⓔ 그런데 자기 행위로 돌아옴의 불가능성을 아시기 때문에 "공의와 정
의와 은총과 긍휼히 여김으로 네게 장가들겠다"고 말씀하시는 것입
니다. 이것이 하나님 나라건설입니다. 이것이 "내가 나를 위하여 그
를 이 땅에 심겠다"는 뜻입니다.

⑩ 한 가지 부언할 말씀이 남았는데 16절에서 "그날에 네가 나
를 남편이라 일컫고 다시는 내 바알이라 일컫지 아니하리라" 하
신 말씀을 음미해보아야 하겠습니다.

ⓖ "그날"에 이렇게 행해주시겠다는 말씀입니다. 선지자들은 한결같이
"그날"을 전망(展望)하고 있습니다. 백성들은 "지금"을 내려다보면서
절망하고 있지만, 선지자들은 하나님의 약속에 의지하여 눈을 들어
"그날"을 바라보면서 소망을 외쳤던 것입니다. "그러므로 너희가 기
쁨으로 구원의 우물들에서 물을 길으리로다 〈그날〉에 너희가 또 말

하기를 여호와께 감사하라 그 이름을 부르며 그 행하심을 만국 중에 선포하며 그 이름이 높다 하라(사 12:3-4), 여호와의 말씀이니라 〈보라 날이 이르리니〉 내가 이스라엘 집과 유다 집에 새 언약을 맺으리라(렘 31:31), 〈그날〉에 죄와 더러움을 씻는 샘이 열리리라"(슥 13:1)고 증언했던 것입니다.

ⓒ 다음은 "내 남편이라 일컫고 다시는 내 바알이라 일컫지 아니하리라" 하신 언급인데, "내 남편과 내 바알"이 어떻게 다른 것인가? 이는 바알 우상을 섬기던 그들이 바알 대신 하나님을 섬기게 되리라는 그런 단순하고 평범한 뜻이 아닙니다. "내 바알"이라 하는 상태란 우상숭배로 복을 받기를 원하는 상태를 가리키는데, "내 남편"이란 뜻은 "내가 네게 장가들리라" 하신 하나님과의 연합을 의미하는 것입니다. 이는 신분의 혁명적인 변화를 의미하는 것입니다. 이 말씀을 "누가 이 일을 감당하리요"(고후 2:16), 감당할 수 있단 말인가? 이상의 영광스러움이란 없습니다. 그렇다면 부부관계란 어떤 관계입니까? 사랑의 관계입니다. 또한 부부 관계란 "그와 함께 영광을 받기 위하여 고난도 함께 받아야 하는"(롬 8:17) 일심동체(一心同體)의 관계입니다.

⑪ 마지막으로 이 사랑과 은혜를 입은 우리가 명심해야 할 점이 있습니다. 하나님은 "내가 네게 장가들어 영원히 살겠다"고나 〈자신〉을 사랑하시는데, 우리는 신랑 자신보다는 그가 가져다줄 결혼예물에 치심(置心)하고 있는 것은 아닌가? 〈신랑 자신〉을 더욱 사랑해야 마땅하지 않겠습니까?

또한 우리는 "내가 네게 장가들어 영원히 살리라"고 약속하신 그 예언이 성취되어 이미 주님과 연합한 자가 되었다는 점입니다. 나는 주님 안에 거하고 주님은 내 안에 거하십니다.

㉠ 성경은 말씀합니다. "주와 합하는 자는 한 영이니라", "너희 몸은 너

희가 하나님께로부터 받은바 너희 가운데 계신 성령의 전인 줄을 알지 못하느냐 너희는 너희 자신의 것이 아니라 값으로 산 것이 되었으니 그런즉 너희 몸으로 하나님께 영광을 돌리라"(고전 6:17-20)

ⓛ 그런데 "내가 네게 장가들어 영원히 살리라"는 영광스러움이 아직 완성된 것은 아니라는 점입니다. "네게 장가들겠다" 하심이 지금의 우리 상태가 전부가 아닙니다. 사모하며 고대하던 주님께서 재림하시는 날 우리의 낮은 몸이 주님의 영광의 몸과 같이 변화되는 날 비로소 완성될 것입니다. 그러므로 성경은 말씀합니다. "주를 향하여 이 소망을 가진 자마다 그의 깨끗하심과 같이 자기를 깨끗하게 하느니라"(요일 3:3). 그리고 사랑에 대한 보답은 오직 사랑뿐이라는 점입니다. 이것이 "내가 네게 장가들어 영원히 살리라"는 하나님의 사랑입니다.

호세아 3장 분석도표
주제 : 여호와와 그 왕 다윗을 구하리라

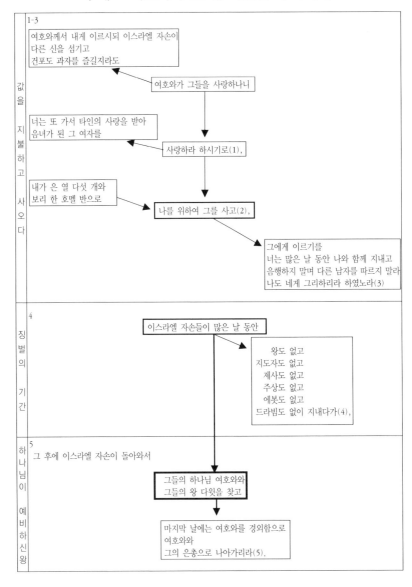

3장

여호와와 그 왕 다윗을 구하리라

> [5] 그 후에 이스라엘 자손이 돌아와서 그들의 하나님 여호와
> 와 그들의 왕 다윗을 찾고 마지막 날에는 여호와를 경외하므
> 로 여호와와 그의 은총으로 나아가리라

3장의 중심점은 도표에서 보시는 바대로 "많은 날 동안 왕이 없이"(4) 지내던 그들이, "그 왕 다윗을 찾는다"(5)는데 있습니다. 이는 하나님께서 영적 다윗인 그리스도를 보내주실 것과 그를 믿음으로 구원에 이르게 될 것을 말씀하심입니다. 이 다윗 왕을 1-2장을 연관시켜 생각하면 "폐하여진 나라가 세워지고, 백성이 아니라 한 자들이 백성이 되고"(1장), "내 아내가 아니라 한 것이 네게 장가들어 영원히 살겠다"(2장) 하심이 "다윗 왕"으로 말미암아 가능하여진다는 문맥인 것입니다.

그러므로 이스라엘 자손이 고멜과 같은 배은망덕함에도 불구하고 "여호와가 그들을 사랑한다"(1상)고 말씀하시는 것입니다. 이러한 하나님의 무조건적이고 불가항력적인 사랑을 계시하시기 위해서 하나님은 호세아 선지자에게 "너는 또 가서 타인에게 사랑을 받아 음녀가 된 그 여자를 사랑하라"(1)고 명하시는 것입니다. "사랑"은 말로만 하는 것이 아닙니다. "하나님의 사랑이 우리에게 이렇게 나타난 바 되었으니"(요일 4:9) 하심같이 "나타나야"하는 것입니다. 그러면 본문에서는 사랑이 어떻게 나타나고 있는가? 팔린 고멜을 값을 지불하고 사 오는 것으로 나타납니다. 이것이 구속입니다. 하나님께서는 죄 값에 팔린 우리를 그리스도의 피로 값 주고 사셔서 그리스도의 아내로 삼아주실 것을 호세아와 고멜의 관계를 통해서 상징적으로 보여주시려는 것입니다. 이를 세 단원으로 나누어 상고하겠습니다.

첫째 단원(1-3) **값을 지불하고 사오라**
둘째 단원(4) **징벌의 기간**
셋째 단원(5) **하나님이 예비하신 왕**

첫째 단원(1-3) **값을 지불하고 사오라**

"여호와께서 내게 이르시되 이스라엘 자손이 다른 신을 섬기고 건포도 과자를 즐길지라도 여호와가 그들을 사랑하나니 너는 또 가서 타인의 사랑을 받아 음녀가 된 그 여자를 사랑하라 하시기로"(1).

① "이스라엘 자손이 다른 신을 섬기고 건포도 떡을 즐길지라도 여호와가 그들을 사랑하나니"(1)란 무슨 뜻인가?

  ㉠ "건포도 과자"란 "자식들은 나무를 줍고 아비들은 불을 피우며 부녀들은 가루를 반죽하여 하늘의 여왕을 위하여 과자를 만들며"(렘 7:18)한 우상의 제물을 뜻합니다.

  ㉡ "즐기며"란 우상에 속하여 우상과 교제를 즐거워했다는 뜻입니다.

② 그럼에도 불구하고 "여호와가 그들을 사랑하나니" 하십니다. 이는 모순같이 들리는 말씀인데 왜냐하면 하나님은 음란한 그들에게 "너희는 내 백성이 아니요(1:9), 그는 내 아내가 아니다"(2:2)라고 선언하시지 않았던가? 그래서 진노하시고 심판하시고자 하지 않는가? 그런데 "그들을 사랑한다"고 말씀하시다니?

③ 이어지는 말씀을 보십시오. "너는 또 가서 타인의 사랑을 받아 음녀가 된 그 여자를 사랑하라" 하십니다. 고멜이 옛 버릇을 버리지 못하고 다른 사람과 바람이 났다는 것입니다. 이런 고멜을 형제는 사랑할 수 있겠는가?

  ㉠ 여기 중요한 메시지가 있는 것입니다. "우리가 아직 죄인 되었을 때에(롬 5:8), 곧 우리가 원수 되었을 때에 그의 아들의 죽으심으로 말미암아 하나님과 화목하게 하실"(롬 5:10) 하나님의 무궁한 사랑을 호세아 선지자를 예표로 하여 보여주시려는 것입니다. 이점이 이어지는 문맥에서 분명히 드러납니다.

  ㉡ 호세아가 사랑해야 할 고멜은 어떤 처지에 있으며, 호세아의 사랑은 어떤 방도로 나타나고 있는가를 주목해보아야 합니다.

④ "내가 은 열다섯 개와 보리 한 호멜 반으로 나를 위하여 그를 사고"(2) 합니다.

  ㉠ 고멜을 산 값인 "은 열다섯 개"란 종의 값인 "은 삼십"(출 21:32)의 절반 값입니다. 유혹에 넘어가 정부(情夫)를 따라간 고멜의 말로가

얼마나 비참하게 되었는가를 말해줍니다. 이것이 사탄의 유혹을 따라 간 인류의 말로(末路)입니다.

ⓒ 하나님을 배반하고 바알을 따라가면서 그들은 말했습니다. "그들이 (유혹하는 자) 내 떡과 내 물과 내 양털과 내 삼과 내 기름과 내 술 들을 내게 준다 하였음이라"(2:5). 그리고 하나님이 주신 선물들을 "이것은 나를 사랑하는 자들이 내게 준 값이라"(2:12상)고 말했습니다. 그런데 사랑한다고 고멜을 유혹한 자는 그를 종의 반값에 팔아 버린 것입니다. 사도 바울은 고백합니다. "우리도 전에는 어리석은 자요 순종하지 아니한 자요 속은 자요 여러 가지 정욕과 행락에 종 노릇한 자요 악독과 투기로 일삼은 자요 가증스러운 자요 피차 미워한 자였으나 우리 구주 하나님의 자비와 사람 사랑하심이 나타날 때에 우리를 구원하시되 우리가 행한바 의로운 행위로 말미암지 아니하고 오직 그의 긍휼하심을 따라 중생의 씻음과 성령의 새롭게 하심으로 하셨나니"(딛 3:3-5), 하나님은 바로 이 복음을 계시하시려는 것입니다.

⑤ 그러면 호세아의 사랑은 어떤 방도로 나타냈는가? "그를 사서" 자유하게 해주는 것으로 나타나고 있는 것입니다. "그를 샀다"(2하)는 말씀을 좀 더 음미해보아야 합니다. 이것이 기독교의 중심교리인 "구속"이기 때문입니다.

ⓐ 아담의 후예들은 죄 값에 팔린 자들입니다. 그러므로 주님은 말씀합니다. "인자가 온 것은 섬김을 받으려 함이 아니라 도리어 섬기려 하고 자기 목숨을 많은 사람의 대속물로 주려함이니라"(마 20:28). 그러므로 성경은 말씀합니다.

ⓒ "그가 모든 사람을 위하여 자기를 대속물로 주셨으니 기약이 이르러 주신 증거니라"(딤전 2:6), "그가 우리를 대신하여 자신을 주심은 모든 불법에서 우리를 속량하시고 우리를 깨끗하게 하사 선한 일을 열심히 하는 자기 백성이 되게 하려 하심이라"(딛 2:14).

⑥ 값을 주고 사서 자유하게 한 후에 선지자는 고멜에게 말합니다.

　㉠ "너는 많은 날 동안 나와 함께 지내고 음행하지 말며 다른 남자를 따르지 말라"(3상). 다시는 다른 남자를 따르지 말라고 간곡히 타이릅니다.

　㉡ 주님은 간음 현장에서 끌려온 여인에게 말씀합니다. "나도 너를 정죄하지 아니하노니 가서 다시는 죄를 범하지 말라"(요 8:11).

⑦ "나도 네게 그리하리라"(3하) 하는데 무슨 뜻인가? 이에 대한 해석이 구구합니다. 지배적인 해석은 "나도 너를 가까이(근신시키는 뜻에서) 하지 않겠다"는 뜻으로 여깁니다. 이는 교제를 끊는다는 말인데, 그렇게 말한다면 본문을 통해서 말씀하시고자 하는 하나님의 의도와는 반대가 되는 것입니다.

　㉠ 우리를 구속하신 주님이 관계를 끊겠다고 말씀하신단 말인가? 아닙니다. "볼지어다 내가 문 밖에 서서 두드리노니 누구든지 내 음성을 듣고 문을 열면 내가 그에게로 들어가 그로 더불어 먹고 그는 나와 더불어 먹으리라"(계 3:20)고 아름다운 교제를 나누기를 열망하십니다.

　㉡ 그러므로 "이제부터 너는 나만을 사랑하라 나도 너만을 사랑하겠다"는 것이 "나도 네게 그리하리라"는 뜻이라 하겠습니다. 하나님은 우리에게도 오직 "네 마음을 다하고 목숨을 다하고 뜻을 다하여 주 너의 하나님을 사랑하라"(마 22:37)고 "사랑" 하나만을 요구하십니다. 사랑에 대한 보답은 사랑뿐입니다.

⑧ 이 점에서 생각할 점은 하나님은 호세아에게 다만 "너는 가서 타인에게 사랑을 받아 음녀 된 그 여자를 사랑하라"(1하)고 말씀하셨습니다.

　㉠ 그런데 선지자는 "그를 사왔다"는 것입니다. 왜 그런가? 죄 값에 팔

린 자를 사랑하는 것은 말로만 하는 것이 아닙니다. 주님은 말씀하십니다. "사람이 친구를 위하여 자기 목숨을 버리면 이보다 더 큰 사랑이 없나니"(요 15:13), 그렇습니다. 사랑은 "나타나야"(행동으로)하는 것입니다. 하나님은 우리를 말씀만으로 사랑하신 것이 아닙니다. "하나님의 사랑이 우리에게 이렇게 나타난 바 되었으니 하나님이 자기의 독생자를 세상에 보내심은 그로 말미암아 우리를 살리려 하심이라"(요일 4:9). 주님께서도 그의 아내 된 교회를 말로만 사랑하신 것이 아닙니다. "남편들아 아내 사랑하기를 그리스도께서 교회를 사랑하시고 그 교회를 위하여 자신을 주심같이 하라"(엡 5:25)

ⓛ 그러므로 성경은 말씀하십니다. "사랑하는 자들아 하나님이 이같이 우리를 사랑하셨은즉 우리도 서로 사랑하는 것이 마땅하도다"(요일 4:11).

⑨ 우리는 한 걸음 더 나아가야 합니다. 2절을 다시 한번 주목해보시기 바랍니다. "나를 위하여 그를 샀다"(2중)고 말씀합니다. 2:23절에서 하나님은 "내가 나를 위하여 그를 이 땅에 심고"(2:23 상)라고 말씀하셨습니다. 무슨 뜻인가? 다시 강조합니다만 구속사역에는 하나님의 거룩하신 이름과 명예가 걸려있다는 점을 잊지 마시기 바랍니다. 그러므로 주님께서는 "너희는 먼저 그의 나라와 그의 의를 구하라"(마 6:33)고 말씀하십니다.

㉠ 성숙한 그리스도인이란 하나님 아버지의 거룩하신 이름과 명예를 위해서 목숨을 바치는 자입니다. 이를 놓치게 되면 하나님 중심이 아니라 자기중심이 되고 맙니다. 타락의 본성은 하나님 중심에서 인간 중심이 된데 있는 것입니다. 현대교회의 치명적인 병폐가 자기중심적인 신앙이라 해도 과언이 아닙니다.

ⓛ 성경은 경계합니다. "너는 이것을 알라 말세에 고통 하는 때가 이르러 사람들이 자기를 사랑하며 돈을 사랑하며 자랑하며 교만하며 비

3장 여호와와 그 왕 다윗을 구하리라 · 61

방하며 부모를 거역하며 감사하지 아니하며 거룩하지 아니하며, 쾌락을 사랑하기를 하나님 사랑하는 것보다 더하며 경건의 모양은 있으나 경건의 능력은 부인하니 이 같은 자들에게서 네가 돌아서라"(딤후 3:1-5).

둘째 단원(4) 징벌의 기간

"이스라엘 자손들이 많은 날 동안 왕도 없고 지도자도 없고 제사도 없고 주상도 없고 에봇도 없고 드라빔도 없이 지내다가"(4).

① "왕도, 지도자도, 제사도, 주상도, 에봇도, 드라빔도 없이" 지낸다 하신 데는 두 방면의 의미가 있다 하겠습니다.
㉠ 첫째는 "왕도, 지도자도, 제사도" 없다는 의미인데 이는 그들이 징벌을 받아서 나라도 없고 성전도 없고 그리하여 제사도 드릴 수 없는 처지가 될 것을 의미합니다.
㉡ 둘째는 "주상도 에봇도 드라빔도 없이" 지낸다는 의미인데 주상(출 23:4), 에봇 · 드라빔(삿 17:5)은 모두 우상의 제의(祭儀)에 사용된 것들입니다. 더 이상 우상숭배도 하지 않을 것이란 말씀입니다. 그리고 이 두 가지 사실은 문자적으로 성취되었던 것입니다.
② "많은 날 동안"을 그렇게 지나리라고 말씀합니다. 그렇다면 이 시기는 어떤 시기인가? 이 시기는 마치 "그 때에 이스라엘에 왕이 없으므로"(삿 21:25) 한 과도기적인 시기로 하나님께서는 그 때 다윗과 같은 "왕"을 보내주실 준비를 하고 계셨던 것입니다. 룻기는 "사사들이 치리하던 때에"(룻 1:1)하고 시작하여, "이새는 다윗을 낳았더라"(룻 4:22)고 마치고 있는데, 이는 하나님께

서 준비하신 왕이 다윗(삼상 16:1)임을 나타내는 것입니다. 그런데 놀라운 것은 호세아서에서도 "그들의 왕 다윗"(3:5)을 찾게 되리라고 말씀하고 있다는 점입니다. 이것이 계시의 일관성이요, 점진성입니다.

④ "많은 날 동안 왕도 없이" 지낸다는 이 시기가 구약과 신약의 중간시대라 말할 수 있는데, 그때 하나님은 "왕"을 보내실 준비를 하고 계셨던 것입니다. 그 왕이 누구인가?

셋째 단원(5) **하나님이 예비하신 왕**

"그 후에 이스라엘 자손이 돌아와서 그들의 하나님 여호와와 그들의 왕 다윗을 찾고 마지막 날에는 여호와를 경외하므로 여호와와 그의 은총으로 나아가리라"(5).

① "그들의 왕 다윗을 찾고"라고 말씀합니다.
㉠ 이는 다윗을 예표로 한 그리스도에 대한 예언임이 분명합니다. 이점은 남쪽 유다가 패망할 때에도 같은 약속을 하셨습니다.
㉡ "그들은 그들의 하나님 여호와를 섬기며 내가 그들을 위하여 세울 그들의 왕 다윗을 섬기리라"(렘 30:9). 그러니까 인간의 범죄로 말미암아 나누어졌던 남과 북, 그리고 북 왕국도 남 왕국도 멸망하고 추방당했던 그들이 하나님께서 세워주실 다윗 왕 안에서 하나가 되어 돌아오게 된다는 말씀인 것입니다. 이점을 1:11절에서는 "이에 유다 자손과 이스라엘 자손이 함께 모여 한 우두머리를 세우고 그 땅에서부터 올라오리니"라고 말씀했습니다.
㉢ 남북이 멸망 당하게 되었을 때 "멸망"이 끝이 아니라, 하나님께서는

"왕 다윗"을 보내주시겠다고 소망을 말씀하심이 선지서의 일관된 약
속인 것입니다.

② 이사야 선지자를 통해서는

㉠ "이는 한 아기가 우리에게 났고 한 아들을 우리에게 주신 바 되었는
데, 다윗의 왕좌와 그이 나라에 군림하여 그 나라를 굳게 세우고 자
금 이후로 영원히 정의와 공의로 그것을 보존하실 것이라"(사
9:6-7)고 말씀합니다.

㉡ 예레미야 선지자를 통해서는 "여호와의 말씀이니라 보라 때가 이르
리니 내가 다윗에게 한 의로운 가지를 일으킬 것이라 그가 왕이 되
어 지혜롭게 다스리며 세상에서 정의와 공의를 행할 것이며"(23:5)
라고 말씀하십니다.

㉢ 에스겔 선지자를 통해서도 "내가 한 목자를 그들 위에 세워 먹이게
하리니 그는 내 종 다윗이라 그가 그들을 먹이고 그들의 목자가 될
지라 나 여호와는 그들의 하나님이 되고 내 종 다윗은 그들 중에 왕
이 되리라 나 여호와의 말이니라"(겔 34:23-24)고 그리스도께서
"목자와 왕"이 되실 것을 약속하십니다. 37:24절에서도 "내 종 다
윗이 그들의 왕이 되리니 그들 모두에게 한 목자가 있을 것이라" 하
십니다.

㉣ 미가 선지자를 통해서는 다윗과 같은 왕이 "베들레헴 에브라다야 너
는 유다 족속 중에 작을지라도 이스라엘을 다스릴 자가 네게서 내게
로 나올 것이라 그의 근본은 상고에, 영원에 있느니라"(미 5:2)고 다
윗의 동네에서 왕이 나시게 될 것을 예언합니다.

③ 그러므로 선지자들은 심판, 즉 절망만을 경고하기 위해서
세움을 받은 자들이 아닙니다. 밤이 지나면 의로운 해가 떠오를
것, 즉 "다윗 왕" 그리스도를 증언하기 위해서 세우셨던 것입니
다. 성경은 말씀합니다. "이 구원에 대하여는 너희에게 임할 은혜

를 예언하던 선지자들이 연구하고 부지런히 살펴서 자기 속에 계신 그리스도의 영이 그 받으실 고난과 후에 받으실 영광을 미리 증언하여 누구를 또는 어떠한 때를 지시하시는지 상고하니라"(벧전 1:10-11).

④ 하나님께서는 이스라엘이 멸망할 무렵에 문서 선지자들을 집중적으로 투입하셔서 심판의 경고와 메시아 약속을 동시에 선포하게 하셨습니다.

   ㉠ 이는 첫 언약, 즉 율법으로는 안 되니까 새 언약을 말씀하신 것이 아닙니다. 다시 말하면 예루살렘이 멸망 당하게 되고 성전이 불타게 되니까 그리스도를 보내주시겠다는 말씀이 절대로 아니라는 것입니다. 이런 논리로 말하는 경향이 있습니다.

   ㉡ 이는 성경을 교훈적으로 접근하기 때문에 범하게 되는 과오입니다. 교훈적인 설교가 아무리 감화력이 있다고 하여도 거기에는 역사성(歷史性)이 없기 때문에 성경을 단편적(斷片的)으로 볼 수밖에 없습니다. "영원부터 만물을 창조하신 하나님 속에 감추어졌던 비밀의 경륜이 어떠한 것을 드러내지"(엡 3:9)를 못하게 됩니다. 하나님께서 계획하시고 이루어나가심에는 임기응변(臨機應變)이란 없습니다.

⑤ 하나님은 율법보다 먼저 복음 즉 원복음(창 3:15)을 주시고, 아브라함에게 메시아언약 즉 복음을 전해주셨음(갈 3:8)을 명심해야 합니다.

   ㉠ 율법은 "들어온 것"(롬 5:20), 즉 삽입한 것이라고 말씀합니다. 원복음과 나타난 복음 사이에 끼어있는 것이 율법이라는 말씀입니다.

   ㉡ 그렇다면 왜 율법을 들어오게 하셨는가? 죄를 깨닫게(롬 3:20) 하기 위해서라고 말씀합니다. "죄를 깨닫게 함"이란 율법의 행위로는 구원의 가망이 없음을 깨닫게 하기 위해서라는 의미입니다. 다시 말하면 "오호라 나는 곤고한 사람이로다 이 사망의 몸에서 누가 나를 건져

내라"하고 "누구" 곧 그리스도에게 인도하기 위해 율법을 삽입하셨다는 뜻입니다. 그러므로 선지자들은 죄로 인한 심판만을 경고한 것이 아니라 모두가 그리스도를 증언했던 것입니다.

⑥ 그렇다면 율법의 지배 하에 두셨던 기간이 얼마나 되는가?

㉠ 모세로부터 예루살렘의 멸망까지는 약 천년, 이 천년의 기간이란 다름이 아닌 인간의 행위로는 구원이 불가능함을 깨닫고 그리스도를 찾게 하기 위한 기간이었다고 말할 수 있는 것입니다. 율법의 지배 하에 있던 종말이, 예루살렘이 멸망하고 성전이 불타버리고 그들이 포로가 되었다는 것은 자력구원의 불가능성이 명명백백하게 입증(立證)된 사건이었던 것입니다. 그 천년의 역사를 돌이켜 보십시오. 한 마디로 배신과 반역의 역사요, 배은망덕의 악순환이었던 것입니다.

㉡ 이를 깨닫고도 남음이 있을 시점에 이르러서 하나님은 "그 후에 이스라엘 자손이 돌아와서 그들의 하나님 여호와와 그들의 왕 다윗을 찾고"(5상) 한 왕을 준비하셨던 것입니다.

⑦ 이 점에서 유념할 점은,

㉠ 하나님께서 율법보다 복음을 먼저 주심이 분명하지만, 죄인이 그리스도를 만나는 데 있어서는 복음보다 먼저 율법을 통과해야 한다는 점입니다. 다시 말하면 율법을 통해서 "하나님이여 불쌍히 여기옵소서 나는 죄인이로소이다"(눅 18:13)라는 절망을 맛본 자만이 그리스도를 구하게 된다는 말씀입니다.

㉡ 이점을 어째서 강조하고 있느냐 하면, 현대교회 성도들이 율법을 통과해서 복음을 만난 것인가 하는 의구심 때문입니다. 그리스도를 만나게 하시기 위해서 복음과 복음 사이에 가입해 놓으신 율법을 뛰어 넘는 반칙(反則)을 범하면서, "좋으신 하나님, 사랑의 하나님, 만사형통의 하나님, 축복의 하나님"만을 설교하고 있는 것은 아닌가 하는 반성 때문입니다. 그 결과로 자기중심적이고, 이기적이고, 기복적인 신앙인을 양산해 낸 것은 아닌가 하는 두려움 때문입니다.

⑧ 묻고 싶은 말이 있습니다.

㉠ 구약성경의 분량이 어째서 그토록 방대한가? 죄를 깨닫게 하여 그리스도를 만나게 하시기 위해서라고 대답할 수 있습니다. 이처럼 자력 구원의 불가능성을 보여주기 위해서 율법을 가입하시고, 그리고 천년이라는 절망의 역사를 똑똑히 보여주신 후에 "때가 차매 하나님이 그 아들을 보내사 여자에게 나게 하시고 율법 아래 나게 하신 것은 율법 아래 있는 자들을 속량하시고 우리로 아들의 명분을 얻게 하려"(갈 4:4-5) 하심이었는데, 유대인들은 이를 모른 체 하나님의 아들을 십자가에 못을 박아 죽였던 것입니다. 이것은 무엇을 말해주고 있느냐 하면

㉡ 자신이 전적타락, 전적부패한 죄인임을 깨닫는 것이 얼마나 어려운 일인가를 말씀해주고 있습니다. 죄를 깨닫기 위해서는 구약성경 39권도 모자랐고, 천년도 모자랐단 말인가? 구약의 역사는, 그리고 주님 당시의 유대인들은 율법을 통해서 부서지지 않고, 깨어지지 않고, 온전히 항복하지 않은 자들의 본성(本性)과 그 종말이 어떻게 되었는가를 똑똑히 보여주고 있는 것입니다.

⑨ 예를 들면 율법을 통과하여 그리스도를 만난 대표적인 인물이 바울이라 할 것입니다. 바울도 율법을 통과하기 전에는 "흠이 없는 자"라고 자랑하던 자입니다. 그랬던 바울은 이렇게 고백합니다.

㉠ "전에 율법을 깨닫지 못했을 때에는 내가 살았더니 계명이 이르매 죄는 살아나고 나는 죽었도다"(롬 7:9), "그리스도 예수께서 죄인을 구원하시려고 세상에 임하셨다 하였도다 죄인 중에 내가 괴수니라". 그리고 이렇게 증언합니다. "그러나 내가 긍휼을 입은 까닭은 예수 그리스도께서 내게 먼저 일체 오래 참으심을 보이사 후에 주를 믿어 영생 얻는 자들에게 본이 되게 하려 하심이니라"(딤전 1:16). "영생

얻는 자의 본"이라고 말씀합니다. "비방자요 박해자요 폭행자이었던"(딤전 1:13) 바울을 구원하여 주셨다면, "그리스도를 십자가에 못 박으라고 외쳤던 나 같은 죄인도 구원하여 주시리라" 이것이 "영생 얻는 자의 본"이라는 의미입니다.

ⓛ 이는 "왕도 없고 지도자도 없고 제사도 없이" 지내면서도 구원자를 찾지 않고 있는 동족들을 향하여, '나를 보시오. 나를 구원하여 주셨다면 형제들도 구원 얻을 수 있습니다' 하는 본(本)으로 삼으셨다는 뜻입니다.

⑩ 그러므로 본문은 "마지막 날에는 여호와를 경외하므로 여호와와 그의 은총으로 나아가리라"(5하)고 말씀합니다. 자신들의 행위가 아니라 하나님의 "은총"(恩寵)을 의지하게 되리라는 말씀입니다. 우리도 이렇게 말할 것밖에는 없습니다. "나의 나 된 것은 하나님의 은혜로라".

⑪ 이제 1-3장까지의 구도(構圖)를 종합적으로 요약할 필요가 있습니다. 그것은 한마디로 <절망과 소망>을 반복하는 구도임을 놓치지 말아야 합니다.

㉠ 1:1-9절을 살펴보십시오. 로루하마·로암미라 하라 하십니다. 그것은 절망입니다. "그러나"(10) 하고 이를 뒤집고는, 1:10-2:1절은 "암미라 하고, 루하마라 하라"고 소망을 말씀합니다.

㉡ 2:2-13절은 "저는 내 아내가 아니요 나는 저의 남편이 아니라"(2)고 절망을 말합니다. 그러나 14-23절에서는 "내가 네게 장가들어 영원히 살겠다"고 소망을 말씀합니다.

㉢ 3:3-4절은 많은 날 동안 "왕도 없고 지도자도 없고 제사도 없이" 지나게 될 것을 말씀하는데 이는 또다시 터널을 통과하는 기간입니다.

그런데 "그 후에 이스라엘 자손이 돌아와서 그들의 하나님 여

호와와 그들의 왕 다윗을 찾고 마지막 날에는 여호와를 경외하므
로 여호와와 그의 은총으로 나아가리라"(3:5)고 소망을 말씀하십
니다.

⑫ 이처럼 <절망과 소망>을 반복해서 보여주시는 의도가 어디
에 있겠습니까?

㉠ 인간의 행위로는 〈절망〉뿐이라는 것입니다.

㉡ 그러므로 하나님의 "은총과 긍휼"을 기대할 것밖에는 달리는 소망이
없음을 보여주고 또 보여주심으로, 깨닫고 또 깨닫기를 원하시기 때
문입니다.

⑬ 인류의 소망과 해답과 구원은 "한 우두머리(1:11), 그들의
왕 다윗"(3:5)이라 말씀하시는 우리 주 예수 그리스도에게 있다는
말씀입니다. 이것이 "여호와와 그 왕 다윗을 구하리라"는 예언입
니다.

호세아 4장 분석도표
주제 : 내 백성이 지식이 없으므로 망하는도다

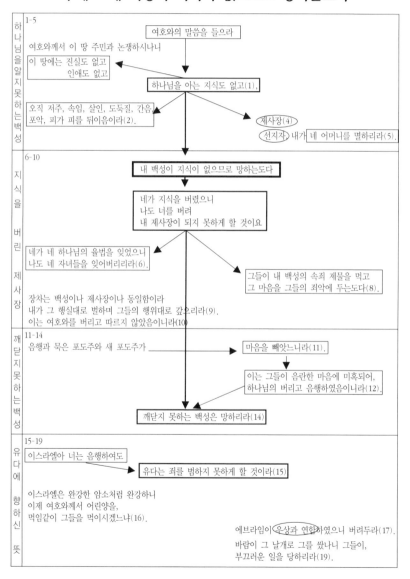

4장

내 백성이 지식이 없으므로 망하는도다

⁶ 내 백성이 지식이 없으므로 망하는도다 네가 지식을 버렸
으니 나도 너를 버려 내 제사장이 되지 못하게 할 것이요 네
가 네 하나님의 율법을 잊었으니 나도 네 자녀들을 잊어버리
리라

1-3장을 통해서 "절망과 소망"이 교차(交叉)하고 있는 것을 보
았습니다. 인간의 행위중심으로 보면 절망일 수밖에 없습니다. 그
러나 하나님께서 주권적으로 성취해 나가시는 은총, 즉 그리스도
에게 소망이 있음을 보았습니다. 이것은 복음입니다. 4장 이하는
이에 대한 상론(詳論)입니다. 먼저 어찌하여 그들이 절망적인 상
황에 이르게 되었는지(4-10장)를 말씀합니다. 그런 연후에 11-14

장에서 하나님께서 행해주실 소망을 말씀하시는 구도(構圖)입니다.

4장의 중심점은 도표에서 보시는 바대로 "내 백성이 지식이 없으므로 망하는도다"(6)에 있습니다. 어느 때나 암흑시대(暗黑時代)가 되는 것은 "하나님 아는 지식"(1)이 없기 때문입니다. 엘리 제사장 당시의 암흑기를 가리켜 "여호와의 말씀이 희귀(稀貴)하여 이상이 흔히 보이지 않았더라"(삼상 3:1) 합니다. 아합 왕 당시의 암흑기 때에는 선지자 엘리야에게 "너는 요단 앞 그릿 시냇가에 숨으라"(왕상 17:3)고 명하십니다. 이는 말씀이 숨은 시대입니다. 하나님의 말씀이 숨었다면 무엇이 판을 치겠습니까. 주님은 말씀하십니다. "이제는 너희 때요 어두움의 권세로다"(눅 22:53).

그렇다면 어찌하여 백성들이 하나님 아는 지식이 없는 백성이 되었단 말인가? 제사장들이 "지식을 버렸기"(6중) 때문이라고 말씀하십니다. 이는 그들을 멸망으로 인도한 책임이 제사장·선지자들에게 있음을 나타내는 것입니다. 이를 "깨닫지 못하는 백성은 망하리라"(14)고 경고하십니다. 이를 네 단원으로 나누어 상고하겠습니다.

첫째 단원(1-5) **하나님을 알지 못하는 백성**
둘째 단원(6-10) **지식을 버린 제사장**
셋째 단원(11-14) **깨닫지 못하는 백성**
넷째 단원(15-19) **유다에 향하신 뜻**

첫째 단원(1-5) **하나님을 알지 못하는 백성**

"이스라엘 자손들아 여호와의 말씀을 들으라 여호와께서 이 땅 주민과 논쟁하시나니 이 땅에는 진실도 없고 인애도 없고 하나님을 아는 지식도 없고"(1).

① "진실·인애·하나님 아는 지식", 이 세 가지는 하나님의 백성들에게 사활을 좌우하는 덕목들인데, "없고, 없고, 없다"고 찾아보아도 찾을 수 없는 것들이 되었다고 말씀합니다. 그렇다면 어찌하여 그들이 "진실(진리)도 없고, 인애(사랑)도 없는" 자들이 되었는가? "하나님 아는 지식"이 근본인데 원인은 "하나님을 아는 지식"이 없기 때문입니다.

② 어찌하여 그들에게 있는 것이라고는 "오직 저주와 속임과 살인과 도둑질과 간음뿐이요 포악하여 피가 피를 뒤이음이라"(2), 즉 반역의 악순환뿐이 되었는가? 그 원인도 "하나님을 아는 지식"이 없기 때문입니다.

③ 그렇다면 "하나님을 아는 지식"이란 무엇인가? 이를 정의하는데 교의신학(조직신학)과 성경신학의 차이가 드러납니다.

㉠ 교의신학은 성경 여기저기에 나타난 지식을 모아서 "신론"(神論)을 말합니다. 그러니까 조직신학적인 "하나님을 아는 지식"이란 마치 저수지에 모인 물과도 같다 하겠습니다. 이러한 조직신학적인 작업도 필요하고 유익합니다.

㉡ 그러나 성경 신학(구속사의 관점)에서 말하는 "하나님을 아는 지식"이란 "일을 행하는 여호와 그것을 만들며 성취하시는 여호와"(렘 33:2)를 아는 것을 뜻합니다. 그러니까 고여 있는 물과 같은 정적(靜的)인 하나님을 아는 지식이 아니라, 일하고 계시는 하나님, 행동

4장 내 백성이 지식이 없으므로 망하는도다 · **73**

하고 계시는 하나님, 지금도 우리를 들어서 역사하시는 동적(動的)인 하나님인 것입니다. 그러므로 성경 신학적인 하나님을 아는 지식이란 단편적인 것이 아니라 창세기에서 "내가… 하리라"(창 3:15)로 시작하신 이가 계시록에서 "이루었도다 나는 알파와 오메가요 처음과 마지막이요 시작과 끝이라"(계 22:13)고 완성하시는 하나님을 알기를 원합니다. 이처럼 성경을 구속사의 맥락에서 보게 되면 말씀이 정적(靜的)인 것이 아니라 살았고 운동력이 있는 동적(動的)인 말씀이 되는 것입니다.

④ 바울은 자신의 소명을 "모든 성도 중에 지극히 작은 자보다 더 작은 나에게 이 은혜를 주신 것은, 영원부터 만물을 창조하신 하나님 속에 감추어졌던 비밀의 경륜이 어떠한 것을 드러내게 하려하심이라"(엡 3:8-9)고 진술합니다. "경륜"이란 일을 계획하고 조직적으로 추진해 나가는 것을 의미하는데 말씀의 사역자들은 이를 드러내어 성도들에게 하나님을 알게 해주기 위해서 세움을 받은 자들이라는 것입니다.

⑤ 그러므로 바울은 옥중에서까지도 성도들을 위하여 기도하기를 "지혜와 계시의 영을 너희에게 주사 하나님을 알게"(엡 1:17) 해달라고 간구합니다. 사도가 간구하는 대상은 불신자들이 아니라 에베소 교회 성도들입니다. 그런데 왜 하나님을 알게 해달라고 구하고 있을까요? 하나님을 알아야 할 만큼 알기만 한다면 어떠한 시련과 박해도 능히 이겨낼 수 있기 때문입니다. 그러므로 하나님을 아는 지식이란 단편적인 성경 지식들을 의미하지 않습니다. 창세기에서 시작하여 요한계시록에 가서 완성하실 하나님의 구원경륜을 아는 것입니다. 성경은 위인전기나 교훈집이 아니라 하나님을 알게 하시려고 기록된 자기계시이기 때문입니다.

⑥ 그러므로 4절에서는 "제사장"을, 5절에서는 "선지자"를 언급하고 있는 이유가 백성들이 하나님을 아는 지식이 없게 된 책임이 이들 종교 지도자들에게 있음을 지적하기 위해서인 것입니다. 그 지도자들을 "네 어머니"라고 말씀하시는데, "내가 네 어머니를 멸하리라"(5하) 하십니다. 기억하고 계십니까? "너희 어머니와 논쟁하고 논쟁하라" 하신 2:2절 말씀을, 이를 다음 단원에서 보게 될 것입니다.

둘째 단원(6-10) **지식을 버린 제사장**

"내 백성이 지식이 없으므로 망하는도다 네가 지식을 버렸으니 나도 너를 버려 내 제사장이 되지 못하게 할 것이요 네가 네 하나님의 율법을 잊었으니 나도 네 자녀들을 잊어버리리라"(6).

본 단원은 주로 제사장들의 책임을 물어 그들이 받을 심판을 말씀하는 내용입니다.

① "내 백성이 지식이 없으므로 망하는도다"(6상) 하십니다. 이러한 경고를 범상(凡常)한 말씀으로 여겨서는 안 됩니다.

㉠ 왜냐하면 성경역사를 보면 지식이 없어 망하는 악순환은 계속되었으며, 그 결과는 "망한다", 곧 죽음을 뜻하기 때문입니다.

㉡ 왜 지식이 없는 백성들이 되었는가? 제사장들이 "지식을 버렸기" 때문이라고 말씀합니다.

② 이것이 얼마나 가공할만한 결과를 초래하는가를 보십시오. 주님은 말씀합니다.

㉠ "화 있을진저 너희 율법교사여 너희가 〈지식의 열쇠〉를 가져가서 너

희도 들어가지 않고 또 들어가고자 하는 자도 막았느니라"(눅 11: 52). 주님 당시의 지도자들도 "지식을 버렸기" 때문에, 그리하여 "백성들이 지식이 없음으로" 망했던 것입니다. 그렇다고 제사장 서기관 장로들이 하나님께 예배를 드리지 않고, 성경을 가르치지 않았다는 말이 아닙니다. 그들도 메시아를 고대하고 있었습니다.

ⓛ 그러나 그들은 크게 두 가지를 몰랐습니다. 첫째는 율법을 통하여 죄를 깨닫지 못했습니다. 둘째는 죄를 몰랐기 때문에 정치적인 메시아를 원할 뿐, 대속하러 오신 그리스도를 몰랐던 것입니다. 그렇다면 "맹인의 길을 인도하는 자요 어둠에 있는 자의 빛이요 어리석은 자의 교사요 어린 아이의 선생이라고 스스로 믿은"(롬 2:19-20) 그들의 지식이란 무슨 유익이 있단 말인가? 살리는 지식이 아니라 도리어 죽이는 지식이 되고 말았던 것입니다.

ⓒ 현대교회 성도들에게도 단편적인 성경 지식은 풍부하다 하겠습니다. 그런데 그 단편적인 지식이 진정 하나님을 아는 지식이라고 말할 수 있는가? 성경은 말씀합니다. "오직 우리 주 곧 구주 예수 그리스도의 은혜와 그를 아는 지식에서 자라 가라"(벧후 3:18).

③ "네가 지식을 버렸으니 나도 너를 버려 내 제사장이 되지 못하게 할 것이요"(6중) 하십니다. 그렇다면 지식을 버린 제사장들은 무엇을 하고 있었단 말인가?

㉠ "그들이 내 백성의 속죄 제물을 먹고"(8상) 합니다. 레위기에 의하면 개인이 드리는 속죄제의 고기는 제사장이 먹도록(레 6:26) 되어있습니다. 그렇다면 속죄제를 드리는 건수(件數)가 많을수록 수입이 증가하는 셈입니다. 당시의 제사장들은 하나님을 아는 지식은 버리고 제물에만 마음을 두었던 것입니다.

㉡ 이것이 "그 마음을 그들의 죄악에 두는도다"(8하)는 의미입니다.

㉢ 미가서에 보면 지도계급에 대한 원색적(原色的)인 책망이 있습니다. "그들의 우두머리들은 뇌물을 위하여 재판하며 그들의 제사장은 삯

을 위하여 교훈하며 그들의 선지자는 돈을 위하여 점을 치면서도 여호와를 의뢰하여 이르기를 여호와께서 우리 중에 계시지 아니하냐 재앙이 우리에게 임하지 아니하리라"(미 3:11)고 영합하는 말만 하다가 멸망하게 되었다고 말씀합니다.

④ 제사장이란 제물만 드리는 자들이 아니라 "여호와의 율법을 연구하여 준행하며 율례와 규례를 가르쳐야 하는"(스 7:10) 직분을 맡은 자들입니다. "말씀과 제사의식"(예배)은 불가분의 관계입니다. 지식(말씀)을 버린 제사장들이 드리는 제사의식이란 우상숭배나 다를 바가 없기 때문입니다. 예를 들면, 의미도 모르고 성찬을 행하는 것과도 같은 것입니다. 이런 자들을 향해서 "네가 지식을 버렸으니 나도 너를 버려 내 제사장이 되지 못하게 할 것이라"(6중) 하심은 너무나 지당한 조치입니다.

⑤ 그런데 언제나 심각한 문제는 "네가 네 하나님의 율법을 잊었으니 나도 네 자녀들을 잊어버리리라"(6하) 하시는데, "백성·성도들"이 문제인 것입니다. 지식을 버린 제사장 자신이 버림을 당한다는 것은 당연하다 하겠으나,

  ㉠ 문제는 이로 인하여 "네 자녀들을 잊어버리리라", 즉 백성을 버리시겠다는데 있습니다. 백성들은 지도자를 잘못 만나 멸망하게 되는 것입니다. 이점을 2:4절에서는 어머니로 말미암아 "내가 그의 자녀를 긍휼히 여기지 아니하리니 이는 그들이 음란한 자식들임이니라"하십니다.

  ㉡ 예레미야 애가에서는 "네 선지자들이 네게 대하여 헛되고 어리석은 묵시를 보았으므로 네 죄악을 드러내어서 네가 사로잡힌 것을 돌이키지 못하였도다 그들이 거짓 경고와 미혹하게 할 것만 보았도다"(애 2:14)고 백성들을 멸망하게 한 책임이 지도자들에게 있음을 지적하고 있습니다.

ⓒ 이것이 주님께서 말씀하신 "화 있을진저 외식하는 서기관과 바리새
인들이여 너희는 교인 한 사람을 얻기 위하여 바다와 육지를 두루
다니다가 생기면 너희보다 배나 더 지옥 자식이 되게 하는도다"(마
23:15)라는 의미입니다. 그러므로

ⓔ "그들은 번성할수록 내게 범죄하니 내가 그들의 영화를 변하여 욕이
되게 하리라"(7) 하시는 것입니다.

⑥ "지식 없음"이 무엇을 의미하는지 이를 좀 더 근원적으로
추적해볼 필요가 있습니다. 북이스라엘은 하나였던 구약교회를
찢어 둘로 나눈 자들입니다. 열 지파가 떨어져 나가면서 무엇이
라 말했는가?

㉠ 우리가 다윗과 무슨 관계가 있느냐?

㉡ 이새의 아들에게서 받을 유산이 없도다

㉢ 이스라엘아 너희의 장막으로 돌아가라 다윗이여 이제 너는 네 집이
나 돌아보라(왕상 12:16)고 말하면서 돌아갔던 것입니다. 이를 성경
은 "이에 이스라엘이 다윗의 집을 배반하여 오늘까지 이르렀더라"(왕
상 12:19)고, 하나님께서 다윗에게 세워주신 메시아언약에 대한 "배
반"(背叛)임을 말씀하고 있습니다. 만일 그들에게 하나님의 아는 지
식이 있었다면 결코 "이새의 아들에게서 받을 유산이 없도다"는 멸
망에 이르게 되는 말을 하지 않았을 것입니다. "메시아언약을 배반
함" 이것이 "내 백성이 지식이 없으므로 망하는도다"의 근원적인 원
인입니다.

⑦ 다윗 언약을 배반한 그들은 그 선에서 멈춘 것이 아닙니다.
열왕기상 12:28절에 의하면,

㉠ "이에 계획하고 두 금송아지"를 만들었습니다.

㉡ "너희가 다시는 예루살렘에 올라갈 것이 없도다" 하고 예루살렘으로
올라가는 것을 막았습니다.

ⓒ 그리고 "이스라엘아 이는 너희를 애굽 땅에서 인도하여 올린 너희 신들이라"고 말했습니다.

하나님은 3대 절기를 "하나님이 택하신 곳"인 예루살렘에 와서 지키라 명하셨습니다. 왜냐하면 구원의 근거가 오직 갈보리 십자가에만 있음을 계시하시기 위해서였습니다. 그런데 이를 막았습니다. 그럼에도 불구하고 무지한 백성들은 금송아지로 만족하고 있었던 것입니다. 우리는 그 뿌리를 시내 산기슭에서 금송아지를 만들어 놓고 "이는 너희를 애굽 땅에서 인도하여 낸 너희의 신이라 하는지라, 백성이 앉아서 먹고 마시며 일어나서 뛰놀더라"(출 32:4-6) 한 어리석고 미련한 백성들에게서 보는 바입니다. 그들이 환영한 까닭은 볼 수 없는 하나님보다는 차라리 맘몬을 상징하는 "금송아지"를 더 좋아했기 때문일 것입니다. 이것이 "내 백성이 지식이 없으므로 망하는도다"의 결과입니다.

⑧ 그들은 금송아지만 만든 것이 아닙니다. 금송아지를 섬길 제사장이 필요한 것입니다.

ⓐ 그리하여 "그가 또 레위 자손 아닌 보통 백성으로 제사장을 삼고"

ⓑ "유다의 절기와 비슷하게 하고"

ⓒ "그가 자기 마음대로 정한 달"에 분향(왕상 12:31-33), 즉 예배를 드렸다고 말씀합니다. 이 예배를 하나님이 열납하시겠습니까? 이 "비슷하게 함" 이것이 이단(異端)입니다. 그러므로 "내 백성이 지식이 없으므로 망하는도다" 하시는 것입니다.

⑨ "내 백성이 지식이 없으므로 망하는도다"는 악순환은 계속되었습니다. 로마서 10:2-3절을 보십시오. "내가 증언하노니 그들이 하나님께 열심이 있으나 올바른 지식을 따른 것이 아니라"고 말씀합니다. 그들에게 "열심"이 있었다는 것입니다. 그러나 "지

식"을 따른 열심은 아니었던 것입니다. 그리하여 "하나님의 의를 모르고 자기 의를 세우려고 힘써 하나님의 의를 복종하지 아니하였느니라" 합니다. 왜 그랬습니까? 죄를 몰랐기 때문입니다. 누가 그랬다는 것입니까? 종교지도자들입니다.

⑩ 이처럼 "내 백성이 지식이 없어 망하는도다"라는 악순환은 지금도 계속될 수 있다는데 경각심을 가져야하는 것입니다. 이 말씀을 성경에 기록하게 하심은 당대를 위해서가 아닙니다.

㉠ "그들에게 일어난 이런 일은 본보기가 되고 또한 말세를 만난 우리를 깨우치기 위하여 기록하였느니라"(고전 10:11)고 말씀합니다. 그렇습니다. "양식이 없어 주림이 아니며 물이 없어 갈함이 아니요 여호와의 말씀을 듣지 못한 기갈"(암 8:11)인 것입니다.

㉡ 또한 "이 세상 신이 믿지 아니하는 자들의 마음을 혼미하게 하여 그리스도의 영광의 복음의 광채가 비치지 못하게 함이니"(고후 4:4)하고, 복음이 전파되지 못하도록 방해하는 "이 세상 신", 곧 사탄의 방해 공작을 경고하고 있는 것입니다. 왜 이처럼 강조하느냐 하면 이 시대에 선포되고 있는 많은 말씀들이 "지식을 따르는" 것이 아니라 "헛된 철학과 세상의 초등학문을 따르고"(골 2:8) 있는 것은 아닌가 하는 노파심에서입니다.

⑪ "장차는 백성이나 제사장이나 동일함이라 내가 그들의 행실대로 벌하며 그들의 행위대로 갚으리라"(9) 하십니다.

㉠ 이를 신약적으로 말한다면 "선생 된 우리가 더 큰 심판을 받는다"(약 3:1)는 말씀이 됩니다. 하나님을 아는 지식의 결핍이 얼마나 무서운 결과를 낳게 되는가? 자신도 못 들어가고 들어가고자 하는 자도 못 들어가게 하는 가공할만한 결과를 낳게 되는 것입니다. 그러므로 호세아서에 있어서 "여호와를 알자"는 주제가 얼마나 강조되어 있는가를 보십시오.

ⓒ 6:3절에서는 "우리가 여호와를 알자 힘써 여호와를 알자" 합니다. 6:6절에서는 "번제보다 하나님을 아는 것을 원하노라" 하십니다. 14:2절에서는 "너는 말씀을 가지고 여호와께로 돌아오라"고 권면하십니다. 그런데 우리는 지금 "우리가 여호와를 알자 힘써 여호와를 알자"고 말하고 있습니까?

셋째 단원(11-14) 깨닫지 못하는 백성

"음행과 묵은 포도주와 새 포도주가 마음을 빼앗느니라"(11).

① 지도자가 지식을 버리고 다른 길로 인도한다면 백성들이라도 이를 깨달아야만 함께 멸망의 구덩이에 빠지지 않게 될 것이 아닙니까? 그래서 성경은 "깨닫지 못하는 백성은 망하리라"(14하)고 경고하고 있는 것입니다. 셋째 단원의 중심점이 여기에 있습니다.

② 그런데 11절을 보십시오. 무엇이 백성들의 "마음을 빼앗는다"고 말씀합니까?

ⓐ "음행과 묵은 포도주와 새 포도주"라고 말씀합니다. 이는 거짓 지도자들의 미혹하는 말을 비유적으로 한 말씀입니다.

ⓒ 미가서에 이에 대한 빛을 비춰주는 말씀이 있는데 "사람이 만일 허망하게 행하며 거짓말로 이르기를 내가 포도주와 독주에 대하여 네게 예언하리라 할 것 같으면 그 사람이 이 백성의 선지자가 되리로다"(미 2:11) 합니다. 이는 당시의 선지자란 자들이 얼마나 타락했는가를 말씀해주고 있음은 물론, 백성들이 얼마나 어리석었는지를 말씀해주고 있는 것입니다. 어리석은 백성들은 죄를 책망하는 미가 선

지자의 말에는 귀를 기울이지 아니하고 "포도주와 독주"를 먹이듯 사람을 기쁘게 하는 말을 좋아했음을 탄식하는 말입니다.

ⓒ 이런 일은 초대교회 때도 있었습니다. "너희는 지혜로운 자로서 어리석은 자들을 기쁘게 용납하는구나 누가 너희를 종을 삼거나 잡아먹거나 빼앗거나 스스로 높이거나 뺨을 칠지라도 너희가 용납하는도다"(고후 11:19-20)고 한탄합니다. 어느 시대를 막론하고 "음행과 묵은 포도주와 새 포도주가 마음을 빼앗는" 법입니다.

③ 예레미야 선지자는 이를 가리켜 "이 땅에 무섭고 놀라운 일이 있도다" 합니다. 왜냐하면 "선지자들은 거짓을 예언하며 제사장들은 자기 권력으로 다스리며 내 백성은 그것을 좋게 여기고" 있으니 이것이 얼마나 "무섭고 놀라운 일"이냐는 것입니다. "그 결국에는 너희가 어찌 하려느냐"(렘 5:30-31)고 탄식하는데, 결국은 "망함" 즉 멸망이었던 것입니다.

④ 12-14절까지는 "음란한 마음에 미혹되어"(12) 백성들이 그 마음을 빼앗긴 모습을 보여주고 있습니다.

㉠ "나무에게 묻고 그 막대기는 그들에게 고하나니"(12상) 합니다. 여기서 "나무와 막대기"란 말은 나무로 만든 우상을 가리키는 말인데 호세아는 이를 "막대기"라고 잘라 말합니다.

ⓒ 그들의 마음은 "미혹되어 하나님을 버리고 음행하였음이니라"(12)고 말씀합니다.

ⓒ 14절에는 "너희 딸들은 음행하며 너희 며느리들은 간음하여도 내가 벌하지 아니하리니" 하시는 말씀이 있습니다. 무슨 뜻인가? 벌하신다는 것은 아직 희망이 있을 때입니다. 이런 뜻입니다. 수술하려고 메스를 대었다가 이미 악성 종양이 온 몸에 퍼졌으면 그냥 덮을 수밖에 없다는 것입니다. 제사장들이 지식을 버리고 음행하는 마당에 딸과 며느리들을 벌한다는 것이 무슨 의미가 있느냐는 것입니다.

⑤ 역대하에 의하면 남북이 분열될 당시에 "온 이스라엘의 제사장들과 레위 사람들이 그들의 모든 지방(열 지파에 흩어져 살았던)에서부터 르호보암에게 돌아왔다(북쪽에서 남쪽으로)"고 말씀합니다. 그때 "이스라엘 모든 지파(열 지파) 중에 마음을 굳게 하여 이스라엘 하나님 여호와를 찾는 자들이 레위 사람들을 따라 예루살렘에 이르러 그들의 조상들의 하나님 여호와께 제사하고자 했다"(대하 11:13,16)고 말씀합니다. 이것입니다. 여로보암 왕이 금송아지를 세워놓고 이것이 너희를 애굽에서 인도하여 낸 신이라 하였을 때에 마땅히 "아니요"하고 돌아섰어야 했습니다. 그런데 "마음을 오로지 하여 이스라엘의 하나님을 구하는 자"는 소수에 지나지 않았습니다. 대다수의 백성들은 "음행과 묵은 포도주와 새 포도주에 마음을 빼앗기고" 말았던 것입니다.

⑥ 그러므로 하나님은 경고하십니다. "깨닫지 못하는 백성은 망하리라"(14하).

넷째 단원(15-19) 유다에 향하신 뜻

"이스라엘아 너는 음행하여도 유다는 죄를 범하지 못하게 할 것이라 너희는 길갈로 가지 말며 벧아웬으로 올라가지 말며 여호와의 사심을 두고 맹세하지 말지어다"(15).

① "이스라엘아 너는 음행하여도 유다는 죄를 범하지 말아야 할 것이라" 하시는데,

㉠ 이는 이스라엘의 마음을 빼앗은 "음행과 묵은 포도주와 새 포도주"

가 남쪽 유다의 마음까지 빼앗아가고 있음을 경고하는 말씀인 것입니다.

ⓛ 이점을 예레미야서에서는 "내게 배역한 이스라엘이 간음을 행하였으므로 내가 그를 내쫓고 그에게 이혼서까지 주었으되 그의 반역한 자매 유다가 두려워하지 아니하고 자기도 가서 행음함을 내가 보았노라"(렘 3:8)고 말씀합니다. 죄란 적은 누룩이 온 덩어리에 퍼짐과 같이 번식력이 강한 것입니다. 그런데 이 점에서 간과해서는 안 될 점은

ⓒ "유다는 죄를 범하지 말아야 할 것"이라는 말씀이 단순한 윤리적인 문제가 아니라 신학적인 의미가 우선한다는 점입니다.

② 이점을 남북이 분열될 당시에 하나님께서 하신 말씀에서 나타나는데,

㉠ "오직 내가 이 나라를 다 빼앗지 아니하고 내 종 다윗과 내가 택한 예루살렘을 위하여 한 지파를 네 아들에게 주리라"(왕상 11:13) 하십니다. 이는 다윗에게 세워주신 언약, 즉 다윗의 자손으로 그리스도를 보내시기 위해서 한 지파를 남겨주시겠다는 뜻입니다. 그 한 지파가 "유다 지파"였던 것입니다. 그리스도가 유다 지파를 통해서 나실 것이 창세기에서 이미 계획(창 49:10)되어 있기 때문입니다. 그래서 이 한 지파를 "한 등불"(왕상 11:36)이라고 말씀하셨던 것입니다.

ⓛ 이것이 "이스라엘아 너는 행음하여도 유다는 죄를 범하지 말아야 할 것이라", 즉 너는 다윗에게 세워준 메시아언약을 보수해야 하리라, 네 정체성을 알라는 그런 뜻입니다.

③ "에브라임(북쪽 이스라엘의 대표적인 지파)이 우상과 연합하였으니 버려두라"(17) 하십니다.

㉠ "버려둠" 이것이 14절에서 말씀하신 "벌하지 아니하리니"의 뜻입니다.

ⓒ 치명적인 것은 그들이 우상과 "연합하였다"는데 있습니다. "연합"이란 두 몸이 합하여 하나를 이루듯이 결혼했다는 뜻입니다. 이는 이미 떨어 질려야 떨어질 수 없고, 떼어놓을 여야 떼어놓을 수 없는 지경에 이르렀음을 나타냅니다. 이는 "내가 네게 장가들어 영원히 살리라"(2:19) 하신 말씀과 정반대(正反對)되는 상태를 의미합니다. "에브라임이 우상과 연합했으니 버려두라"는 말씀은 우상과 함께 망할 수밖에 없다는 최후 선고인 셈입니다.

ⓒ 이점이 "이스라엘은 완강한 암소처럼 완강하니 이제 여호와께서 어린 양을 넓은 들에서 먹임 같이 그들을 먹이시겠느냐"(16)는 말씀에서도 드러납니다. 이제는 통제 불가능하고 구제불능이라는 말씀입니다.

④ 그러므로 "바람이 그 날개로 그를 쌌나니 그들이 그 제물로 말미암아 부끄러운 일을 당하리라"(19)고 선고하시는 것입니다. "바람이 날개로 쌌다"는 의미는 멀리 불어버리시겠다, 즉 포로로 내어주시겠다는 뜻입니다. 요약하면 절망적인 상황에 이르게 된 원인은,

㉠ 백성이 지식이 없었기 때문이며

㉡ 그 책임은 제사장들이 지식을 버리고 "묵은 포도주와 새 포도주"같은 미혹하는 말로 백성들에게 먹였기 때문이며

㉢ 그럼에도 백성들은 깨닫지를 못했고

㉣ 그 결과는 망함이었던 것입니다. 하나님께서 지금도 "내 백성이 지식이 없으므로 망하는도다"고 탄식하고 계시는 것은 아니겠습니까? 이것이 "내 백성이 지식이 없으므로 망하는도다" 한 4장입니다.

호세아 5장 분석도표
주제 : 떠나시는 하나님, 돌아가시는 하나님

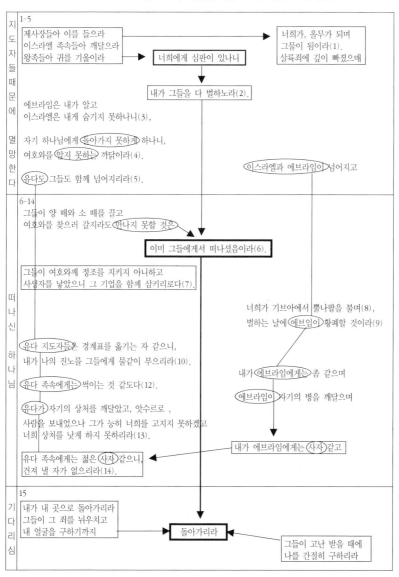

지도자들 때문에 멸망한다

1-5

제사장들아 이를 들으라
이스라엘 족속들아 깨달으라
왕족들아 귀를 기울이라

너희에게 심판이 있나니

너희가, 올무가 되며
그물이 됨이라(1).
살륙죄에 깊이 빠졌으매

내가 그들을 다 벌하노라(2).

에브라임은 내가 알고
이스라엘은 내게 숨기지 못하나니(3),

자기 하나님에게 돌아가지 못하게 하나니,
여호와를 알지 못하는 까닭이라(4).

유다도 그들도 함께 넘어지리라(5).

이스라엘과 에브라임이 넘어지고

떠나신 하나님

6-14

그들이 양 떼와 소 떼를 끌고
여호와를 찾으러 갈지라도 만나지 못할 것은

이미 그들에게서 떠나셨음이라(6).

그들이 여호와께 정조를 지키지 아니하고
사생자를 낳았으니 그 기업을 함께 삼키리로다(7).

너희가 기브아에서 뿔나팔을 불며(8),
벌하는 날에 에브라임이 황폐할 것이라(9)

유다 지도자들은 경계표를 옮기는 자 같으니,
내가 나의 진노를 그들에게 물같이 부으리라(10).

유다 족속에게는 썩이는 것 같도다(12).

내가 에브라임에게는 좀 같으며

유다가 자기의 상처를 깨달았고, 앗수르로 ,
사람을 보내었으나 그가 능히 너희를 고치지 못하겠고
너희 상처를 낫게 하지 못하리라(13).

에브라임이 자기의 병을 깨달으며

유다 족속에게는 젊은 사자 같으니,
건져 낼 자가 없으리라(14).

내가 에브라임에게는 사자 같고

기다리심

15

내가 내 곳으로 돌아가리라
그들이 그 죄를 뉘우치고
내 얼굴을 구하기까지

돌아가리라

그들이 고난 받을 때에
나를 간절히 구하리라

5장

떠나시는 하나님, 돌아가시는 하나님

⁶ 그들이 양 떼와 소 떼를 끌고 여호와를 찾으러 갈지라도 만나지 못할 것은 이미 그들에게서 떠나셨음이라

5장의 중심점은 도표에서 보시는 바대로, 하나님께서 "이미 그들에게서 떠나셨음이라"(6) 한 것과 "내 얼굴을 구하기까지 돌아가리라"(15)는데 있습니다. 5장은 "제사장들아 이를 들으라 이스라엘 족속들아 깨달으라 왕족들아 귀를 기울이라 너희에게 심판이 있나니"(1상) 하는 경고로 시작됩니다. 이는 하나님을 떠나시게 하고 나라를 망하게 한 책임이 지도자들에게 있다는 4장의 연

속인 것입니다. "떠나버리신 하나님, 그래서 찾아도 만날 수 없는 하나님", 이보다 더한 비극적인 말씀은 없습니다. 어찌하여 떠나셨는가? "지도자들 때문"(첫째 단원)입니다. 어찌하여 떠나셨는가? "정조를 지키지 않았기"(둘째 단원)입니다. 그러나 하나님은 "죄를 뉘우치고 내 얼굴을 구하기까지 내가 내 곳으로 돌아가리라"(셋째 단원), 즉 기다리시겠다 하십니다. 이것이 5장의 대의입니다. 세 단원으로 나누어 상고하겠습니다.

첫째 단원(1–5) **지도자들 때문에 멸망한다**
둘째 단원(6–14) **떠나신 하나님**
셋째 단원(15) **기다리시는 하나님**

첫째 단원(1–5) **지도자들 때문에 멸망한다**

"제사장들아 이를 들으라 이스라엘 족속들아 깨달으라 왕족들아 귀를 기울이라 너희에게 심판이 있나니 너희가 미스바에서 올무가 되며 다볼 위에서 친 그물이 됨이라(1)".

① "미스바와 다볼"에서 무슨 일이 있었는지는 알 길이 없습니다만,

㉠ 핵심은 제사장들이 백성 앞에 "올무를 놓고, 그물을 친" 사냥꾼같이 되었다는 데 있습니다. 올무는 짐승을 잡는 도구요, 그물은 새를 잡는 기구입니다. 지도자들이 백성들을 짐승이나 새를 사냥하듯 했다는 것입니다.

㉡ 여호수아는 마지막 설교에서 가나안 족속들을 친근히 하고, 혼인하게

되면 "그들이 너희에게 올무가 되며 덫이 되며 너희의 옆구리에 채찍이 되며 너희 눈에 가시가 되어서 너희가 마침내 너희의 하나님 여호와께서 너희에게 주신 이 아름다운 땅에서 멸하리라"(수 23:13)고 경고한 바 있습니다. 그런데 백성들을 이런 올무와 덫에 걸리지 않도록 지도해야 할 제사장들이 도리어 "올무와 그물"이 되고 있다는 데 두려움과 경종이 되는 것입니다.

② 그리고 2절에서는 "패역자가 살육 죄에 깊이 빠졌으매" 합니다.

㉠ "살육 죄"(殺戮罪)란 많은 사람들을 죽인 죄를 가리킵니다. 그래서 어떤 학자들은 "미스바와 다볼"에서 금송아지 섬기기를 거부하는 자들을 대량 학살했을 것이라고 추측하기도 하고, 그곳에 정탐을 두어서 예배하기 위해서 예루살렘으로 탈출하려는 자들을 체포하게 했을 것이라고 추측하기도 합니다. 무엇을 가리키는 것이든지 간에 이는 주님께서 격렬하게 책망하신바 "너희보다 배나 더 지옥 자식이 되게 하는도다, 뱀들아 독사의 새끼들아 너희가 어떻게 지옥의 판결을 피하겠느냐"(마 23:15,33)를 의미하는 것입니다.

㉡ 하나님은 "너희에게 심판이 있나니(1), 그들을 다 벌하노라"(2) 하십니다. 다시 강조합니다만 이런 일은 주님 당시도 있었고, 또한 지금도 그럴 수 있다는데 경각심을 갖게 합니다.

③ "에브라임은 내가 알고 이스라엘은 내게 숨기지 못하나니"(3상) 합니다. 여기서 "알고, 숨기지 못한다"는 말씀은 그들의 비행을 낱낱이 보시고 알고 계시기 때문에 하나도 숨길 수 없다는 뜻입니다. 그러므로 "에브라임아 이제 네가 음행하였고 이스라엘이 더러웠느니라"(3하) 하시는 것입니다. 그러므로

㉠ "그들의 행위가 그들로 자기 하나님에게 돌아가지 못하게 하나니 이는 음란한 마음이 그 속에 있어 여호와를 알지 못하는 까닭이라"(4)

하십니다. 백성들이 음행 중에 머물러 있으면서도 깨닫지를 못하고 하나님께로 돌아가지 않는 것은 여호와를 알지 못하기 때문인데, 그 원인은 제사장들이 지식을 버렸기(4:6) 때문이며

ⓛ 그렇다면 결국 "저희로 자기 하나님에게 돌아가지 못하게 한" 책임이 "제사장들과 왕족들"(1상)과 같은 지도자들에 있다는 결론에 이르게 됩니다.

　지도자(指導者)들이 백성들 앞에 "올무가 되고, 그물이 되고 살육 죄에 깊이 빠지고, 하나님께로 돌아가지 못하게" 하는 역기능(逆機能)을 행하고 있다면, 그들을 향하여 "너희에게 심판이 있나니"(1하) 하시는 것은 불가피한 일입니다. 이것이 첫째 단원이 강조하고자 하는 "지도자들 때문에 멸망한다"는 의미입니다.

④ 5절에는 "넘어진다"는 말씀이 두 번 나오는데, "에브라임이 넘어지고 유다도 그들과 함께 넘어지리라"고 에브라임과 유다를 함께 거론한다는 점을 유념해야 합니다. 왜냐하면

　㉠ 이는 유다로 말미암아 북쪽 이스라엘이 회개하기에 이르러야 할 터인데, 반대로 이스라엘의 영향을 받아서 남쪽 유다도 넘어지게 되리라는 말씀이기 때문입니다.

　ⓛ 이점을 에스겔 선지자는 "그 아우(유다) 오홀리바가 이것을 보고도 그 형(이스라엘)보다 음욕을 더하며 그의 형의 간음보다 그 간음이 더 심하므로 그의 형보다 더 부패하여졌느니라"(겔 23:11)고 책망하고 있습니다.

　ⓒ 이를 세속화(世俗化)라고 말하는데 합쳐지는 쪽은 언제나 하나님 편이 사탄의 편으로 합쳐지고 있다는데 경각심을 가져야 하는 것입니다.

둘째 단원(6-14) 정조를 지키지 아니한 이스라엘

"그들이 여호와께 정조를 지키지 아니하고 사생아를 낳았으니 그러
므로 새 달이 그들과 그 기업을 함께 삼키리로다"(7).

① 둘째 단원의 중심점은 그들이 정조(貞操)를 지키지 아니했
다(7)는 데 있습니다. 5장의 주제가 "떠나시는 하나님, 기다리시
는 하나님"이라고 했는데, 왜 떠나셔야만 했습니까? 여호와께 정
조를 지키지 않았기 때문입니다. 하나님이 "떠나신다"하심은 1:2
절에서 "이 나라가 여호와를 <떠나> 크게 음란함이니라" 한 말씀
과, 4:12절에서 "음란한 마음에 미혹되어 하나님의 버리고 음행
하였음이니라" 한 그들이 먼저 하나님을 떠났기 때문에 떠나실
수밖에 없음을 의미합니다.

② "그들이 양 떼와 소 떼를 끌고 여호와를 찾으러 갈지라도
만나지 못할 것"(6상)이라고 말씀합니다. 달리 표현하면 예배를
드려도 하나님과의 만남이 이루어지지 않는다는 뜻입니다. 왜 그
렇습니까? 제물로 드려지는 "양과 소"가 누구의 그림자인가를 생
각하시기 바랍니다. 그런데 그들이 정조를 지키지 않았다는 것은
메시아언약을 배반하고 우상을 숭배한 것을 의미하는데, 그렇다
면 "지식을 버린" 제사장과 "지식이 없어 망하게 된" 백성들이
드리는 제사란 우상숭배나 다를 바가 없기 때문입니다. 언약의
토대 위에서 드려지지 않는 제사를 하나님이 열납하시겠습니까?

③ 그러므로 "그들이 여호와께 정조를 지키지 아니하고 사생아
를 낳았으니"(7)라고 말씀하는 것입니다. 주님께서 유대인들을 향
하여 "너희는 너희 아비가 행한 일들을 하는도다"고 책망하시자

그들은 "우리가 음란한 데서 나지 아니하였고, 아버지는 한 분뿐이시니 곧 하나님이시로다"고 말하자 "너희는 너희 아비 마귀에게서 났다"(요 8:41-44)고 지적하셨습니다. 주님을 배척한 그들이야말로 음란한 데서 난 "사생자"였던 것입니다.

④ 둘째 단원에서 주목하게 되는 것은 도표에 나타난 대로 북쪽 이스라엘뿐만이 아니라 남쪽 유다에 대해서도 동일한 경고를 한다는 점입니다. 4:15절에서 "이스라엘아 너는 음행하여도 유다는 죄를 범하지 못하게 할 것이라" 말씀했는데,

   ㉠ "유다 지도자들은 경계표를 옮기는 자 같으니 내가 나의 진노를 그들에게 물 같이 부으리라"(10) 하십니다. 어찌하여 유다를 경계표를 옮기는 자에다가 비하시는가? 신명기에서 모세는 "저주받을 일"로 "우상숭배, 부모를 거역하는 일, 경계표를 옮기는 일, 맹인에게 길을 잃게 하는 일"(신 27:15-18) 등을 꼽고 있습니다. 이는 실천윤리이기도 합니다만 성경에서 "저주를 받는다"는 말씀은 복 받는 것의 반대개념인 것입니다. 이로 보건대 "경계표를 옮긴다"한 것은 단순한 뜻만이 아니라 하나님 말씀을 변개(變改)시킨다는 그런 뜻으로 볼 수 있습니다. "이스라엘아 너는 음행하여도 유다는 죄를 범하지 못하게 할 것이라"(4:15), 즉 경계표를 옮기지 말아야 할 터인데 그들도 범해서는 아니 될 경계를 넘어섰다는 말씀이 되는 것입니다.

   ㉡ "그러므로 내가 에브라임에게는 좀 같으며 유다 족속에게는 썩이는 것 같도다"(12) 하십니다. 14절에서는 "내가 에브라임에게는 사자 같고 유다 족속에게는 젊은 사자 같다"고 말씀하시는데, "좀과 사자"는 대조적인 묘사입니다. 하나님의 징벌은 "사자 같이" 닥칠 때가 있는가 하면, "좀과 썩이는 것"같이 부지중에 임하기도 하는 것입니다. 이 둘은 다 같이 하나님의 징벌을 뜻합니다.

⑤ 이럴 경우 "에브라임이 자기의 병을 깨달으며 유다가 자기

의 상처를 깨달았고", 즉 위급함을 깨달았다면 어떻게 반응해야 마땅한가? 회개하고 하나님께로 돌아와야 하는 것입니다. 그러나 그들은 앗수르로 사람을 보내어 구원을 요청하지만 "너희를 고치지 못하겠고 너희 상처를 낫게 하지 못하리라"(13하), "건져 낼 자가 없으리라"(14하) 하십니다. 이점을 7:11절에서는 "에브라임은 어리석은 비둘기같이 지혜가 없어서 애굽을 향하여 부르짖으며 앗수르로 가는도다"고 책망하십니다. 그들의 불신앙은

  ㉠ 우상을 섬기고
  ㉡ 열방을 의지하는 두 방면으로 나타났던 것입니다.
이것이 "정조를 지키지 아니한 이스라엘"입니다.

셋째 단원(15) 돌아가시는 하나님

"그들이 그 죄를 뉘우치고 내 얼굴을 구하기까지 내가 내 곳으로 돌아가리라 그들이 고난 받을 때에 나를 간절히 구하리라"(15).

① 셋째 단원은 한 절에 불과합니다만 단어 하나하나를 음미해 보아야 합니다. "그들이 고난을 받을 때에"라는 말씀입니다. 이 "고난"은 위에서 말씀하신 징벌을 가리킵니다. 징계의 목적이 어디에 있는가?

② "그들이 그 죄를 뉘우치고" 하십니다. 그러므로 고난 당할 때 "고난"을 면하게 해달라고 고난 자체에 매달리기보다는,

  ㉠ 소극적으로는 "죄를 뉘우치는" 일이요
  ㉡ 적극적으로는 "하나님의 얼굴을 구하는 일"입니다. 전에는 바알을 향

하여 "내 바알"(내 주인, 2:16)이라 일컫고, 앗수르에게 구원을 요청
하던(13) 그들이었습니다. 그러나 그것이 헛됨을 깨닫게 될 때에야
비로소 "하나님의 얼굴을 구하게 될 것이라"고 말씀합니다. 징벌이란
해가 구름 속으로 모습을 감추듯 하나님께서 그 얼굴을 가리신 때인
것입니다.

ⓒ 이점을 다윗은 이렇게 진술합니다. "여호와께서 주의 은혜로 내 산을
굳게 세우셨더니", 이는 하나님의 은혜로 형통하게 해주셨음을 의미
합니다. 그런데 자신이 잘나서 그런 줄로 우쭐댔더니 "주의 얼굴을
가리시매 내가 근심하였나이다"(시 30:6-7) 합니다. 이럴 경우 무엇
이라 구하여야 하겠습니까?

③ "오라 우리가 여호와께로 돌아가자"(6:1)하는 회개입니다.
14:1-3절에는 "너는 말씀을 가지고 여호와께로 돌아와서 아뢰기
를 모든 불의를 제거하시고 선한 바를 받으소서 우리가 수송아지
를 대신하여 입술의 열매를 주께 드리리이다 우리가 앗수르의 구
원을 의지하지 아니하며 말을 타지 아니하며 다시는 우리의 손으
로 만든 것을 향하여 너희는 우리의 신이라 하지 아니하오리니",
이것이 회개요, 하나님의 얼굴을 구하는 것입니다. 하나님께서는
징벌하시면서 그들이 이렇게 회개하기를 기대하신다는 말씀입니
다.

④ 그래서 "돌아가리라" 하십니다. 왜 돌아가리라 하시는가? 성
경은 말씀합니다.

㉠ "그러나 여호와께서 기다리시나니 이는 너희에게 은혜를 베풀려 하
심이요 일어나시리니 이는 너희를 긍휼히 여기려 하심이라"(사 30:
18)

ⓒ 5장을 요약하면 "너희에게 심판이 있나니"(1)로 시작하여 "이미 그
들에게서 떠나셨음이라"(6) 하신 하나님은, "내 얼굴을 구하기까지

내가 내 곳으로 돌아가리라"(15)는 말씀으로 끝맺고 있습니다. 이것이 사랑하시기 때문에 징벌하시는 하나님의 마음입니다. 우리가 믿는 하나님은 징벌하시고 떠나시는 하나님만이 아니십니다. "기다리시는 하나님"도 되십니다. "은혜를 베푸시기 위해서, 긍휼히 여기시기 위해서". 이것이 "떠나시는 하나님, 기다리시는 하나님"입니다.

호세아 6장 분석도표
주제 : 하나님이 원하시는 것

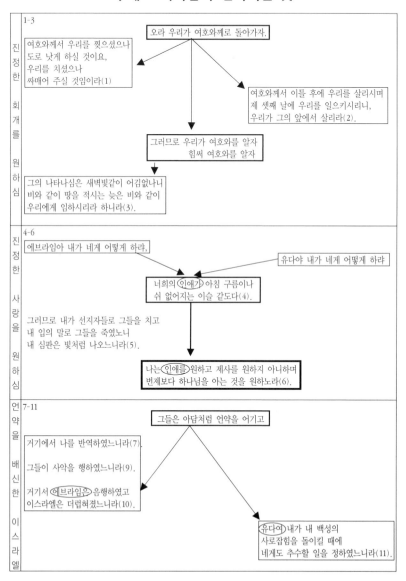

6장

하나님이 원하시는 것

> [6] 나는 인애를 원하고 제사를 원하지 아니하며 번제보다 하
> 나님을 아는 것을 원하노라

6장의 중심점은 하나님이 원하시고 기대(期待)하시는 바가 무엇인가에 있습니다. "나는 인애를 원하고 제사를 원하지 아니하며 번제보다 하나님을 아는 것을 원하노라"(6)고 말씀하십니다. 이는 구약성경 전체의 요절 중 하나로 꼽힐 만큼 중요한 의미가 있습니다. 신구약 시대를 막론하고 하나님이 원하시는 것은 "오라 우리가 여호와께로 돌아가자"하는 진정한 회개(첫째 단원)입니다. 그리고 어떤 종교적인 의식보다는 인애(仁愛), 즉 마음에서 우러나오는 사랑(둘째 단원)이라고 말씀합니다. 하나님의 원하심과 기대하심은 어려운 것도 아니요 먼 것도 아닙니다. 바로 우리

의 일상생활 가까이 있는 것들입니다. 그러나 이스라엘은 "아담처럼 언약을 어김"으로 하나님의 사랑을 배신(셋째 단원)하였던 것입니다. 이것이 6장의 대의입니다. 그래서 하나님께서는 "에브라임아 내가 네게 어떻게 하랴, 유다야 내가 네게 어떻게 하랴"(4상) 하고 탄식하시는 것입니다. 이를 세 단원으로 나누어 상고하겠습니다.

첫째 단원(1-3) **진정한 회개를 원하심**
둘째 단원(4-6) **진정한 사랑을 원하심**
셋째 단원(7-11) **언약을 배신한 이스라엘**

첫째 단원(1-3) 진정한 회개를 원하심

"오라 우리가 여호와께로 돌아가자 여호와께서 우리를 찢으셨으나 도로 낫게 하실 것이요 우리를 치셨으나 싸매어 주실 것임이라"(1).

① 첫째로 원하시는 바는 "오라 우리가 여호와께로 돌아가자"(1상)는 "돌아오기를" 원하신다고 말씀합니다. 5장 마지막 절은 "그들이 고난을 받을 때에 나를 <간절히 구하리라>"고 마치고 있는데, 6장은 이를 받아서 1-3절의 말씀처럼 간구하면서 돌아오기를 기다리시겠다는 하나님이십니다. 하나님은 무엇보다도 우선하여 집을 나간 자식들이 "돌아오기를" 원하시는 것입니다.

㉠ 아합 왕 때 세움 받은 엘리야는 갈멜산 상의 기도에서 "그들의 마음으로 돌이키게 하시는 것을 알게 하옵소서"(왕상 18:37)라고 간구했

습니다. "이에 여호와의 불이 내려서 번제물과 나무와 돌과 흙을 태우자", 그들은 "여호와 그는 하나님이시로다"하면서 돌아오는 듯하였으나, 그들의 회개는 "쉬 없어지는 이슬"(4) 같았을 뿐입니다.

ⓛ 아모스 4장에는 "너희가 내게로 돌아오지 아니하였느니라"고 다섯 번(암 4:6,8,9,10,11)이나 말씀합니다. 그토록 돌아오기를 기다리셨건만 그들은 끝내 돌아오지 않았던 것입니다.

② 5장 마지막 절에서 "그들이 그 죄를 뉘우치고 내 얼굴을 구하기까지 내가 내 곳으로 돌아가리라 그들이 고난받을 때 나를 간절히 구하리라"고 말씀하셨는데,

ㄱ 하나님의 기다리심은 유대인뿐입니까? 이방인의 하나님은 아니십니까? 그러므로 궁극적으로 돌아오기를 기다리심은 유대인에 국한된 것이 아니라 그리스도의 구속으로 말미암아 천하 만민이 돌아오기를 기대하시는 복음시대를 전망하는 말씀으로 보아야 합니다. 이러한 기다리심은 14:1-3절에도 나타나 있기 때문입니다.

ⓛ 탕자가 "이에 일어나서 아버지께로 돌아가니라"(눅 15:20)함같이 천하 만민이 "그 죄를 뉘우치고 내 얼굴을 구하기를", 즉 돌아오기를 기다리시겠다는 말씀인 것입니다. "돌아옴", 이것이 회개의 첫걸음입니다.

③ "여호와께서 우리를 찢으셨으나 도로 낫게 하실 것이요 우리를 치셨으나 싸매어 주실 것임이라"(1하) 합니다.

ㄱ "여호와께서 이틀 후에 우리를 살리시며 셋째 날에 우리를 일으키시리니"(2상) 합니다. "이틀 후, 셋째 날에"라는 묘사는 우리를 치신 하나님의 싸매어 주심이 속할 것을 의미합니다. 다윗은 고백하기를 "그의 노염은 잠깐이요 그의 은총은 평생이로다 저녁에는 울음이 깃들일지라도 아침에는 기쁨이 오리로다"(시 30:5)고 하나님의 노염은 잠깐이지만 그 은총(싸매어 주심)은 평생이라고 말씀했습니다.

ⓛ 욥은 시련 중에서도 "볼지어다 하나님께 징계받는 자에게는 복이 있나니 그런즉 너는 전능자의 징계를 업신여기지 말지니라 하나님은 아프게 하시다가 싸매시며 상하게 하시다가 그의 손으로 고치시나니"(욥 5:17-18)라고 "치신 후에 싸매어 주시는" 하나님이심을 믿었습니다.

④ "그 앞에서 살리라"(2하) 합니다. 이 점이 중요합니다. 돌아온 탕자가 다시 뛰쳐나간다면 돌아옴이 무슨 의미가 있겠습니까? 고멜을 구속해온 호세아는 "너는 많은 날 동안 나와 함께 지내고 음행하지 말며 다른 남자를 따르지 말라"(3:3)고 말했습니다. 하나님은 "내가 네게 장가들어 영원히 살겠다"(2:19)고 말씀하십니다. 영원토록, 무궁토록 말입니다. 다시 사망이 없고 애통하는 것이나 곡하는 것이 없는, 다시 추방당하거나 분리가 없는 나라, 이것이 "그 앞에서 살리라"는 뜻입니다.

⑤ "그러므로 우리가 여호와를 알자 힘써 여호와를 알자"(3상) 합니다. 다시 상기시켜드립니다만 지금 상고하고 있는 내용은, 하나님을 떠났던 백성들이 이렇게 간구하면서 돌아오기를 기다리시겠다는 하나님의 기대하심이라는 점입니다. 우리에게 하나님 아는 것을 얼마나 원하고 계시는지,

㉠ "여호와를 알자" 그리고 "힘써 여호와를 알자"하고 거듭 강조하십니다.

ⓛ 6절을 보십시오. 얼마나 원하시면 "번제보다 하나님을 아는 것을 원하노라" 하십니다. 이는 우선순위가 번제보다 하나님을 아는 것이라는 뜻이 있습니다. 그러므로 하나님을 안다는 것은 개념적(槪念的)인 그런 앎이 아닙니다. 하나님의 사랑 · 자비 · 긍휼 · 용납하심과 오래 참고 기다리심을 알기 원하십니다. 어찌하여 아브라함에게 "네 아들 네 사랑하는 독자 이삭을 번제로 드리라"(창 22:2)고 명하셨는가?

"번제를 드리라, 속죄제를 드리라" 하심은 "자기 아들을 아끼지 아니
하시고 우리 모든 사람을 위하여 내어주실"(롬 8:32) 것에 대한 예
표라는 하나님의 의도, 하나님의 사랑, 하나님의 마음을 알기를 원하
고 계시는 것입니다.

ⓒ 하나님 아는 것을 어찌하여 그토록 원하고 계시는가? 그들이 음란한
고멜과 같은 상태가 된 원인이 "하나님을 아는 지식도 없고(4:1하),
여호와를 알지 못하는 까닭이라"(5:4). 한마디로 "내 백성이 지식이
없으므로 망하는도다"(4:6)이기 때문입니다.

⑥ "그의 나타나심은 새벽빛같이 어김없나니"(3중) 합니다. 다
른 번역에서는 "그의 나타나심은 동이 트는 것처럼 확실하다, 어
김없이 동터오는 새벽처럼 그는 오시고"라고 번역하고 있습니다.

㉠ 이는 우리가 하나님께로 돌아가기만 하면, 하나님께서 얼마나 신속
하게 확실하게 만나주실 것임을 말씀함입니다. 5:6절에서는 "여호와
를 찾으러 갈지라도 만나지 못할 것"이라고 말씀했는데, 이는 회개
하지 않은 상태를 말씀함이고 "오라 우리가 여호와께로 돌아가자"
하심은, 돌아가기만 한다면 하나님을 만나지 못하게 되는 일은 절대
로 없을 것임을 의미합니다. 왜냐하면 하나님의 약속은 밤이 지나가
면 "일정하게, 확실하게, 어김없이" 새벽이 오는 것처럼 변함이 없으
시기 때문입니다.

㉡ 이점이 "비와 같이, 땅을 적시는 늦은 비와 같이 우리에게 임하시리
라"(3하)는 말씀에도 나타납니다. 팔레스타인에는 비가 아주 적은 편
인데, 그러나 일 년에 두 번 이른 비와 늦은 비는 "일정하게, 확실하
게, 어김없이" 내린다고 합니다. 우리가 하나님을 만나지 못하는 것
은 하나님 편에서 만나주시지 않기 때문이 아니라 우리에게 진정한
회개, 즉 하나님께로 돌아감이 없기 때문인 것입니다. "이에 일어나
서 아버지께로 돌아가니라 아직도 거리가 먼데 아버지가 그를 보고
측은히 여겨 달려가 목을 안고 입을 맞추니"(눅 15:20), 아시겠습니

까? "아직도 거리가 먼데" 아버지는 달려나와 영접해 주셨습니다. 하나님은 "진정한 회개를 원"하십니다. 이것이 "그러므로 우리가 여호와를 알자 힘써 여호와를 알자 그의 나타나심은 새벽빛같이 어김없나니 비와 같이, 땅을 적시는 늦은 비와 같이 우리에게 임하시리라"(3)의 뜻입니다.

둘째 단원(4-6) **진정한 사랑을 원하심**

"에브라임아 내가 네게 어떻게 하랴 유다야 내가 네게 어떻게 하랴 너희의 인애가 아침 구름이나 쉬 없어지는 이슬 같도다"(4).

① "에브라임아 내가 네게 어떻게 하랴 유다야 내가 네게 어떻게 하랴" 하시는데 이는 도대체 네게 어떻게 하면 좋단 말이냐고 한탄하시는 그런 말씀인 것입니다.

② 하나님께서 "너희의 인애가"(4중) 하신,

㉠ "인애"는 인자(仁慈) 또는 사랑이란 뜻으로 호세아서에 있어서 핵심적인 말씀(4:1, 6:4,6, 12:6) 중 하나입니다. 기독교 신앙에 "인애"가 없다면 그것은 "소리나는 구리와 울리는 꽹과리"라고 말씀합니다. 한마디로 "아무 것도 아니요"(고전 13:1-2) 합니다.

㉡ 그런데 그들의 인애가 "아침 구름이나 쉬 없어지는 이슬 같도다" 하시는 뜻이 무엇인가? "아침 구름(안개)이나 아침 이슬"은 모두 쉬 없어지는 것을 상징합니다. 이는 3절에서 하나님의 나오심을 "새벽빛같이 어김없나니" 하신 말씀과는 정반대되는 표현입니다. 그들은 회개하고 하나님께로 돌아오는 듯했다는 것입니다. 그런데 그 회개가 "아침 구름이나 쉬 없어지는 이슬" 같았다는 말씀입니다. 하나님의 사랑은 변함이 없으신 데, 인간의 사랑은 조석변이라는 것입니다.

③ "나는 인애를 원하고 제사를 원하지 아니하며"(6상) 하십니다.

　㉠ 이 말씀은 제사제도 자체를 부정하는 말씀이 아닙니다. 다만 "인애"가 없는 형식적인 제사, 달리 말하면 "지식" 즉 메시아언약에 근거하지 않은 제사를 원하시지 않는다는 뜻입니다. 하나님께서 세우신 제사제도가 무엇에 대한 그림자입니까? 그 의미를 아는 자라면 사랑과 감사로 드려야 했던 것입니다.

　㉡ 이를 망각한 형식적인 제사를 가리켜 이사야 선지자는 "소를 잡아 드리는 것은 살인함과 다름이 없이 하고 어린 양으로 제사 드리는 것은 개의 목을 꺾음과 다름이 없이 하며 드리는 예물은 돼지의 피와 다름이 없이 하고 분향하는 것은 우상을 찬송함과 다름이 없이"(사 66:3)하는 것은 우상숭배나 다름이 없다고 준엄하게 책망을 했던 것입니다.

　㉢ 또한 시편 50편에서는 "나는 네 제물 때문에 너를 책망하지 아니하리니 네 번제가 항상 내 앞에 있음이로다"고 말씀하면서, "하나님을 잊어버린 너희여 이제 이를 생각하라, 감사로 제사를 드리는 자가 나를 영화롭게 하나니"(시 50:8,22-23)하십니다. "감사"가 빠진 제사는 "하나님을 잊어버린 것과 같다"는 것입니다.

④ "나는 인애를 원하고 제사를 원하지 아니한다"는 말씀은 구약성경의 핵심적인 말씀 중 하나로 꼽히고 있습니다. 주님은 이 말씀을 두 번이나 인용하셨는데 그만큼 중요한 의미가 있기 때문입니다.

　㉠ 한 번은 주님께서 세리장 마태의 집에서 식사하실 때에 바리새인들이 가장 거룩한 척 "어찌하여 너희 선생은 세리와 죄인들과 함께 잡수시느냐"고 비난하자, "너희는 가서 내가 긍휼을 원하고 제사를 원하지 아니하노라 하신 뜻이 무엇인지 배우라"(마 9:11-13)고 말씀

하셨습니다. 이는 위선적(僞善的)인 신앙을 책망하신 말씀입니다.

ⓛ 또 한 번은 안식일에 제자들이 시장하여 밀 이삭을 잘라먹자 바리새
　인들이 가장 잘 믿는 척 "보시오 당신의 제자들이 안식일에 하지 못
　할 일을 하나이다"고 비난하자, "나는 자비를 원하고 제사를 원하지
　아니하노라 하신 뜻을 너희가 알았더면 무죄한 자를 정죄하지 아니
　하였으리라"(마 12:1-8)고 말씀하셨던 것입니다. 이는 형식적(形式
　的)인 신앙을 책망하시는 말씀이었던 것입니다.

⑤ "번제보다 하나님을 아는 것을 원하노라"(6하) 하십니다. 그
렇다면 "번제"는 중요하지 않다는 말씀인가? 그렇습니다. 번제 자
체는 그림자에 불과한 것입니다.

ⓘ 이렇게 말씀하시는 하나님의 의중에는 "하나님이 제사와 예물을 원
　하지 아니하시고 오직 나를 위하여 한 몸을 예비하셨도다"(히 10:5)
　하신, 그 "한 몸"이 누구인지를 알기를 원하고 계시는 것입니다. "자
　기 아들을 아끼지 아니하시고 우리 모든 사람을 위하여 내어주시려
　는" 하나님의 사랑의 마음을 알기를 원하시는 것입니다. 그러나 그
　들의 인애는 "쉬 없어지는 이슬" 같았던 것입니다.

ⓛ "그러므로 내가 선지자들로 그들을 치고 내 입의 말로 그들을 죽였
　노니"(5) 하십니다. 어느 시대를 막론하고 하나님은 "진정한 회개,
　진정한 사랑"을 원하십니다.

셋째 단원(7-11) 언약을 배신한 이스라엘

"그들은 아담처럼 언약을 어기고 거기에서 나를 반역하였느니라"(7).

① 셋째 단원의 핵심은 "언약"인데, "그들은 아담처럼 언약을
어기고"하고 아담과 결부시켜 말씀하심에 주목해야 합니다.

㉠ 먼저 주목하게 되는 것은 하나님께서 아담에게 "선악을 알게 하는 나무의 실과는 먹지 말라 네가 먹는 날에는 정녕 죽으리라"(창 2:17) 하심이 "언약"(言約)이었다고 말씀한다는 점입니다.

㉡ 많은 선지자 중에 이를 언약이라고 말씀해주고 있는 것은 호세아 선지자가 유일한 것입니다. 그렇다면 호세아 선지자를 통해서 이를 "언약"으로 계시하시는 의도가 무엇인가?

② 이는 호세아서의 배경과 문맥 때문으로 여겨집니다. 두 가지 의미를 추정할 수 있는데,

㉠ 첫째로 호세아의 아내 고멜이 "타인에게 사랑을 받아 음녀"(3:1)가 되는 것을 보았습니다. "그가 사랑하는 자를 따라 갔다"(2:7)는 이점이 아담과 공통점이 있기 때문인데, 아담도 사탄의 유혹에 넘어가 하나님과 맺은 언약을 어기고 고멜처럼 음부가 되고 말았던 것입니다.

㉡ 둘째는 하나님은 호세아에게 "아내를 맞이하라"(1:2), 즉 장가들라고 말씀하고 2:19절에서는 하나님 자신이 "내가 네게 장가들어 영원히 살겠다"고 말씀하십니다. 그런데 그들은 "여호와께 정조를 지키지 않았다"(5:7)고 말씀합니다. 하나님은 선민 이스라엘에게 장가들기 전에 아담에게 장가를 든 셈입니다. 그리하여 결혼서약을 하듯 한 것이 "네가 먹는 날에는 정녕 죽으리라" 한 언약이었다는 말씀입니다.

③ 여기서 중요한 요점이 있는데 호세아와 고멜의 관계, 아담과 하와의 관계가 사랑의 관계이듯이 하나님과 아담의 관계, 하나님과 선민 이스라엘의 관계도 사랑의 관계라는 점입니다. 이를 정리한다면 "네 마음을 다하고 목숨을 다하고 뜻을 다하여 주 너의 하나님을 사랑하라 하셨으니 이것이 크고 첫째 되는 계명이요, 둘째도 그와 같으니 네 이웃을 네 자신 같이 사랑하라 하셨으니 이 두 계명이 온 율법과 선지자의 강령이니라"(마 22:37-40)

가 되는 것입니다.

④ 이런 맥락에서 "그들은 아담처럼 언약을 어기고 거기에서 나를 반역하였느니라"(7)고 말씀하시는 것입니다. 선민 이스라엘도 아담같이 하나님의 언약을 배신했다는 말씀입니다. 하나님은 그들에게 "내가 땅의 모든 족속 가운데 너희만을 알았나니"(암 3:2상) 하십니다. 이는 아주 특별한 사랑의 관계임을 나타내는 묘사인데 그들은 하나님께 정절을 지키지 아니하고 "사랑하는 자를 따라"(2:5, 우상) 갔던 것입니다.

⑤ 이 말씀이 "길르앗은 악을 행하는 자의 고을이라"(8상), "제사장의 무리가 세겜 길에서 살인하니"(9상)라는 언급으로 이어지고 있습니다.

㉠ "길르앗과 세겜"은 제사장의 고을, 곧 도피성(수 21:21, 38)입니다. 그런데 "행악자의 고을"이 되었다니 얼마나 끔찍한 일입니까? 제사장들이 그토록 타락했다는 것입니다. 또한 "강도 떼가 사람을 기다림같이 제사장의 무리가 세겜 길에서 살인"을 한다고 말씀합니다. 그곳에 가면 살 수 있는 도피성이 아니라 그곳에 가면 도리어 죽임을 당하게 되는 우범지대가 되고 말았다고 말씀합니다.

㉡ 이 말씀을 문맥적으로 보면 "그들이 아담처럼 언약을 어긴" 책임이 제사장들에게 있다는 뜻이 되는 것입니다. 제사장이 "행악을 하고 살인을 했다"는 말이 문자적인 뜻일 수도 있습니다만, 미가 3장에 나오는 지도자들의 행악에 대한 묘사인 "너희가 선을 미워하고 악을 기뻐하여 내 백성의 가죽을 벗기고 그 뼈에서 살을 뜯어 그들의 살을 먹으며 그 가죽을 벗기며 그 뼈를 꺾어 다지기를 냄비와 솥 가운데 담을 고기처럼 하는도다, 내 백성을 유혹하는 선지자들은 이에 물 것이 있으면 평강을 외치나 그 입에 무엇을 채워주지 아니하는 자에게는 전쟁을 준비하는도다, 시온을 피로, 예루살렘을 죄악으로

건축하는도다 그들의 우두머리들은 뇌물을 위하여 재판하며 그들의 제사장은 삯을 위하여 교훈하며 그들의 선지자는 돈을 위하여 점을 친다"(미 3:1-12)는 말씀과 결부시켜보면 영적인 타락일 수도 있습니다. 이를 염두에 두고 주님은 "너희가 너희 조상의 분량을 채우라 뱀들아 독사의 새끼들아 너희가 어떻게 지옥의 판결을 피하겠느냐"(마 23:32-33)고 "조상의 분량"이라 하시면서 책망하셨을 것입니다.

⑥ "유다여 내가 내 백성의 사로잡힘을 돌이킬 때에 네게도 추수할 일을 정하였느니라"(11) 하십니다.

㉠ "네게도 추수할 일을 정하였다"는 뜻은 심은 대로 거둔다는 심판이 있을 것에 대한 경고인 것입니다. 이 점에서 유념할 점은 이제까지는 주로 북 왕국 이스라엘에 대하여 책망하셨는데 마지막 절에서 "유다여"하고 남 왕국 유다를 향하여 말씀하시는 의도가 무엇인가 하는 점입니다.

㉡ 남쪽 유다는 북 왕국이 멸망한 후에도 130년 정도 "추수하는 일"을 유보하셨습니다. 이렇게 하심은 북 왕국의 멸망을 통해서 유다가 회개하기를 기대하셨기 때문입니다. 그러나 유다도 하나님이 원하시고 기다리심을 저버리고 말았습니다. 그리하여 경고하신 대로 얼마의 "남은 자"만이 돌아오게 되는 심판을 당하고야 말았던 것입니다.

⑦ 6장을 마치기 전에 요절 말씀인 6절을 다시 한번 음미해보고자 합니다.

㉠ 하나님이 원하신다는 두 가지가 무엇 무엇입니까? "인애와 하나님을 아는 것"입니다.

㉡ 그러면 하나님이 원치 아니하신다는 두 가지는 무엇 무엇입니까? "제사와 번제"입니다.

형제는 "인애와 하나님을 아는 것, 제사와 번제" 중 어느 것이 더욱 중요하다고 믿으십니까? "제사와 번제"는 의식(儀式)이고 "인애와 하나님 아는 것"은 본질(本質)입니다. 본질을 망각한 의식은 아무 의미가 없는 것입니다. 어찌하여 하나님은 "제사와 번제"를 원치 않는다고 하시는가? 하나님은 이렇게 말씀하시는 셈입니다. "제사와 번제"는 너희들이 행할 일이 아니라 내가 너희를 위해서 행해줄 일이다. 너희들이 행해야 할 일은 "인애와 하나님을 아는 것이다". 그런데도 우리가 "인애가 아침 구름이나 쉬 없어지는 이슬" 같은 것은 아닌지요. 이것이 "하나님이 원하시는 것"입니다.

호세아 7장 분석도표
주제 : 치료하려, 구속하려 하시는 하나님

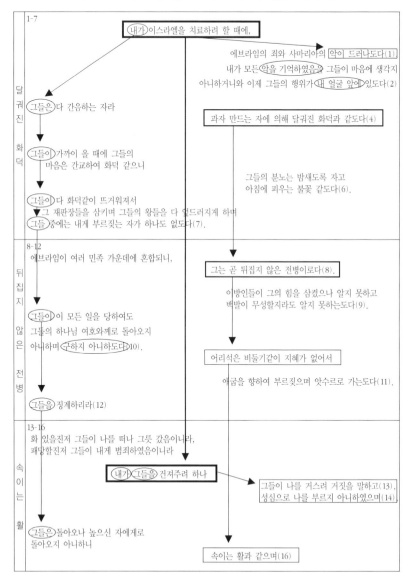

7장

치료하려, 구속하려 하시는 하나님

[13] 화 있을진저 그들이 나를 떠나 그릇 갔음이니라 패망할진
저 그들이 내게 범죄하였음이니라 내가 그들을 건져 주려 하
나 그들이 나를 거슬러 거짓을 말하고

7장의 중심점은 도표에서 표시한 대로 "내가 이스라엘을 치료
하려(1), 내가 그들을 건져주려 하나"(13) 하고 있습니다. 그러므
로 7장을 이해하는 포인트는 하나님을 지칭하는 "내가"와 이스라
엘을 가리키는 "그들"를 분별(分別)하여 관찰하는 데 있습니다. 7
장에는 "그들 또는 그"라는 말이 21번, "나 또는 내가"라는 말이
13번 등장합니다. 그 외에 "이스라엘, 에브라임 또는 하나님, 여
호와"까지 합치면 그 빈도는 더욱 많아집니다. 그러므로 하나님
은 그들을 어떻게 하려 하시고 그들은 하나님께 어떻게 반응하고

있는가를 살피는 것이 포인트입니다. 요약하면 하나님께서는 "내가 이스라엘을 치료하려 할 때에"(1)라고 말씀하십니다. 만신창이된 창녀와 같은 그들을 치료하려 하신다는 것입니다. 또한 "내가 그들을 건져 내려 하나"(13) 하십니다. 3:1-2절의 고멜처럼 팔린 그들을 값을 주고 구속하려 하신다는 말씀입니다. 그러나 그들은 "달궈진 화덕"(첫째 단원)과 같고, "뒤집지 않은 전병"(둘째 단원)과 같으며, "속이는 활"(셋째 단원)과 같다고 말씀하십니다. 그래서 치료받지 못하고 구속함을 얻지 못한다는 말씀이 7장의 대의입니다. 이러한 내용을 절묘한 비유를 통해서 드러내고 있는 것입니다. 이를 세 단원으로 나누어 상고하겠습니다.

첫째 단원(1-7) **달궈진 화덕**
둘째 단원(8-12) **뒤집지 않은 전병**
셋째 단원(13-16) **속이는 활**

첫째 단원(1-7) **달궈진 화덕**

"내가 이스라엘을 치료하려 할 때에 에브라임의 죄와 사마리아의 악이 드러나도다 그들은 거짓을 행하며 안으로 들어가 도둑질하고 밖으로 떼 지어 노략질하며"(1).

① 첫 말씀이 "내가 이스라엘을 치료하려 할 때에" 하십니다. 하나님은 그들을 치료하기를 원하신다는 것입니다.

㉠ 하나님께서 자기 백성들을 얼마나 치료하시기를 원하시는가? 예레미

야 선지자를 통해서는 "길르앗에는 유향이 있지 아니한가 그 곳에는 의사가 있지 아니한가 딸 내 백성이 치료를 받지 못함은 어찌 됨인고"(렘 8:22)하고 탄식합니다.

ⓒ 어느 때나 치료를 받지 못하는 원인은 의사 되시는 하나님에게 있는 것이 아니라 환자인 인간 편에 있는 것입니다.

② 그렇다면 이스라엘이 치료받지 못하는 까닭이 무엇인가?

㉠ "에브라임의 죄와 사마리아의 악이 드러나도다"(1중) 합니다. 죄악이 "드러나는" 것과 죄를 회개하는 것은 다른 것입니다. 회개는 본인이 죄를 인정(認定)하고 자백(自白)을 하는 것이지만 "드러난다"는 것은 그들이 자백하지 않기 때문에 적발(摘發)해 내는 것을 뜻합니다. 성경은 말씀합니다. "어떤 사람들의 죄는 밝히 드러나 먼저 심판에 나아가고 어떤 사람들의 죄는 그 뒤를 따르나니 이와 같이 선행도 밝히 드러나고 그렇지 아니한 것도 숨길 수 없느니라"(딤전 5:24-25).

ⓒ 이것이 "그들은 거짓을 행하며", 즉 속이고 있다는 말씀입니다.

ⓒ 하나님께서는 "내가 모든 악을 기억하고 있다, 그들은 죄악에 에워싸여 즉 포위되어 있다, 그들의 죄악이 내 얼굴 앞에 있다"(2)고 말씀하시는데, 그들은 "마음에 생각하지 아니하거니와", 즉 모르실 거라고 여기고 있다는 것입니다. 그렇다면 치료받을 가망은 없는 것입니다. 그런 자들에게는 치료가 아니라 심판밖에는 달리 방도가 없는 것입니다. 하나님께서 죄를 드러내시기 전에 스스로 죄를 고백하는 자가 지혜로운 자인 것입니다. 그렇게 하는 자는 치료를 받을 수 있는 것입니다.

③ "그들이 그 악으로 왕을, 그 거짓말로 지도자들을 기쁘게 하도다"(3) 합니다.

㉠ 이는 왕에게도 직언(直言)하는 것이 아니라 만사가 다 잘되어가고 있는 양 거짓 보고를 하여 기쁘게 한다는 뜻입니다.

ⓛ 이는 2절과 연관이 있는 말씀인데, 그들은 하나님도 자신들의 거짓
말에 속아 넘어가는 왕이나 지도자들과 같은 줄로 생각하고 있다는
뜻이 됩니다.

ⓒ 하나님은 말씀하십니다. "네가 이 일을 행하여도 내가 잠잠하였더니
네가 나를 너와 같은 줄로 생각하였도다 그러나 내가 너를 책망하여
네 죄를 네 눈앞에 낱낱이 드러내리라"(시 50:21).

④ 7장에는 절묘한 비유가 풍부한데, 첫째 비유가 "그들은, 달
궈진 화덕과 같도다"(4중)는 비유입니다. "화덕"이라는 말이 세
번 등장하는데, 빵 만드는 화덕을 비유로 들어서 그들의 상태를
드러내시는 것입니다.

ⓐ "달궈진 화덕"(4하)이라는 말씀이 "그들은 다 간음하는 자라"(4상)는
말씀과 결부되어 있습니다. 그들은 화덕에서 불이 활활 타오르고 있
듯이 간음, 즉 우상숭배에 달궈진 화덕처럼 몸과 마음이 달아올라
있다는 것입니다. 우상숭배를 하지 않는 동안이란 마치 빵 만드는
자가 밀가루를 반죽하여 발효되기를 기다리는 동안과 같은 잠시뿐이
라는 것입니다.

ⓛ 6절에서도 "그들의 마음은 간교하여 화덕같으니"라고 거듭 말씀합니
다. 언제든 빵 만들 준비가 되어있는 화덕같이 그들이 우상숭배에
언제나 준비된 마음으로 정성을 쏟고 있었음을 말씀해주는 대목입니
다.

ⓒ 7절에서 거듭 "그들이 다 화덕같이 뜨거워져서" 합니다. 4절의 화덕
의 뜨거움은 "그들은 다 간음하는 자라"(4상) 한 우상숭배와 결부되
어 있으나, 7절의 뜨거움은 "재판장들을 삼키며 그들의 왕들을 다
엎드러지게 한다"(7중)는 반역과 결부되어 있습니다. 북 왕국 이스라
엘은 왕을 죽이고 왕위를 찬탈하는 반역이 꼬리를 물고 이어졌던 것
입니다.

⑤ 우상숭배에 있어서는 "달궈진 화덕, 예비 된 화덕"과 같으

면서도 하나님께 대하여는

- ㉠ "그들 중에는 내게 부르짖는 자가 하나도 없도다(7하).
- ㉡ 여호와께로 돌아오지 아니하며 구하지 아니하도다"(10) 합니다.
- ㉢ 14절에서도 "성심으로 나를 부르지 아니하였으며" 하십니다. "돌아오지 않고, 구하지 않고, 부르짖지 않는" 그래서 "치료"(1)받을 수 없다는 말씀인 것입니다. 이 말씀에 비쳐진 우리의 모습은 어떠합니까? 우리는 지금 무엇을 위하여 "달궈진 화덕"과 같은지를 살피게 합니다. "돈, 돈, 돈" 하고 돈을 위해서 달아올라 있는 것은 아닙니까? "축복, 축복, 축복"하고 축복을 위해서 "달궈진 화덕"과 같은 것은 아닌지요.

둘째 단원(8–12) 뒤집지 않은 전병

"에브라임이 여러 민족 가운데에 혼합되니 그는 곧 뒤집지 않은 전병이로다"(8).

① 두 번째 비유는 이스라엘을 "뒤집지 않은 전병"에다 비유합니다.

- ㉠ "전병"이란 우리나라 빈대떡과 같은 얇은 떡을 가리킵니다. 그런데 이 떡을 화덕 위에 올려놓고는 잊어버려 뒤집지를 않으면 어떤 상태가 되겠습니까?
- ㉡ 한쪽은 새까맣게 타버려 먹을 수가 없고, 다른 한쪽은 익지 않아서 먹을 수 없는 상태가 되는 것입니다. 그들의 신앙상태가 이와 같았다고 말씀합니다.

② "뒤집지 않은 전병" 비유를 통해서 하시고자 하는 말씀은

- ㉠ 첫째는 그들의 이중성(二重性)입니다. 이점이 "여러 민족 가운데에

혼합되니"(8상)에 나타납니다. "혼합되었다"는 것은 선민도 아니고 그렇다고 이방인도 아닌 마치 뒤집지 않은 전병같은 상태가 되었다는 말씀입니다. 앗수르에 정복당한 후에 실제로 뒤집지 않은 전병같이 혼혈족속이 되고 말았던 것입니다. 그래서 유대인들이 사마리아인들과 상종하지 않았던 것입니다. 그들은 혈통만 혼혈족이 된 것이 아니라 "이와 같이 그들이 여호와도 경외하고 또한 어디서부터 옮겨왔든지 그 민족(이방)의 풍속대로 자기의 신들도 섬겼더라"(왕하 17:33)고 혼합종교(混合宗敎)로 변질이 되어버렸던 것입니다.

ⓛ 둘째는 깨닫지 못한다는 점입니다. 그들은 마치 전병을 불에 올려놓고는 까마득하게 잊어버리고 있는 어떤 부인과 같다는 것입니다. 이점이 "이방인들이 그의 힘을 삼켰으나 알지 못하고 백발이 무성할지라도 알지 못하는도다"(9)는 언급에서 드러납니다. "내 정신 좀 봐, 전병을 불에 올려놓고는 잊고 있었네" 하고 깨닫기만 했더라면 "치료"받을 가능성도 있다는 것입니다. 그러나 지금의 상태는 여전히 "알지 못하고, 깨닫지 못하고" 있을 뿐만이 아니라, 이제 깨닫는다고 하여도 이미 때가 늦어버린 절망적인 상태라는 것입니다.

③ "이스라엘의 교만은 그 얼굴에 드러났나니"(10상) 합니다. "뒤집지 않은 전병"과 같은 상태에 있으면서도 어쩌면 놀라거나 당황하는 기색도 없이 저토록 뻔뻔한 얼굴을 하고 있을까? 이것이 "이스라엘의 교만은 그 얼굴에 드러났나니"의 뜻입니다.

㉠ 5:5절에서도 같은 말씀을 하고 있는데, 4절과 결부시켜보면 마치 음행한 여인이 뻔뻔스러운 얼굴을 하고 있는 것과 같다는 것입니다.

ⓛ 이점을 예레미야서에서는 "그들이 가증한 일을 행할 때에 부끄러워하였느냐 아니라 조금도 부끄러워 아니 할 뿐 아니라 얼굴도 붉어지지 않았느니라"(렘 6:15)고 말씀합니다. 이것이 "이스라엘의 교만은 그 얼굴에 드러났나니"의 뜻입니다.

④ 세 번째 비유는 "에브라임은 어리석은 비둘기 같다"(11상)

고 말씀합니다. 여기서 말씀하는 비둘기 비유는 순결과 같은 좋은 뜻에서가 아니라 "어리석음" 때문입니다. 비둘기는 맹금류에 비해 약한 조류입니다. 그래서 겁먹은 눈망울로 두리번거리고 있는 것입니다. 이 두리번거림을 "지혜가 없어서 애굽을 향하여 부르짖으며 앗수르로 가는도다"(11) 합니다.

　ㄱ "여호와로 자기 하나님으로 삼은 나라 곧 하나님의 기업으로 선택된 된 백성"(시 33:12)이라면, 마땅히 하나님을 의지하여 구하고 부르짖었어야 마땅한 것입니다. 그러면 안전한 것입니다. 그러나 그들은 하나님께 도움을 구할 생각은 하지 않고 "어리석은 비둘기"같이

　ㄴ 앗수르를 의지하고, 애굽을 의지하므로 두리번거리는 어리석은 비둘기 같았던 것입니다. 앗수르에 의해 멸망 당한 직접적인 원인이 여기에 있었던 것입니다. 역사서를 보면 앗수르를 섬기기로 약조를 했다가 이를 배반하고 애굽을 의지함으로 앗수르가 침공해 왔던 것입니다. 그들은 비둘기같이 순결하지도 못하고 뱀같이 지혜롭지도 못했던 것입니다.

　⑤ "그들이 갈 때에 내가 나의 그물을 그 위에 쳐서 공중의 새처럼 떨어뜨리고"(12상) 하십니다.

　ㄱ 이는 징벌을 의미합니다. 2:6절에서는 "가시로 그 길을 막으며 담을 쌓아 그로 그 길을 찾지 못하게 하리니" 하셨습니다.

　ㄴ "전에 그 회중에 들려준 대로 그들을 징계하리라"(12하) 하십니다. 모세는 죽기 전에 공회(公會) 앞에서 너희가 만일 여호와를 배반하게 되면 "여호와께서 네 적군 앞에서 너를 패하게 하시리니 네가 그들을 치러 한 길로 나가서 그들 앞에서 일곱 길로 도망할 것이며 네가 또 땅의 모든 나라 중에 흩어질"(신 28:25) 것이라고 경고하였는데 슬프게도 그대로 되고야 말았던 것입니다. 이것이 "회중에 들려준 대로 그들을 징계하리라"(12하)는 뜻입니다.

⑥ "뒤집지 않은 전병, 어리석은 비둘기"라는 비유는 주님께서 종교지도자들을 향해서 "화 있을진저 외식하는 서기관들과 바리새인들이여 회칠한 무덤 같으니 겉으로는 아름답게 보이나 그 안에는 죽은 사람의 뼈와 모든 더러운 것이 가득하도다"(마 23:27)고 통렬하게 책망하신 이유가 어디에 있습니까? 바로 뒤집지 않은 전병 같은 삶을 살면서도 이를 외식으로 가리고 있었기 때문입니다. "뒤집지 않은 전병, 어리석은 비둘기" 비유는 우리의 신앙생활을 점검하게 합니다. 그리고 부끄럽게 만듭니다. "외식과 두 마음", "이런 사람은 무엇이든지 주께 얻기를 생각지 말라 두 마음을 품어 모든 일에 정함이 없는 자로다"(약 1:7-8)고 경계하신 말씀이 나와는 무관하다 할 수 있겠습니까?

셋째 단원(13-16) 속이는 활

"그들은 돌아오나 높으신 자에게로 돌아오지 아니하니 속이는 활과 같으며 그들의 지도자들은 그 혀의 거친 말로 말미암아 칼에 엎드러지리니 이것이 애굽 땅에서 조롱거리가 되리라"(16).

① 네 번째 비유는 그들을 "속이는 활"(16상)에 비유하고 있습니다. 죄라는 원어 "하말티아"는 과녁에서 빗나갔다는 어근에서 파생된 말입니다. 이것이 속이는 활입니다. 하나님께서 징벌을 하시니까 "그들은 돌아오나 높으신 자에게로 돌아오지 아니하니"(16상), "속이는 활과 같이" 빗나가서 엉뚱하게 우상을 의지하고 이방에 도움을 구하는 것으로 나타났던 것입니다. 그러다가

앗수르에게 망했으니 이것이 "칼에 엎드러지리니"의 뜻이요, 애굽에게 도움을 청했으나 노쇠한 애굽은 신흥국가 앗수르의 적수가 되기에는 역부족하여 이스라엘을 구원하여 줄 수 없었으니 이것이 "애굽 땅에서 조롱거리가 되리라"(16하)는 뜻입니다.

② 그러므로 "화 있을진저 그들이 나를 떠나 그릇 갔음이니라 패망할진저 그들이 내게 범죄하였음이니라"(13상) 하십니다. 이는 하나님의 진노가 크심을 나타내십니다. 무엇에 대한 진노인가?

③ 하나님은 "내가 그들을 건져 주려 하나"(13중) 하십니다. 3:1절에서 호세아에게 "타인의 사랑을 받아 음녀가 된 그 여자를 사랑하라 하시기로" 값을 주고 사오는 것을 보았습니다.

　㉠ 하나님은 이렇게 "그들을 건져 주려" 하신다고 말씀하십니다. 첫 절에서는 "내가 이스라엘을 치료하려 할 때에"라고 말씀하셨습니다. "치료하려, 건져 주려 하시는 하나님", 여기에 7장의 핵심이 있는 것입니다. 힘을 주어 강조합니다만 신구약을 막론하고 구원 얻는 방편은 "구속" 외에는 다른 방도가 없다는 사실입니다.

　㉡ 육적 출애굽 때에도 "너희를 구속하여 너희로 내 백성을 삼고 나는 너희 하나님이 되리니"(출 6:6-7) 하십니다. 신약성경에서도 "그가 우리를 대신하여 자신을 주심은 모든 불법에서 우리를 속량하시고 우리를 깨끗하게 하사 선한 일을 열심히 하는 자기 백성이 되게 하려 하심이라"(딛 2:14) 하십니다.

④ 그러나 "그들이 나를 거슬러 거짓을 말하고 성심으로 나를 부르지 아니하였으며"(13하-14상) 합니다. 이는 "내가 그들을 건져 내려 하나"에 대한 그들의 반응입니다. 구속함을 얻느냐 못 얻느냐, 죽느냐 사느냐가 "거짓(13하)과 성심"(14상)에 달렸다.

즉

> ㉠ "거슬러 거짓을 말하느냐?"
>
> ㉡ "성심으로 부르느냐?" 그러나 그들은 "거슬러", 즉 대적하고 "성심으로 나를 부르지 아니하였으며" 하십니다.

한마디로 믿지 않았다는 뜻입니다. 그렇다면 구속함을 받을 가망은 없는 것입니다. 그러므로 "화 있을진저, 패망할진저"(13상) 하시는 것입니다. 뒤에 가서 보게 되겠습니다만 그럼에도 불구하고, 13:14절에서는 "내가 그들을 스올의 권세에서 속량하며 사망에서 구속하리니" 하시는 것을 대하게 됩니다. 이것이 호세아서에 나타난 복음이요, 무조건적인 하나님의 은혜입니다.

⑤ 그런데 14절을 보면 그들이 "부르짖고" 있는 것을 보게 되는데 무엇을 위한 부르짖음인가? "오직 침상에서 슬피 부르짖으며 곡식과 새 포도주로 말미암아 모이며 나를 거역하는도다"(14하) 하십니다. 무슨 뜻인가? 세 가지를 지적하는데,

> ㉠ 첫째는 그들이 "슬피 부르짖는다"는 것입니다. 그러나 죄를 회개하는 부르짖음이 아니라 하나님의 징벌로 인한 시련 자체를 슬퍼하며 탄식함을 의미합니다. 이것이 "침상에서 슬피 부르짖는다"는 뜻입니다. 하나님은 그들을 치료하려 징계하시는데 회개하려 하지 않고 당면한 고난 자체만을 탄식하고 있다는 것입니다. 이것이 불신앙의 모습입니다.
>
> ㉡ 둘째는 그들이 열심히 "모였다"고 말씀합니다. 무엇을 위해서 말입니까? "우리가 여호와를 알자 힘써 여호와를 알자"(6:3)를 위해서 입니까? 아닙니다. "곡식과 새 포도주로 말미암아"라고 말씀합니다. 14절에는 "오직"이라 말하는데 그들은 오직 문제해결을 위해서 부르짖고, 오직 물질 축복을 위해서 모였다는 말씀합니다.
>
> ㉢ 셋째로 결론은 "나를 거역하는도다" 입니다. 14절은 우리의 부르짖

음은 무엇을 위한 부르짖음인가? 우리의 모임은 무엇을 위한 모임인가? 우리들의 예배와 기도회를 점검하게 합니다. 하나님께서는 "치료하려, 구속하려" 하시는데, 인간은 "달궈진 화덕, 뒤집지 않은 전병, 어리석은 비둘기, 속이는 활"과 같다는 말씀은 이스라엘의 모습만은 아닐 것입니다. 이것이 "치료하려, 구속하려 하시는 하나님"입니다.

호세아 8장 분석도표
주제 : 원수가 여호와의 집에 덮치리라

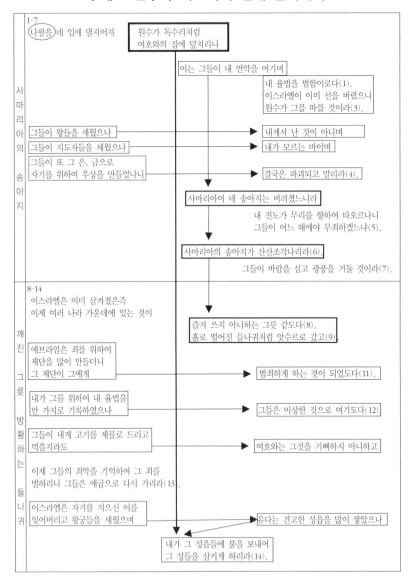

1-7

사마리아의 송아지

나팔을 네 입에 댈지어다 | 원수가 독수리처럼 여호와의 집에 덮치리니

이는 그들이 내 언약을 어기며

내 율법을 범함이로다(1). 이스라엘이 이미 선을 버렸으니 원수가 그를 따를 것이라(3).

그들이 왕들을 세웠으나 → 내게서 난 것이 아니며

그들이 지도자들을 세웠으나 → 내가 모르는 바이며

그들이 또 그 은, 금으로 자기를 위하여 우상을 만들었나니 → 결국은 파괴되고 말리라(4).

사마리아여 네 송아지는 버려졌느니라

내 진노가 무리를 향하여 타오르나니 그들이 어느 때에야 무죄하겠느냐(5).

사마리아의 송아지가 산산조각나리라(6).

그들이 바람을 심고 광풍을 거둘 것이라(7).

8-14

깨진 그릇 방황하는 들나귀

이스라엘은 이미 삼켜졌은즉 이제 여러 나라 가운데에 있는 것이

즐겨 쓰지 아니하는 그릇 같도다(8). 홀로 떨어진 들나귀처럼 앗수르로 갔고(9).

에브라임은 죄를 위하여 제단을 많이 만들더니 그 제단이 그에게 → 범죄하게 하는 것이 되었도다(11).

내가 그를 위하여 내 율법을 만 가지로 기록하였으나 → 그들은 이상한 것으로 여기도다(12).

그들이 내게 고기를 제물로 드리고 먹을지라도 → 여호와는 그것을 기뻐하지 아니하고

이제 그들의 죄악을 기억하여 그 죄를 벌하리니 그들은 애굽으로 다시 가리라(13).

이스라엘은 자기를 지으신 이를 잊어버리고 왕궁들을 세웠으며 → 유다는 견고한 성읍을 많이 쌓았으나

내가 그 성읍들에 불을 보내어 그 성들을 삼키게 하리라(14).

8장

원수가 여호와의 집에 덮치리라

¹ 나팔을 네 입에 댈지어다 원수가 독수리처럼 여호와의 집에 덮치리니 이는 그들이 내 언약을 어기며 내 율법을 범함이로다

8장의 중심점은 도표에서 보시는 바대로 "원수가 독수리처럼 여호와의 집에 덮치리니(1), 불을 보내어 그 성들을 삼키게 하리라"(14)에 있습니다. 그러므로 8장은 "나팔을 네 입에 댈지어다"라는 명령으로 시작됩니다. 이는 희년의 나팔소리가 아니라 전쟁, 즉 심판의 나팔소리인 것입니다. 그 원인이 어디에 있는가? 한마디로 "그들이 내 언약을 어겼다"(1하)는데 있습니다. "언약을 어겼다"는 것은 다름이 아니라 "사마리아의 송아지"(5), 즉 우상을 섬긴 것을 의미합니다. 그러므로 8장의 중심점은 "전쟁의 나팔"

에 있으나, 핵심은 "언약을 어겼다"는데 있음을 놓치지 말아야 합니다.

하나님과의 관계는 "언약의 관계"입니다. 언약의 관계란 하나님께서 세워주신 언약을 믿는 "믿음의 관계"라는 뜻도 됩니다. 그러므로 언약이 없으면 하나님과의 관계 성립이 될 수 없는 것입니다. 그러므로 언약을 어겼다는 것은 하나님과의 관계가 단절되었음을 뜻합니다. 아담이 그러했고 구약교회가 그와 같았던 것입니다. 그렇다면 그들이 어겼다는 "언약"이란 무슨 언약인가? "내 율법을 범함이로다" 하십니다. 여기에 통찰력이 필요하게 되는데 "율법"이라는 문자만을 보고 시내 산 언약이라고 한정(限定)해 버린다면 너무나 근시안적(近視眼的)인 것입니다. 이는 성경을 점(點)으로 보기 때문에 빠지게 되는 한계입니다. 성경을 구속사라는 선(線)으로 보게 되면 그들이 어겼다는 언약이 무슨 언약이 되는가? 이를 두 단원으로 나누어 상고하겠습니다.

첫째 단원(1-7) **사마리아의 송아지**
둘째 단원(8-14) **깨진 그릇, 방황하는 들나귀**

첫째 단원(1-7) **사마리아의 송아지**

"이것은 이스라엘에서 나고 장인이 만든 것이라 참 신이 아니니 사마리아의 송아지가 산산조각이 나리라"(6).

① 첫째 단원은 "사마리아의 송아지"에 의하여 해석되어야 합

니다. 왜냐하면 "사마리아의 송아지"가 "언약을 어겼다"는 말과 불가분(不可分)의 관계이기 때문입니다. "송아지"라는 말이 5절과 6절에 나오는데 "사마리아의 송아지가 산산조각이 나리라" 하신 이 송아지는 북쪽 이스라엘이 다윗의 집에서 떨어져 나갈 때부터 섬기기 시작한 우상임을 유념해야 합니다.

　㉠ 백성들이 예루살렘에 있는 여호와의 전에 예배를 드리러 올라가는 것을 막기 위해서 "이에 계획하고 두 송아지를 만들고 무리에게 말하기를 너희가 다시는 예루살렘으로 올라갈 것이 없도다 이스라엘아 이는 너희를 애굽 땅에서 인도하여 올린 너희의 신들이라 하고 하나는 벧엘에 두고 하나는 단에 둔지라"(왕상 12:28-29)한 송아지를 가리킵니다.

　㉡ 여로보암이 그들의 예루살렘 행을 막기 위해서 하필 송아지 우상을 고안해냈을까? 이는 필시 출애굽 당시 아론이 황금으로 송아지 형상의 우상을 만들어 "이는 너희를 애굽 땅에서 인도하여 낸 너희의 신이로다"(출 32:4) 한 것을 생각했기 때문일 것입니다. 이에 착안하게 된 것은 이를 백성들이 기뻐했기 때문입니다. 그러니까 출애굽 당시에는 "시내 산의 송아지"가 있었던 셈입니다. 그러면 오늘날은 어떤 송아지가 있는가? 묻게 됩니다. 왜냐하면 타락한 인간의 심성에는 "송아지 우상"을 선호하는 본성이 있으며, 어느 시대를 막론하고 비진리의 세력은 이 심리를 교묘하게 악용하고 있다는 경각심을 갖게 합니다. 그러니까 오늘날도 "한국의 송아지"가 있을 수 있다는 말씀입니다.

　② 하나님은 "사마리아의 송아지" 숭배를 가리켜 "이는 무리가 내 언약을 어겼다"고 말씀하십니다. 그렇다면 그들이 어긴 언약이란 무슨 언약인가?

　③ 그러므로 이스라엘이 모든 민족 중에서 하나님의 선민이 되

고 백성이 될 수 있었던 것이 어떤 언약에 근거하여 이루어졌는
가를 더듬어보아야 합니다.

   ㉠ 그것은 시내 산에서 주어진 율법에 의해서가 아닙니다. 십계명의 서
      문은 "나는 너를 애굽 땅, 종 되었던 집에서 인도하여 낸 네 하나님
      여호와니라"(출 20:2) 하십니다. 그들은 시내 산 언약 이전에 이미
      하나님의 백성이 되었던 것입니다. 그러하기 때문에 하나님의 백성답
      게 살아가게 하기 위해서 십계명은 주어진 것입니다.

   ㉡ 그들이 하나님의 백성이 될 수가 있었던 것은 "너희를 속량하여 너
      희를 내 백성으로 삼고 나는 너희의 하나님이 되리니"(출 6:6-7) 하
      신, 구속 즉 유월절 양의 피로 말미암아 가능하여졌던 것입니다.

   ㉢ 그리고 이 구속은 아브라함에게 세워주신 언약에 근거하고 있다는
      점입니다. 이점을 어째서 강조하고 있느냐 하면, 그들이 언약을 어기
      고 송아지 우상을 섬겼다는 것은 궁극적으로는 아브라함의 자손으로
      오실 그리스도를 배척한 죄임을 강조하기 위해서입니다. 이는 주님이
      오셨을 때 실제로 일어났던 것입니다. 그들은 세상 죄를 지고 가는
      〈하나님의 어린양〉보다는 정치적으로 부강하게 해줄 〈예루살렘의 송
      아지〉를 요구했던 것입니다.

  ④ "언약을 어겼다"는 것이 무엇을 의미하는지에 좀 더 명백하
기 위해서는 6:7절에서 "그들은 아담처럼 언약을 어기고" 하신
아담으로부터 더듬어 내려와야만 합니다. 언약을 어긴 배약(背約)
의 역사는 인류의 조상으로부터 시작되었기 때문입니다. 아담이
언약을 어긴 것은 "윤리적인 범죄"가 아니었습니다. 그것은 6장
에서 살펴본 대로 하나님의 말씀을 믿지 않은 불신앙에 근본적인
원인이 있었던 것입니다.

   ㉠ 그렇다면 아담이 언약을 어기자 하나님은 어떻게 행해주셨는가? "여
      자의 후손은 네 머리를 상하게 할 것이요"(창 3:15)하고 다시 첫 복

음의 언약을 세워주셨던 것입니다. 원 복음을 언약이었다고 말하는
이유는 "믿음으로 아벨은 가인보다 더 나은 제사를 하나님께 드림으
로 의로운 자라 하시는 증거를 얻었으니"(히 11:4) 한 말씀을 염두
에 두고 하는 말입니다. 묻습니다. 아벨의 믿음은 무엇을 믿는 믿음
인가? 아벨은 무엇을 믿음으로 의롭다함을 얻었던 말인가? 아벨만이
아니라 "믿음으로 에녹은, 믿음으로 노아는···"는 무엇을 믿고 구원
을 얻을 수 있었던 말입니까? 왜냐하면 언약이 없으면 하나님과의
관계가 성립될 수 없기 때문입니다. 그러므로 아담으로부터 아브라함
까지는 오직 "여자의 후손"을 믿는 믿음으로 말미암아 하나님과의
관계를 유지할 수 있었던 것입니다.

ⓛ 이 첫 복음이 "네 씨로 말미암아 천하 만민이 복을 받으리라"(창
22:18) 하신 아브라함의 언약으로 점진(漸進)하여, 아브라함과 이삭
과 야곱을 통해서 계승되어 내려온 것입니다. 야곱의 자손들은 이
언약으로 말미암아 큰 민족을 이루게 되었고 야곱의 열두 아들은 열
두 족장들이 되었던 것입니다. 아브라함으로부터 다윗까지는 "아브라
함의 언약"을 믿는 믿음으로 하나님과의 관계를 유지해 나갈 수 있
었던 것입니다.

ⓒ 이 언약이 "다윗 언약"으로 점진(漸進)해 온 것입니다. 그리하여 다
윗으로부터 그리스도가 오시기까지는 "다윗 언약"을 믿는 믿음으로
하나님과의 관계를 유지할 수 있었던 것입니다. 여리고의 맹인 바디
매오가 "다윗의 자손 예수여 나를 불쌍히 여기소서"(막 10:47)라고
외친 것은 다름 아닌 "나는 당신이 다윗의 자손으로 오신 그리스도
이심을 믿습니다"라는 신앙고백이었던 것입니다. 이런 맥락에서 하나
님은 이스라엘을 향하여 "내 언약을 어겼다"고 말씀하시는 것입니다.

⑤ 그렇다면 이스라엘이 어긴 언약이 무엇인가 하는 것은 명백
해지는 것입니다.

㉠ 바로 "다윗 언약", 곧 그리스도를 배척한 것입니다.

ⓛ 그러므로 "다윗 언약"을 어긴 것은 북쪽 이스라엘의 패망 원인만이 아니라 남쪽 유다가 멸망하게 된 결정적인 원인도 메시아언약을 배반하고 우상을 숭배한 데 있었던 것입니다.

ⓒ 그리고 또다시 예루살렘이 로마에 의하여 "돌 하나도 돌 위에 남지 않고"(마 24:2) 멸망하게 된 원인도 언약의 성취자로 오신 다윗의 자손 그리스도를 배척한 데 있음을 깨달아야 하는 것입니다. 그러므로 언약을 배신한 자들에게 "원수가 독수리처럼 여호와의 집에 덮치리니"(1중) 하시는 것입니다.

⑥ "언약을 어김"이 무엇을 가리키는가 하는 점이 4절에서 더욱 분명하게 드러납니다. "그들이 왕들을 세웠으나 내게서 난 것이 아니며 그들이 지도자들을 세웠으나 내가 모르는 바이며"(4상) 하십니다.

ⓖ 하나님께서 다윗에게 세워주신 언약은 "네 왕위가 영원히 견고하리라"(삼하 7:16)고 왕위가 다윗을 통하여 계승될 것을 언약하셨기 때문입니다.

ⓛ 그런데 북쪽 이스라엘은 다윗의 집을 버리고 임의로 다른 왕을 세운 것입니다. 그래서 하나님은 "너희가 왕들을 세웠으나 내게서 말미암지 아니하였고 너희가 방백을 세웠으나 나의 모르는 바며" 하시는 것입니다. 그런 왕을 가리켜 성경은 "너희가 구한 왕, 너희가 택한 왕"(삼상 12:13)이라고 말씀하십니다.

⑦ 이점이 얼마나 중요하냐 하면 마지막 부분(13:10-11)에서 이에 대한 해설을 더하고 있는 것만 보아도 짐작할 수 있습니다. "전에 네가 이르기를 내게 왕과 지도자들을 주소서 하였느니라, 내가 <분노하므로> 네게 왕을 주고 <진노하므로> 폐하였노라" 하십니다.

ⓖ 어찌하여 하나님이 "분노"하셨는가? 하나님의 나라를 세우시려는 만

왕의 왕 그리스도를 배척하고 인본주의 왕국을 세우려 했기 때문입니다.

ⓒ 역사의 악순환을 보십시오. 그들이 다윗 왕가를 배척한 일은 "빌라도가 유대인들에게 이르되 보라 너희 왕이로다"고 말하자, "가이사 외에는 우리에게 왕이 없나이다, 십자가에 못박게 하소서"(요 19: 14-15)하고 그리스도를 배척함으로 실제 상황으로 나타났던 것입니다. "내게서 말미암지 않았고, 나의 모르는 바"라는 말씀은 참으로 심각한 문제가 아닐 수 없습니다. 하나님께서 인정하시지 않는 왕, 모르시는 지도자라 하심은, 하나님이 세우시지 않은 목사, 하나님이 인정하시지 않는 장로, 하나님이 모르시는 권사, 그리하여 인간이 세운 교회 지도자들도 있을 수 있다는 것으로 다가오기 때문입니다.

⑧ "너희가 왕들을 세웠다"(4상)는 말씀이 무엇과 연결되어 있는가를 보십시오.

㉠ "그들이 또 그 은, 금으로 자기를 위하여 우상을 만들었나니"(4하) 하십니다. 진정한 왕을 배척하고, 그 자리에 왕으로 세운 것이 "송아지 우상"이었다는 것입니다. 그들은 실제로 송아지를 가리켜 "이는 너희를 애굽 땅에서 인도하여 올린 신"이라고 말했던 것입니다.

ⓒ 하나님은 "파괴되고 말리라"(4하) 하십니다. "사마리아여 네 송아지는 버려졌느니라(5), 이것은 이스라엘에서 나고 장인이 만든 것이라 참 신이 아니니 사마리아의 송아지가 산산조각이 나리라"(6) 하십니다.

ⓒ "그들이 바람을 심고 광풍을 거둘 것이라"(7) 하십니다. 이는 송아지 우상을 섬기는 결과를 말씀함인데, "바람을 심었다"는 것은 얼마나 어리석고 허무한가를 가리키는 것이요, 바람을 심고, 바람을 거두는 것이 아니라 "광풍을 거둘 것이라" 하심은 우상숭배의 결과는 광풍과 같은 심판과 멸망뿐임을 의미합니다.

⑨ "그들이 장차" 그러니까 광풍이 몰아쳐 다급해지게 되면

"내게 부르짖기를 나의 하나님이여 우리 이스라엘이 주를 아나이다 하리라"(2) 합니다. 그러나 "이스라엘이 이미 선을 버렸으니 원수가 그를 따를 것이라"(3)고, 그들의 말이 입으로만 "주여, 주여"하는 "쉽게 살아지는 이슬 같음"(13:3)을 말씀하십니다.

⑩ 4절 속에는 우리가 경계로 삼아야 할 중요한 요점이 있는데, "자기를 위하여"(4하) 라는 언급입니다. "자기를 위하여 우상을 만들었다"고 말씀합니다. "하나님을 위하여, 그 나라를 위하는" 신앙은 우상에 빠질 이유가 없는 것입니다. 언제나 자기중심적인 신앙이 우상을 만들게 됨을 명심해야 합니다. "자기중심→물질축복→사마리아의 송아지→파괴", 이는 필연적인 귀결입니다. 이는 "욕심이 잉태한즉→죄를 낳고→죄가 장성한즉→사망을 낳느니라"(약 1:15)의 공식과도 같은 것입니다. 이것이 "사마리아의 송아지" 신앙의 결과입니다.

둘째 단원(8-14) 깨진 그릇, 방황하는 들나귀

"이스라엘은 이미 삼켜졌은즉 이제 여러 나라 가운데에 있는 것이 즐겨 쓰지 아니하는 그릇 같도다"(8).

하나님의 언약을 어기고 송아지 우상을 섬긴 그들의 말로를 두 가지 비유를 통해서 말씀합니다.

① 첫째 비유는 "즐겨 쓰지 아니하는 그릇 같도다" 하십니다.

㉠ 이는 그들이 이방 사람에게 삼킨 바 되어 여러 나라에 흩어지게 될 터인데, 마치 이빨이 빠지고 깨진 그릇 같은 신세가 되어 어느 나라

도 그들을 기뻐하지 않는 그런 존재로 전락하게 될 것이라는 말씀입
니다.

ⓛ 그들은 본래 하나님께서 제사장 나라로 쓰시기 위하여 택하신 귀한
그릇입니다. 그런데 그들이 언약을 배신하자 "진흙으로 만든 그릇이
토기장이의 손에서 터지매 그가 그것으로 자기 의견에 좋은 대로 다
른 그릇을 만들더라"(렘 18:4) 한 "파상"(破傷) 할 처지에 놓이게
된 것입니다.

② 둘째 비유는 "그들이 홀로 떨어진 들나귀"(9)와 같다고 말
씀합니다.

㉠ "들나귀"란 주인이 없는 야생 당나귀를 가리킵니다. 집에 있는 나귀
는 주인이 돌보기 때문에 먹는 문제나 맹수로부터의 위험이란 없으
나 들나귀는 주인집에서 뛰쳐나와 "홀로 처한" 위험천만한 신세인
것입니다. 그들은 들나귀 처럼 앗수르로 뛰어갔다 애굽으로 뛰어가기
도 합니다.

ⓛ 그러는 중에 "쇠하기 시작하리라"(10하) 하십니다. 즉 이스라엘의 국
력은 점점 쇠약해질 것이라는 말씀입니다. 언약 안에 굳게 서 있던
다윗 왕 때에는 영육 간에 부강하였습니다. "만군의 하나님 여호와
께서 함께 계시니 다윗이 점점 강성하여 가니라"(삼하 5:10) 합니
다. 어느 때나 하나님의 언약 안에 머물러 있지 않은 자는 "깨진 그
릇" 취급을 당하게 되고, "홀로 떨어진 들나귀 처럼" 처량한 법입니
다.

> 나는 광야의 올빼미 같고
> 황폐한 곳의 부엉이 같이 되었사오며
> 내가 밤을 새우니
> 지붕 위의 외로운 참새 같으니이다(시 102:6-7).

③ "에브라임은 죄를 위하여 제단을 많이 만들더니 그 제단이 그에게 범죄하게 하는 것이 되었도다"(11) 합니다.

㉠ 우선적으로 생각하게 되는 것은 에브라임, 즉 북쪽 이스라엘 경내에는 "제단"(祭壇)이 많았다는 점입니다. 하나님께 예배를 드리기 위한 제단이라면 많을수록 좋을 수도 있을 것입니다.

㉡ 그런데 제단이 많으면 많을수록 죄를 더욱 가중(加重)시키는 "그 제단이 그에게 범죄하게 하는 것이 되었다"고 말씀하고 있는 것입니다.

④ 뿐만이 아니라 "그들이 내게 고기를 제물로 드리고 먹을지라도 여호와는 그것을 기뻐하지 아니한다"(13상)고 말씀하십니다.

㉠ 어찌하여 "제단이 그에게 범죄하게 하는 것이 되었고 하나님은 제물을 기뻐하지 아니한다"고 말씀하시는가? 그 대답은 분명합니다.

㉡ 1절에서 "이는 그들이 내 언약을 어겼다"고 말씀했는데, 그 제단들이 그리고 그 제물들이 하나님의 "언약"을 어긴, 즉 언약의 토대 위에 세워지지 않은 "제단", 언약에 근거하여 드려지지 않는 제물"이었기 때문입니다. 이점을 이사야 선지자는 "소를 잡아 드리는 것은 살인함과 다름이 없고 어린양으로 제사 드리는 것은 개의 목을 꺾음과 다름이 없이 하며 드리는 예물은 돼지의 피와 다름이 없이하고 분향하는 것은 우상을 찬송함과 다름이 없이 행하는 그들"(사 66:3)이라고 책망하는 것입니다.

⑤ 그렇다면 언약의 토대 위에 세워진 제단, 언약에 근거한 예배란 구체적으로 무엇을 의미하는 것인가? 그렇습니다.

㉠ 강단에서 "언약의 말씀"이 바르게 선포되는 여부에 있는 것입니다. 그러므로 "내 백성이 지식이 없으므로 망하는도다"(4:6)하셨으며, "여호와를 알자 힘써 여호와를 알자"(6:3)라고 말씀하시는 것입니다.

㉡ 오늘날도 그 교회가 참 교회냐 거짓 교회냐의 표지는 건물의 크기에 달려있는 것이 아닙니다. 모이는 수에 있는 것도 아닙니다. 재정의

넉넉함에 있는 것은 더욱 아닙니다. 오직 말씀이 바르게 선포되느냐 여부에 있는 것입니다.

⑥ 4절에서 하나님으로 하여금 "그들이 왕들을 세웠으나 내게서 난 것이 아니며 그들이 지도자들을 세웠으나 내가 모르는 바이며"라고 말씀하시게 한 그들은, "제단을 세웠으나 내게로 말미암은 것이 아니요, 제물을 드리나 나의 모르는 바"라고 말씀하게 했던 것입니다.

그렇다면 그 많은 제단들을 무슨 필요로 세웠는가? 7:14절이 대답을 제공해줍니다. "곡식과 새 포도주로 말미암아 모이며" 합니다. 하나님과 교제하며 죄를 해결함 받기 위한 제단들이 아니라 물질 축복, 만사형통을 기원하기 위한 제단들이요, 이를 위해서 모였다는 것입니다.

⑦ 마지막 절(14)에서는 이스라엘과 유다의 특징적인 죄를 지적하고 있는데,

　㉠ "이스라엘은 자기를 지으신 이를 잊어버리고 왕궁들을 세웠으며"(14상) 합니다. 북쪽 이스라엘의 특징적인 죄는 "전각"(殿閣)들을 세운, 즉 우상의 전당을 많이 세운 것입니다.

　㉡ 그러면 "유다는 견고한 성읍을 많이 쌓았으나"란 무슨 뜻인가? 유다의 특징적인 죄는 하나님보다는 요새(要塞)를 더 의지했음을 꾸짖는 말씀입니다.

　㉢ 호세아 선지자는 북쪽 이스라엘을 위하여 세움을 받은 선지자입니다. 그런데 이 점에서 유다를 언급하는 의도가 무엇일까요? 1:11절과 4:15절에서도 유다와 이스라엘을 함께 언급하고 있습니다. 그것은 유다가 없는 이스라엘은 존재의미가 없기 때문입니다. 왜냐하면 하나님께서 아브라함에게 세워주신 언약, 다윗에게 세워주신 언약이 유다를 통해서 계승되어 내려오고 있기 때문이요, 북이스라엘도 다윗 언

약 안으로 돌아오기를 기대하기 때문입니다. 이것이 "이스라엘아 너는 음행하여도 유다는 죄를 범하지 못하게 할 것이라"(4:15) 하신 차별성입니다.

⑧ 8장은 오늘 우리들의 신앙도 점검하게 합니다. 오늘의 교회들이 "내가 이 반석 위에 내 교회를 세우리니"하신 언약의 반석 위에 세워진 교회들인가? 강단에서는 "말씀을 혼잡하게 하지 아니하고"(고후2:17) 바르게 선포되고 있는가? 그리하여 주님이 기대하시는 교회 상을 구현해나가고 있는가? 우리에게는 진정 "사마리아의 송아지"는 없는가? 이것이 "대적이 여호와의 집에 덮치리라"는 경고입니다.

호세아 9장 분석도표
주제 : 떠나시려는 하나님

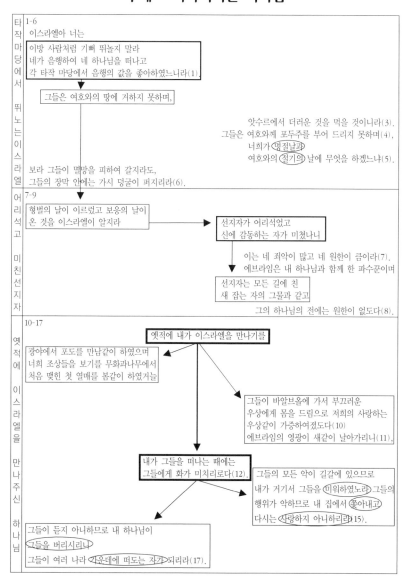

9장

떠나시려는 하나님

¹² 혹 저희가 자식을 기를지라도 내가 그 자식을 없이 하여
한 사람도 남기지 아니할 것이요 내가 저희를 떠나는 때에는
저희에게 화가 미치리로다.

　9장의 중심점은 도표에서 보시는 바대로 "옛적에 이스라엘을
만나"(10) 주신 하나님이 "내가 그들을 떠나는 때에는 그들에게
화가 미치리로다"(12)고 떠나시려는데 있습니다. 이를 11절에서
는 "에브라임의 영광이 새같이 날아가리니"라고 말씀합니다. 하
나님께서 그들을 "만나주신"(10) 때가 있으셨습니다. 그것은 옛적
출애굽 때입니다. 그러나 그들은 하나님으로 하여금 떠나시지 않
을 수 없게 만든 것입니다. 그 원인은 그들이 "음행하여 (그들이)
네 하나님을 먼저 떠났기"(1) 때문입니다. 하나님이 떠나신다는

것은 무엇을 의미하는가? 그들이 "여호와의 땅(가나안)에 거하지 못하게 되는"(첫째 단원) 추방을 의미합니다. 그 책임이 "어리석고 미친 선지자들"(둘째 단원)에게 있다고 말씀합니다. 하나님께서 떠나신다는 것은 "에브라임의 영광이 떠남"(셋째 단원)을 의미합니다. 이를 세 단원으로 나누어 상고하겠습니다.

첫째 단원(1-6) **타작마당에서 뛰노는 이스라엘**
둘째 단원(7-9) **어리석고 미친 선지자**
셋째 단원(10-17) **옛적에 이스라엘을 만나주신 하나님**

첫째 단원(1-6) **타작마당에서 뛰노는 이스라엘**

"이스라엘아 너는 이방 사람처럼 기뻐 뛰놀지 말라 네가 음행하여 네 하나님을 떠나고 각 타작마당에서 음행의 값을 좋아하였느니라"(1).

첫째 단원의 중심점은 "타작마당에서 기뻐 뛰놀고 있는" 이스라엘을 책망하시는 데 있습니다. 이를 "음행하는 것"에 비하고 있습니다. 왜 그럴까요?

① 하나님의 백성들이란 "항상 기뻐"하는 사람들이 아닌가? 그러나 그 기쁨은 "주 안에서"의 기쁨인 것입니다. 결코 "이방 사람처럼 기뻐 뛰노는" 그런 기쁨이 아닌 것입니다. 그렇다면 "너는 이방 사람처럼 기뻐 뛰놀지 말라" 하심은 무엇을 뜻하는가?

② "네가 음행하여 네 하나님을 떠나고 각 타작마당에서 음행

의 값을 좋아하였느니라"(1하) 합니다.

㉠ 그들이 "기뻐 뛰놀고" 있는 것은 성전에서가 아니라 "타작마당"에서 기뻐 뛰놀고 있는데 이는 단순한 의미가 아닙니다.

㉡ 그들은 추수를 하면서 이 "떡과 물과 양털과 삼과 기름과 술들"(2:5)은 자신들이 연애하는 자, 곧 바알이 준 선물들이라고 말하면서 기뻐 뛰놀고 있었던 것입니다. 이것이 "음행의 값을 좋아하였느니라"는 뜻입니다. "음행의 값"이라고 말씀함은 실제로 우상숭배의 대가(代價)라는 말이 아니라 그들이 그렇게 여기고 있음을 책망하시는 표현인 것입니다.

㉢ 그러므로 "네가 음음하여 네 하나님을 떠났다"고 말씀하시는 것입니다. 그들은 오직 "곡식과 새 포도주를 인하여 모였고"(7:14), 그들이 기뻐 뛰노는 까닭도 오직 물질 축복을 위해서 뿐이었던 것입니다.

③ "속량하여 내 백성을 삼으신" 하나님의 백성들이 타작마당에서 굿판을 벌리듯 기뻐 뛰노는 광경을 바라보셔야 하는 하나님의 심정이 어떠하시겠습니까?

㉠ 옛적에도 이런 광경을 목격하셔야 했던 때가 있었습니다. 그들의 조상들은 황금 송아지 우상 앞에서 "먹고 마시며 일어나서 뛰놀았던"(출 32:6) 것입니다. 이 말씀은 지금도 이런 광경이 벌어지고 있는 것은 아닌가 하고 우리를 점검하게 합니다.

㉡ 하나님의 백성들의 기쁨은 "타작 마당"에서의 기쁨이 아니라 성전에서의 예배의 기쁨, 속량의 기쁨인 것입니다.

주께서 내 마음에 두신 기쁨은
그들의 곡식과 새 포도주가 풍성할 때보다 더하니이다"(시 4:7).

비록 무화과나무가 무성하지 못하며

> 포도나무에 열매가 없으며
> 감람나무에 소출이 없으며
> 밭에 먹을 것이 없으며
> 우리에 양이 없으며 외양간에 소가 없을지라도
> 나는 여호와로 말미암아 즐거워하며
> 나의 구원의 하나님으로 말미암아 기뻐하리로다"(합 3:17-18)

고, 고백하는 사람들입니다.

④ "그들은 여호와의 땅에 거하지 못하며"(3상) 합니다.

㉠ 하나님께서 "그들을 떠나는 때"란 결국 "그들이 여호와의 땅에 거하지 못하는" 때를 뜻합니다.

㉡ 어찌하여 그들이 여호와의 땅에 거하지 못하게 되는가? 그들이 "여호와의 땅"을 더럽혔기 때문입니다. 성경은 말씀합니다. "그 땅이 너희 있기 전 주민을 토함같이 너희를 토할까 하노라"(레 18:28). 그런데 이 경고대로 토함을 당하여 "앗수르"로 추방을 당하고(3하) 말았던 것입니다.

⑤ "너희는 명절날과 여호와의 절기의 날에 무엇을 하겠느냐"(5)고 물으십니다.

㉠ 이 말씀은 1절과 대조적인 관점에서 보아야만 합니다. 하나님의 백성들은 타작마당에서 이방 사람들처럼 기뻐 뛰노는 사람들이 아니라, "명절날과 여호와의 절기" 즉 유월절 · 오순절 · 초막절 같은 여호와의 절기에 그 은혜가 너무나도 감사해서 기뻐 뛰놀아야 하는 사람들이라는 의미입니다. 그러므로 신약성경에서는 "명절 끝 날 곧 큰 날"(요 7:37)이라고 말씀하시는 것입니다.

㉡ 그러나 여호와의 땅에 거하지 못하고 떠나게 된 자들의 불행한 상태(4-6)는, 명절과 여호와의 절기가 돌아와도 "무엇을 하겠느냐", 즉

슬프고도 외롭기만 하게 될 것이라는 말씀입니다. 죽을병에 걸린 사람의 소원은 꼭 한 번만이라도 교회에 나가서 성도들과 함께 예배드리는 것이라고 합니다.

성경은 말씀합니다. "나의 왕, 나의 하나님, 만군의 여호와여 주의 제단에서 참새도 제 집을 얻고 제비도 새끼 둘 보금자리를 얻었나이다 주의 집에 사는 자들은 복이 있나니 그들이 항상 주를 찬송하리이다 셀라"(시 84:3-4). 그러나 그들은 "여호와의 땅에 거주하지 못하게" 된 불행을 자초하고 만 것입니다.

둘째 단원(7–9) *어리석고 미친 선지자*

"형벌의 날이 이르렀고 보응의 날이 온 것을 이스라엘이 알지라 선지자가 어리석었고 신에 감동하는 자가 미쳤나니"(7상).

둘째 단원의 중심점은 "형벌의 날이 이르게" 된 책임이 누구에게 있는가를 말씀함에 있습니다.

① "형벌의 날, 보응의 날"이 임했다고 말씀합니다. 이는 심판의 날이 이르렀음을 의미합니다. 그래서 8:1절에서는 "나팔을 네 입에 댈지니라"고 원수가 독수리처럼 여호와의 집에 덮치게 될 것을 경고하는 나팔을 불라고 명하셨던 것입니다.

② "선지자가 어리석었고 신에 감동하는 자가 미쳤나니" 하십니다. 참으로 감당하기 어려운 끔찍한 표현입니다. 그래서 이를 백성들이 선지자들을 향해서 "어리석은 선지자, 미친 선지자"라고 조롱한 말이라고 해석하려는 견해가 있습니다만 문맥적으로

보면 그렇게 여겨지지 않습니다.

㉠ 성경은 선민 이스라엘이 멸망 당하게 된 책임이 선지자, 즉 지도자
들에게 있음을 일관되게 말씀하고 있습니다. 이 언급을 4:6절과 결
부시켜보면 "지식을 버렸으니 어리석은 자"요, "하나님의 율법을 잊
었으니 미친 자"라 하시는 것이 아니겠는가?

㉡ 이점을 예레미야에서는 "이는 그들이 작은 자로부터 큰 자까지 다
탐욕을 부리며 선지자로부터 제사장까지 다 거짓을 행함이라"고 말
씀합니다. 어떻게 거짓을 행했는가? "그들이 내 백성의 상처를 가볍
게 여기면서 말하기를 평강하다, 평강하다"(렘 6:13-14)고 듣기에
좋은 말로 속였다는 것입니다.

③ "에브라임은 나의 하나님과 함께 한 파수꾼이며"(8상) 하십
니다. 파수꾼이란 위험을 경고하기 위해서 세운 자입니다.

㉠ 그런 임무를 맡은 에브라임의 선지자들이 도리어 "새 잡는 자의 그
물 같다"(8중)고 말씀합니다. 그물이란 새를 사냥하는 도구인데 에스
겔서에서는 "너희가 새를 사냥하듯, 내 백성의 영혼을 사냥"(겔 13:
20,18))한다고 말씀하고 있습니다. 종교지도자들이 "영혼을 사냥"하
는 자들로 전락했다니 참으로 비극적이고도 두려운 말씀입니다.

㉡ 그런데 이 가공할만한 일이 구약시대 내내 있어 왔으며, 주님 당시
에도 "배나 지옥 자식을 만드는" 끔찍한 일이 재연되었고, 초대교회
시대에도 "누가 너희를 종으로 삼거나 잡아먹거나 빼앗거나 스스로
높이거나 뺨을 칠지라도 너희가 용납하는도다"(고후 11:20)라는 묘
사에서 보는 바대로 반복되고 있다는 데 경각심을 갖게 합니다.

④ "이는 네 죄악이 많고 네 원한이 큼이라" 하십니다. 8절에
서도 "하나님의 전에는 원한이 있도다" 하시는데,

㉠ 누가 그토록 "원한을 품었다'는 말씀인가? 선지자들입니다. 이는 하
나님을 사모하는 마음의 정반대 상태를 나타내는 의미로 선지자들이

하나님께 큰 원한이 있는 자같이 행동했다는 것입니다.

ⓛ 이점을 예레미야에서는 "내 소유가 숲속의 사자 같이 되어서 나를 향하여 그 소리를 내므로, 내가 내 집을 버리며 내 소유를 내던져 내 마음으로 사랑하는 것을 그 원수의 손에 넘겼다"(렘 12:7-8)고 말씀합니다. 하나님께서 기르신 백성들이 목자를 따르는 양이 아니라 주인을 물어뜯으려고 부르짖으며 덤벼드는 "사자"같이 되었다면 이 것이 "그 하나님의 전에는 원한이 있도다"(8하) 하신 뜻입니다.

⑤ "그들은 기브아의 시대와 같이 심히 부패한지라"(9상) 하십니다. "부패"란 타락했다는 뜻인데, 도대체 "기브아"에서는 무슨 일이 있었기에 이를 상기시키고 있단 말인가?

㉠ 이 말씀은 우리를 사사 시대로 인도해줍니다. 사사 시대에 한 레위 (제사장 족속) 사람이 첩을 데리고 에브라임으로 가다가 "기브아"에 서 하룻밤 유숙하게 되었는데, 그때 사건이 벌어졌던 것입니다. 기브 아 사람들이 레위인의 첩을 얼마나 성폭행을 했으면 그만 죽고 만 것입니다. 이 사건으로 인하여 동족상잔(同族相殘)이 벌어져 베냐민 지파가 멸절당할 지경에 이르게 된 진원지가 기브아였던 것입니다.

㉡ 여기서 짚고 넘어가야 할 것은 사사 시대는 악순환의 시대였는데 그 렇게 된 원인이 어디에 있는가? 사사기를 보십시오. 그들을 지도해 야 할 제사장들과 레위인들의 역할이 전무(全無)함을 발견하게 될 것 입니다. 그들은 한곳에 모여 산 것이 아니라 각 지파에서 나누어준 마흔여덟 성읍에 살고 있었습니다. 말하자면 전국 방방곡곡에 분포되 어 있었던 것입니다. 하나님께서 이렇게 명하셨기 때문입니다. 왜 그 렇게 하셨는가? 각 지파 가까이에서 지도하는 역할을 감당하게 하기 위해서였습니다. 그러나 사사기에 등장하는 제사장, 레위인은 역기능 (逆機能)을 행사하는 자로 나타나고 있을 뿐입니다. 하나님께서 "그 들은 기브아의 시대와 같이 심히 부패한지라"고 말씀하심은 지도자 들이 기브아 시대같이 타락했음을 상기시키기 위해서인 것입니다. 어

느 시대나 하나님으로 하여금 그들을 "떠나시게" 하는 책임은 지도
자들에게 있었음을 명심하십시다. 이 말씀은 지도자들로 하여금 이
시대가 "기브아의 시대"같지는 아니한가? 이 시대의 선지자, 신에
감동된 자(말씀을 맡은 자)는, "어리석고 미친" 것은 아닌가? 심각하
게 고민하게 합니다.

셋째 단원(10-17) 옛적에 이스라엘을 만나주신 하나님

"옛적에 내가 이스라엘을 만나기를 광야에서 포도를 만남 같이 하였
으며 너희 조상들을 보기를 무화과나무에서 처음 맺힌 첫 열매를 봄
같이 하였거늘 그들이 바알브올에 가서 부끄러운 우상에게 몸을 드
림으로 저희가 사랑하는 우상 같이 가증하여졌도다"(10).

셋째 단원의 중심점은 "옛적에 이스라엘을 만나주신 하나님"이
떠나실 수밖에 없게 된 비극적인 사실을 말씀함에 있습니다.

① "옛적에 내가 이스라엘을 만나기를"(10상) 하시는데, 이는
옛적 즉 그들을 애굽에서 인도하여 내시던 출애굽 당시를 회상하
는 말씀입니다.

㉠ 9절에서 "그들은 기브아의 시대와 같이 심히 부패한지라"고 타락했
던 기브아 시대를 상기시킨 하나님은, "옛적에 내가 이스라엘을 만
나기를"하고 첫사랑의 시절을 회상하게 하시는 것입니다.

㉡ "광야에서 포도를 만남같이 하였으며 너희 조상들을 보기를 무화과
나무에서 처음 맺힌 첫 열매를 봄같이 하였거늘" 하십니다. 불모지
인 광야에서 포도를 만났다면 그것은 얼마나 반가운 만남이고 환성
지를 만한 기쁨이란 말인가!

㉢ 이점을 예레미야에서는 "네 청년 때의 인애와 네 신혼 때의 사랑을

기억하노니 곧 씨 뿌리지 못하는 땅, 그 광야에서 어떻게 나를 따랐음이니라"(렘 2:2)고 신혼시절로 비유해서 말씀하십니다.

② 그러했던 "그들이 바알브올에 가서 부끄러운 우상에게 몸을 드림으로 저희가 사랑하는 우상같이 가증하여졌도다"(10하) 하십니다.

㉠ 바알브올은 출애굽 당시 이스라엘 백성들이 모압 여자들과 음행을 하고 그들의 신에게 절하다가 이만삼천 명이나 죽임을 당한(민 25:9) 곳입니다. 이 점에서 바알브올에게 "가담하였다"(민 25:3,5)고 말씀한다는 점을 주목해야 합니다. 왜냐하면 모든 사람은 어디엔가 부속(가담)되어 있기 때문입니다. 하나님께 가담되어 있어야 할 자들이 모압 여자들과 음행함으로 그들과 한 몸이 되어버렸고 우상에게 절함으로 바알브올에게 부속하게 된 것입니다.

㉡ 호세아 당시도 그러했던 것입니다. 이것이 "저희가 사랑하는 우상같이 가증하여졌도다"(10하)는 말씀입니다. 이점을 신약성경에서는 "너희 몸이 그리스도의 지체(부속)인 줄을 알지 못하느냐 내가 그리스도의 지체를 가지고 창녀의 지체를 만들겠느냐 결코 그럴 수 없느니라 창녀와 합하는 자는 그와 한 몸인 줄을 알지 못하느냐 일렀으되 둘이 한 육체가 된다 하셨나니 주와 합하는 자는 한 영이니라"(고전 6:15-17)고 말씀합니다.

③ 그리하여 "에브라임의 영광이 새같이 날아가리니"(11상) 하십니다. "영광이 떠난다"는 말씀보다 더 비극적인 일이란 없습니다. 이스라엘의 특권이 무엇입니까? 국토가 큰 것입니까? 큰 민족입니까? 부강한 나라입니까? 아닙니다. 오직 성전에 충만한 하나님의 영광이 그들과 함께 계셨기 때문입니다.

㉠ 예레미야 선지자는 예루살렘이 멸망 당한 후에 지은 애가(哀歌)를 통해 "처녀 시온의 모든 영광이 떠나감이여"(애 1:6)하고 물리적인 멸

망보다도 영광이 떠나게 됨을 슬퍼하고 있습니다.

ⓒ 사사가 다스리던 말기, 타락과 부패가 절정에 달하여 하나님의 언약 궤를 블레셋 군대에게 빼앗기게 되자 엘리 제사장의 자부는 죽어가면서 "이가봇", 곧 영광이 이스라엘에서 떠났다고 말했던 것입니다. 어떠한 시련과 고난 중에서도 하나님의 영광만 함께 하신다면 위로가 되고 능히 이길 수 있습니다만 "이가봇"이면 무엇으로 그 자리를 대신할 수 있단 말인가?

④ 그런데 "내가 그들을 떠나는 때에는"(12하) 하십니다. "에브라임의 영광이 새같이 날아간다"는 것은 곧 하나님이 그들을 "떠나심"을 의미합니다. 5:6절에서는 "그들이 양 떼와 소 떼를 끌고 여호와를 찾으러 갈지라도 만나지 못할 것은 이미 그들에게서 떠나셨음이라"고 말씀했습니다. 에스겔서에 보면 성전이 불타기 전에 하나님의 영광이 떠나시는 장면이 감동적으로 묘사되어 있습니다.

ⓖ 지성소 그룹 가운데 임하여 있던 하나님의 영광이

ⓒ "그룹에서 올라와 성전 문지방에 이르고"(10:4)

ⓒ "동문"(東門)에 머물고(10:19)

ⓔ "여호와의 영광이 성읍 가운데에서부터 올라가 성읍 동쪽 산에 머무르고"(11:23)

ⓜ 아주 떠나 "갈대아(바벨론)에 있는 사로잡힌 자 중에 이르시더니"(11:24) 합니다. 마치 떨어지지 않는 발걸음을 떼어놓으시는 그런 모습으로 묘사되어 있습니다.

⑤ "내가 그들을 떠나는 때에는" 어떠한 결과를 가져오게 되는가?

ⓖ 한마디로 "그들에게 화(禍)가 미치리로다"(12하) 하십니다. 그들이 이방 포로가 되어 끌려가게 된다는 것은 하나님이 그들을 떠나셨다

는 증거인 것입니다.

ⓒ 결국 "그들이 듣지 아니하므로 내 하나님이 그들을 버리시리니 그들이 여러 나라 가운데에 떠도는 자가 되리라"(17)는 결과를 가져오고야 만 것입니다. 이렇게 된 책임이 "선지자가 어리석었고 신에 감동하는 자가 미쳤기" 때문이라고 말씀하심을 명심해야 합니다.

하나님 한 분을 잃게 된다는 것은 모든 것을 잃는 것을 의미합니다. "그 때에 너희는 그리스도 밖에 있었고 이스라엘 나라 밖의 사람이라 약속의 언약들에 대하여는 외인이요 세상에서 소망이 없고 하나님도 없는 자이더니"(엡 2:12), 이것이 불신자들의 비참함입니다.

형제여, 반대로 하나님 한 분을 소유했다는 것은 전부를 소유한 것임을 잊지 마십시다. 이것이 "떠나시려는 하나님"입니다.

호세아 10장 분석도표
주제 : 공의를 비처럼 너희에게 내리시리라

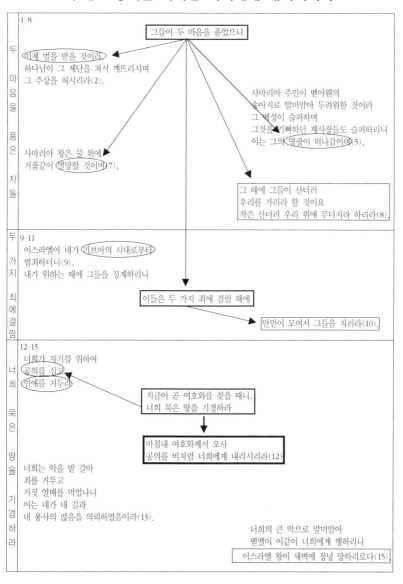

두 마 음 을 품 은 자 들

1-8

그들이 두 마음을 품었으니

이제 벌을 받을 것이라
하나님이 그 제단을 쳐서 깨뜨리시며
그 주상을 허시리라(2).

사마리아 주민이 벧아웬의
송아지로 말미암아 두려워할 것이라
그 백성이 슬퍼하며
그것을 기뻐하던 제사장들도 슬퍼하리니
이는 그의 영광이 떠나감이며(5),

사마리아 왕은 물 위에
거품같이 멸망할 것이며(7),

그 때에 그들이 산더러
우리를 가리라 할 것이요
작은 산더러 우리 위에 무너지라 하리라(8).

두 가 지 죄 에 걸 림

9-11

이스라엘아 네가 기브아의 시대로부터
범죄하더니(9),
내가 원하는 때에 그들을 징계하리니

이들은 두 가지 죄에 걸릴 때에

만민이 모여서 그들을 치리라(10),

너 희 묵 은 땅 을 기 경 하 라

12-15

너희가 자기를 위하여
공의를 심고
인애를 거두라

지금이 곧 여호와를 찾을 때니,
너희 묵은 땅을 기경하라

마침내 여호와께서 오사
공의를 비처럼 너희에게 내리시리라(12)

너희는 악을 밭 갈아
죄를 거두고
거짓 열매를 먹었나니
이는 네가 네 길과
네 용사의 많음을 의뢰하였음이라(13).

너희의 큰 악으로 말미암아
벧엘이 이같이 너희에게 행하리니
이스라엘 왕이 새벽에 정녕 망하리로다(15).

10장

공의를 비처럼 너희에게
내리시리라

¹² 너희가 자기를 위하여 공의를 심고 인애를 거두라 너희 묵
은 땅을 기경하라 지금이 곧 여호와를 찾을 때니 마침내 여
호와께서 오사 공의를 비처럼 너희에게 내리시리라

10장의 중심점은 "마침내 여호와께서 오사 공의를 비처럼 너희
에게 내리시리라"는데 있습니다. 이 말씀을 9장의 "내가 그들을
떠나는 때"라는 말씀과 대조해보십시오. 이보다 더 큰 기쁜 소식
이란 없습니다. 이 점에서 호세아서의 구도(構圖)를 다시 한번 상
기할 필요가 있습니다. 1-3장을 통해서 "절망과 소망" 즉

　㉠ 로루하마가 루하마가 되고
　㉡ 로암미가 암미가 되고

ⓒ "내 아내가 아니라"가 "네게 장가들어 영원히 살리라"가 되는 것을
  보았습니다.

이를 윤리적인 차원 그러니까 지금은 너희 행위(行爲)가 "로암
미"이지만 언젠가는 너희 행위가 "암미"가 되리라는 식으로 보아
서는 안 됩니다. 이처럼 "절망과 소망"을 교차적으로 보여주고
있는 것은 인간의 행위중심으로 보면 절망일 수밖에 없으나, 하
나님께서 주권적으로 성취해 나가시는 은총, 즉 그리스도에게 소
망이 있음을 말씀하시려는 것입니다. 절망은 "죄악"으로 말미암
은 것이지만, 소망은 "은혜"로 말미암은 복음인 것입니다. 4장 이
하는 이에 대한 상론(詳論)인데 먼저 4-10장을 통해 어찌하여 그
들이 절망일 수밖에 없는가를 말씀하신 후에, 11-14장을 통해 하
나님께서 이루어주실 소망을 말씀하는 것이 호세아서의 구도(構
圖)라는 점을 유념하시기 바랍니다.

  그런데 10장에서는 "절망과 소망"을 동시에 말씀하는 것을 보
게 되는데, "그들이 두 마음을 품었으니 이제 벌을 받을 것이
라"(2) 하십니다. "그들이 두 가지 죄에 걸릴 때에 만민이 모여서
그들을 치리라"(10)고 "두 마음, 두 가지 죄"를 언급하십니다. 이
는 절망인데 "너희 묵은 땅을 기경하라"(셋째 단원)하시면서, "마
침내 여호와께서 임하사 공의를 비처럼 너희에게 내리시리라"
(12)고 소망을 말씀하십니다. 여호와께서 떠나시는 것이 아니라,
이처럼 "여호와께서 임하신다"는데 10장의 핵심이 있는 것입니
다. 이를 세 단원으로 나누어 상고하겠습니다.

첫째 단원(1-8) **두 마음을 품은 자들**

둘째 단원(9-11) **두 가지 죄에 걸림**
셋째 단원(12-15) **너희 묵은 땅을 기경하라**

첫째 단원(1-8) **두 마음을 품은 자들**

"그들이 두 마음을 품었으니 이제 벌을 받을 것이라 하나님이 그 제
단을 쳐서 깨뜨리시며 그 주상을 허시리라"(2).

① "이스라엘은 열매 맺는 무성한 포도나무라"(1상) 하십니다.
그러면 좋은 것 아닙니까? 문제는 "그 열매가 많을수록 제단을
많게 하며 그 땅이 번영할수록 주상을 아름답게 하도다"(1하)는
데 있는 것입니다. "열매가 많다"는 것은 하나님의 선물인 것입
니다. 그런데 이를 "사랑하는 자"(2:5), 즉 바알이 준 것으로 여기
고 열매가 많을수록 우상의 "제단을 많게 하며 주상을 아름답게"
꾸몄다는 것입니다. 이는 9:1절의 그들이 타작마당에서 "기뻐 뛰
놀았다"는 말씀과 같은 뜻입니다.

② 그러므로 "그들이 두 마음을 품었다"(2상)고 말씀하시는 것
입니다. "마음"은 믿음의 좌소(座所)인 동시에 죄의 좌소이기도
합니다.

㉠ 그런데 "두 마음을 품었다"면, 두 남편을 섬기는 것과 같아서 이를
  가리켜 "간음하는 여인"이라고 말씀하는 것입니다. 그들은 하나님과
  바알을 겸하여 섬겼던 것입니다.

㉡ 그러므로 아합왕 때 북이스라엘을 위하여 세움을 받은 엘리야 선지
  자는 "너희가 어느 때까지 두 사이에서 머뭇머뭇 하려느냐 여호와가
  만일 하나님이면 그를 따르고 바알이 만일 하나님이면 그를 따를지

니라"(왕상 18:21)고 결단을 촉구했던 것입니다. 이것이 "그 열매가 많을수록 제단을 많게 하며 그 땅이 번영할수록 주상을 아름답게 하도다"(2하)의 뜻입니다.

③ 이 점에서 생각하게 되는 것은 "두 마음을 품었다"는 말씀을 대할 때에 우리와는 무관한 양 여기기가 쉽습니다. 물론 우리 중에 하나님과 바알을 겸하여 섬기고 있는 자는 한 사람도 없을 것입니다.

㉠ 그런데 주님은 "하나님과 재물을 겸하여 섬기는" 것을, 바로 "두 주인을 섬기는 것"(마 6:24)이라고 지적하십니다.

㉡ 야고보서에서는 "두 마음을 품은 자들아 마음을 성결하게 하라"고 책망하면서, "간음하는 여인들아 세상과 벗된 것이 하나님과 원수됨을 알지 못하느냐"(약 4:4,8)고 경계합니다. 자, "하나님과 재물을 겸하여 섬기는 것, 하나님과 세상을 겸하여 사랑하는 것"이 "두 마음을 품은 것"이라면, 우리 중에 그렇지 않다고 할 자가 얼마나 되겠는가?

④ 5절에는 "벧아웬의 송아지"가 등장하는데 이는 벧엘에 세운 송아지 우상을 가리키는 말씀입니다.

㉠ 다시 상기시킵니다만 지도자들이 송아지 형상의 우상을 고안해냈다는 것은 출애굽 당시 백성들이 황금 송아지 우상을 좋아했던 일에 착안했기 때문일 것이라는 점입니다.

㉡ 이는 두려운 연상(聯想)이 아닐 수 없습니다. 왜냐하면 오늘의 지도자들도 이런 인간 심성을 이용하여 "축복을 받으라" 하면 사람들이 좋아하면서 모여들기 때문에 이를 강조하고 있는 것은 아닌가 하는 두려운 마음에서입니다. 그렇습니다. 우리들의 마음 좌소에도 "벧아웬의 송아지"는 자리를 잡고 있을 것입니다. 세상을 사랑하고 돈을 사랑한다면 그것은 현대판 황금 송아지 우상임이 분명한 것입니다.

⑤ 그런데,

㉠ "사마리아 거민이 벧아웬의 송아지로 말미암아 슬퍼하며, 그것(송아지)을 기뻐하던 제사장들도 슬퍼하리니"(5상) 하십니다. 왜 이처럼 슬퍼하는 것일까요?

㉡ "이는 그 영광이 떠나감이며"(5하) 하십니다. 무슨 뜻이냐 하면 "그 송아지는 앗수르로 옮겨다가 예물로 야렙 왕에게 드리게"(6) 되기 때문이라는 것입니다. 그들이 송아지 우상을 얼마나 사랑했는가를 짐작하게 하는 대목이며, 한심하기 비할 데 없는 말씀이기도 합니다. 이사야서에 이에 관한 고소(苦笑)를 금치 못할 말씀이 있는데, "그들의 우상들은 짐승과 가축에게 실렸으니 너희가 떠메고 다니던 그것들이 피곤한 짐승의 무거운 짐이 되었도다"(사 46:1)는 말씀이 그것입니다. 그들이 받들어 모시던 우상이 수레에 실리어 끌려가는 "짐승의 무거운 짐"으로 전락했다는 풍자인 것입니다.

㉢ 그 결말은 "사마리아 왕은 물 위에 있는 거품같이 멸망할 것이며"(7) 하십니다.

⑥ 이러한 심판은 이스라엘에 국한된 것은 아닙니다. 왜냐하면 8절에서 말씀하는 "그 때에 그들이 산더러 우리를 가리라 할 것이요 작은 산더러 우리 위에 무너지라 하리라"(8) 한 심판의 두려움을 신약성경이 두 번이나 인용해서 경고하고 있기 때문입니다.

㉠ 주님은 십자가를 지고 가시면서 "예루살렘의 딸들아 나를 위하여 울지 말고 너희와 너희 자녀를 위하여 울라, 그 때에 사람이 산들을 대하여 우리 위에 무너지라 하며 작은 산들을 대하여 우리를 덮으라 하리라"(눅 23:28-30)고 경고하셨던 것입니다. 그런데 어찌 되었습니까? 그리스도를 배척한 도성 예루살렘이 심판을 받아 멸망하고,

주민 백만 명이 죽임을 당하는 문자적으로 응하고야 말았던 것입니다.

ⓒ 그런데 이 말씀이 계시록에 다시 한번 등장하고 있다는 점입니다. 최후 심판의 날에 "땅의 임금들과 왕족들과 장군들과 부자들과 강한 자들과 모든 종과 자유인이 굴과 산들의 바위틈에 숨어 산들과 바위에게 말하되 우리 위에 떨어져 보좌에 앉으신 이의 얼굴에서와 그 어린 양의 진노에서 우리를 가리라"(계 6:15-16). 이처럼 8절 말씀은 "호세아 당시와 주님 당시와 최후심판"이라는 3중적인 심판으로 적용되는 것입니다.

⑦ 그렇다면 누가 먼저 경성해야 하는가? 성경은 일관되게 백성의 지도자들인 왕, 제사장, 선지자들이 각성할 것을 촉구하고 있습니다. 본문에도 도울 힘이 없는 "왕(3,7)과 부패한 제사장"(5)이 등장합니다. 이는 백성들이 패망하게 된 원인과 책임이 지도자들에게 있다는 점을 일깨우는 말씀입니다.

둘째 단원(9-11) 두 가지 죄에 걸림

"내가 원하는 때에 그들을 징계하리니 그들이 두 가지 죄에 걸릴 때에 만민이 모여서 그들을 치리라"(10).

① 둘째 단원의 중심점은 "그들이 두 가지 죄에 걸릴 때에"(10 상) 하신 "두 가지 죄"에 있습니다. 그렇다면 두 가지 죄가 무엇일까요?

㉠ 예레미야 2:13절에서는 "내 백성이 두 가지 악을 행하였나니" 하시면서, 첫째는 "생수의 근원 되는 나를 버린 것과", 둘째는 "스스로

웅덩이를 판 것인데 그것은 그 물을 가두지 못할 터진 웅덩이들이니라"하십니다. "터진 웅덩이"란 도울 힘이 없는 이방(애굽·앗수르)을 의지한 것을 뜻합니다.

ⓒ 이로 보건대 두 가지 죄란 "하나님을 버린 것과 이방을 의뢰한 것"으로 볼 수 있습니다. 이것이 어째서 "두 가지 죄"라 꼽을 만큼 중죄(重罪)란 말인가? "하나님을 버렸다"는 것은 곧 우상을 숭배했다는 것을 가리키고, 불신(不信) 이방을 의지했다는 것은 곧 인본주의 사상을 의미하기 때문입니다. 죄들에는 천 가지, 만 가지가 있을 수 있습니다만 크게 나누면 "두 가지"입니다. 이를 가리켜 성경은 "경건하지 아니함과 불의"(롬 1:18)라고 말씀합니다. 경건하지 아니함은 하나님과의 관계에서의 죄요, 불의는 이웃과의 관계에서의 죄입니다. 이 두 가지 죄로 말미암아 "하나님의 진노가 하늘로 쫓아 나타난다"고 말씀합니다.

② 9절에서는 "이스라엘아 네가 기브아 시대로부터 범죄하더니"하십니다. 9:9절에서 이미 "그들은 기브아의 시대와 같이 심히 부패한지라 여호와께서 그 악을 기억하시고 그 죄를 벌하시리라"고 "기브아의 시대"를 언급하신 바가 있습니다. 이 말씀이 "두 가지 죄"와 관련이 있는 것은 아닌가? 그렇다면 "기브아의 시대"란 어느 때를 가리키는 것이며, 또한 그 때로부터 범했다는 죄는 무엇일까? 두 가지를 생각할 수 있겠습니다.

ⓐ 사사기는 "기브아 시대"의 사건을 기술함으로 끝맺고 있는데, 열한 지파가 합세하여 베냐민 한 지파를 진멸시킨 동족상잔(同族相殘)의 사건이 기브아에서 발생했던 것입니다. 그 싸움이 얼마나 처절했던지 민수기에서 싸움에 나갈만한 "계수함을 입은 자가 사만오천육백 명이었더라"(민 26:41) 한 베냐민 지파가, 기브아 사건 때 도망하여 생존한 자가 단지 "육백 명"(삿 20:47)이었다는 것으로 짐작할 수

있습니다. 그리하여 "한 지파가 없어지게, 한 지파가 끊어졌도다"(삿 21:3,6)하고 대성통곡했던 것입니다. 그런데 지금 남북 왕국으로 분열하여 적대관계에 있는 이를 "기브아 시대로부터의 범죄"라고 말씀하시는 것으로 볼 수 있습니다.

ⓒ 또 한 사건은 사무엘 당시 "모든 나라와 같이 우리에게 왕"을 달라고 구한(삼상 8:5) 일입니다. 이렇게 해서 세움 받은 왕이 사울이었는데, 그는 베냐민 지파 사람이요 "기브아"(삼상 15:34) 사람이었습니다. 그 때 하나님께서는 "그들이 너(사무엘)를 버림이 아니요 나를 버려 자기들의 왕이 되지 못하게 함이니라"(삼상 8:7)고 말씀하셨는데, "기브아 시대로부터의 범죄"란 하나님의 왕 되심을 거부한 반역이 아닌가 생각하게 합니다. "내가 분노하므로 네게 왕을 주고 진노하므로 폐하였노라" 하신 13:11절이 이를 뒷받침해줍니다.

③ "에브라임은 마치 길들인 암소 같아서"(11상) 합니다. 이는 지금까지는 길들인 소처럼 하나님께서 돌보셨으나 "내가 그의 아름다운 목에 멍에를 메우고 에브라임 위에 사람을 태우리니"(11하) 하시는데 무슨 뜻인가? 이는 그들이 앗수르에 포로가 되어 고달픈 종의 삶을 살게 될 것을 가리킵니다. 이 둘째 단원을 한 마디로 요약한다면 "이스라엘아 네가 패망하였나니 이는 너를 도와주는 나를 대적함이니라"(13:9)가 될 것입니다. "두 마음을 품은 자, 두 가지 죄에 걸릴 때"의 결국은 멸망뿐입니다.

셋째 단원(12-15) 너희 묵은 땅을 기경하라

"너희가 자기를 위하여 공의를 심고 인애를 거두라 너희 묵은 땅을 기경하라 지금이 곧 여호와를 찾을 때니 마침내 여호와께서 오사 공의를 비처럼 너희에게 내리시리라"(12).

10장에서 12절은 요절이라 할 수 있습니다. 요절 중에서도 핵심은 "여호와께서 오사 공의를 비처럼 너희에게 내리시리라"에 있습니다. 이 말씀은 호세아서 전체의 중심적인 주제라 할 만큼 중요한 의미가 있는데 그토록 중요한 말씀임에도 해석상 이견(異見)도 뚜렷합니다. 그것은 하나님 중심으로 보느냐, 인간 중심으로 보느냐의 차이에서 오는 것입니다.

① "너희 묵은 땅을 기경하라" 하십니다.

㉠ 이는 인간이 행해야 할 회개하라는 말씀입니다. 그러나 밭만 간다고 생명의 싹이 저절로 돋아나는 것은 아닙니다.

㉡ 그러므로 "마침내 여호와께서 오사 공의를 비처럼 너희에게 내리시리라" 하시는 것입니다. 이는 하나님께서 행해주실 은혜인 것입니다.

② 호세아서는 "누가 지혜가 있어 이런 일을 깨달으며 누가 총명이 있어 이런 일을 알겠느냐"(14:9)고 마치고 있는데, 그러므로 12절 말씀을 바르게 접근하기 위해서는 호세아서의 전체적인 맥락, 다시 말하면 호세아서를 통해서 말씀하시고자 하는 하나님의 의도를 깨닫는 것이 선결(先決)입니다. 그 의도가 무엇일까요? 1-3장에서 "절망과 소망"을 교차적으로 말씀하신다는 점을 상기할 필요가 있습니다. 인간이 하는 일을 보면 절망이요, 하나님께서 행해주시는 일에 소망이 있기 때문입니다.

③ 12절은 이런 맥락에서 접근해야 합니다.

㉠ 인간이 행해야 할 일이 무엇입니까? "묵은 땅을 기경"(起耕)하는 일입니다. 오래 동안 묵어서 굳을 대로 굳은 땅을 갈라고 말씀하십니다. "묵은 땅"은 인간의 심령을 가리키는 말씀인데, 그러므로 이는 북이스라엘뿐만이 아니라 남 유다를 향해서도 "여호와께서 유다와

예루살렘 사람에게 이와 같이 이르노라 너희 묵은 땅을 갈고 가시덤
불에 파종하지 말라"(렘 4:3) 하십니다.

ⓒ 여기 핵심적인 말씀이 나오는데 "파종"(播種), 즉 "씨를 부림"입니다.
하나님은 이렇게 말씀하고 있는 셈입니다. "내가 의의 씨를 부려주
겠다 묵은 땅을 갈고 가시덤불 속에 떨어지지 않게 하라".

ⓒ 실제로 예레미야 선지자를 통해서는 "여호와의 말씀이니라 보라 내
가 사람의 씨와 짐승의 씨를 이스라엘 집과 유다 집에 뿌릴 날이 이
르리니 깨어서 그들을 뿌리 뽑으며 무너뜨리며 전복하며 멸망시키며
괴롭게 하던 것같이 내가 깨어서 그들을 세우며 심으리라 여호와의
말씀이니라"(렘 31:27-28) 하십니다. 이를 바벨론 포로로부터 회복
시켜 주실 것으로만 본다면 이 말씀이 놓여있는 31장의 문맥을 보
지 못하는 근시안(近視眼)이라고 말할 수밖에 없습니다. 31장은 "여
호와의 말씀이니라 보라 날이 이르리니 내가 이스라엘 집과 유다 집
에 새 언약을 맺으리라"(렘 31:31)는 문맥에서 하신 말씀이기 때문
입니다.

④ 하나님께서는 "너희가 자기를 위하여 공의를 심고 인애를
거두라 "(12상) 하십니다. 개역 본에서는 "의를 심고 긍휼을 거두
라"로 되어있습니다. 대부분의 해석들은 이를 "의로운 삶을 살
라"는 뜻으로 보고 있습니다. 주목할 점은 "공의와 인애"가 짝을
이루고 있다는 점입니다. 어느 말씀이 생각나는가? "공의와 정의
와 은총과 긍휼히 여김으로 네게 장가들며" 하신 2:19절입니다.

㉠ 이런 맥락에서 "공의를 심고"를 "의로운 삶"을 살라는 것으로 해석
한다면 그는 1장으로 되돌아가야만 합니다. 왜냐하면 그토록 보여주
신 자력구원의 불가능성을 아직 모르고 있기 때문입니다. 그리하여
인간의 행위로 구원을 얻을 수 있는 양 말하고 있기 때문입니다. 북
왕국도, 남 왕국도 공히 멸망으로 끝났습니다. 이는 인간의 행위로는

구원의 가망이 없다는 구약 역사의 총결론인 것입니다. 호세아 선지자는 북 왕국의 최후의 선지자입니다. 하나님께서는 인간행위의 절망을 보여주신 후에 하나님께서 행해주실 소망을 말씀하시려는 것입니다.

ⓒ 그래서 "너희 묵은 땅을 갈고 가시덤불에 파종하지 말라"(렘 4:3)고 말씀하시는 것입니다. 이를 호세아서 전체의 문맥 다시 말하면 하나님께서 이루시고자 하는 구속사의 맥락으로 바라보게 될 때 "공의를 심고"란, "의로운 씨" 즉 메시아언약을 받아드리라(믿으라)는 말씀이 되는 것입니다. 이를 위해서 인간이 행해야 할 일이란 "묵은 땅을 갈고 가시덤불"을 제거하는, 즉 "회개"(悔改)하는 일뿐입니다. 이점을 신약성경에서는 "회개하고 복음을 믿으라(막 1:15), 내가 자녀에게 말하듯 하노니 보답하는 것으로 너희도 마음을 넓히라"(고후 6:13)고 권면합니다.

⑤ 그렇게 하면 "마침내 여호와께서 오사 공의를 비처럼 너희에게 내리시리라"(12하) 하십니다. "비처럼"이라는 말을 마지막 장에서는 "내가 이스라엘에게 <이슬>과 같으리니"(14:5)라고 말씀하십니다.

㉠ "여호와께서 오사(임하사)"라는 말씀을 5:15절에서 "내가 내 곳으로 돌아가리라 그들이 고난받을 때에 나를 간절히 구하리라" 하신 말씀과 연관시켜보십시오. 내 곳으로 돌아가서 기다리시던 하나님이 〈임하신다〉는 말씀이 되는 것입니다. "비처럼 너희에게 내리시리라"는 말씀도 이미 6:3절에서 "그러므로 우리가 여호와를 알자 힘써 여호와를 알자 그의 나타나심은 새벽빛같이 어김없나니 비와 같이, 땅을 적시는 늦은 비와 같이 우리에게 임하시리라"고 말씀하신 바입니다.

㉡ 하나님은 의를 비처럼 쏟아 부어주시려고 임하시는데 인간의 심령이 "묵은 땅·가시덤불"이 되어 있어서 결실(結實)을 맺지 못한다는 것입니다.

ⓒ 이점이 주님께서 말씀하신 "씨 뿌리는 비유"를 통해서 분명히 드러 납니다. 씨를 뿌릴 때에 "더러는 길가(굳은 땅)에, 더러는 돌밭에, 더 러는 가시떨기에, 더러는 좋은 땅"(마 13:3-9)에 떨어진다고 말씀하 십니다. 구약교회가 멸망에 이른 것은 씨를 뿌려주지 않았기 때문이 아닙니다. 다만 "묵은 땅, 가시덤불"에 파종했기 때문에 구원의 결실 에 이르지 못한 것뿐입니다. 이 감동적인 말씀을 시편에서는 "인애 와 진리가 같이 만나고 의와 화평이 서로 입 맞추었으며 진리는 땅 에서 솟아나고 의는 하늘에서 굽어보도다"(시 85:10-11)고 "만남" 으로 노래하고 있습니다. 이를 이사야 선지자를 통해서는 "하늘이여 위에서부터 공의를 뿌리며 구름이여 의를 부를지어다 땅이여 열려서 구원을 싹트게 하고 공의도 함께 움돋게 할지어다"(사 45:8)라고 말 씀하십니다.

⑥ "인애(긍휼)를 거두라"(12중) 하십니다.

㉠ 이는 하나님의 은혜, 곧 불쌍히 여기심을 입으라는 의미합니다. 만일 "공의를 심고"를 행위로 여긴다면 그것은 대가(對價)이지 은혜는 아 닐 것입니다. "일을 아니 할지라도 경건하지 아니한 자를 의롭다 하 시는 이를 믿는 자에게는 그의 믿음을"(롬 4:5) "긍휼"히 여기시는 것입니다.

㉡ 하나님께서는 고멜을 구속하심같이 죄 값에 팔린 우리를 자기 아들 의 피로 구속하시려는 계획을 성취해 나가고 계시는 것입니다. 이는 우리에게 그럴만한 자격이나 공로가 있어서가 아닙니다. 전적인 하나 님의 은혜, 즉 긍휼히 여기심이라는 말씀입니다.

⑦ 그럼에도 불구하고 인간은 "너희는 악을 밭 갈아 죄를 거두 고 거짓 열매를 먹었나니"(13상) 하십니다. 너희는

㉠ 악을 밭 갈아

㉡ 죄를 거두고

ⓒ 거짓 열매를 먹었다는 언급은 하나님께서 촉구하시는바, '너희 묵은

땅을 기경하고 공의를 심고 인애를 거두라'는 말씀과는 정반대의 행위인 것입니다.

⑧ 왜 그렇게 반응을 했는가? "이는 네가 네 길과 네 용사의 많음을 의뢰하였음이라"(13하) 하십니다. 그들은 아직도 절망을 모르고 있습니다. 하나님께 항복하지 않고 있는 것입니다. 그리하여 마땅히 의뢰하여야 할 하나님을 의뢰한 것이 아니라 "용사의 많음", "벧엘의 송아지"(15상)를 의뢰하고 있는 것입니다. 이는 마치 바리새인이 자신의 절망적인 모습을 모르고 자랑을 늘어놓고 있을 뿐 세리처럼 "가슴을 치면서 하나님이여 불쌍히 여기옵소서 나는 죄인이로소이다"(눅 18:13)하고 "긍휼"을 구하지 않는다는 말씀입니다. 주님은 "내가 너희에게 이르노니 이 사람(세리)이 저(바리새인)보다 의롭다 하심을 받고 집으로 내려갔느니라"는 놀라운 말씀을 하십니다.

⑨ 4-10장까지는 인간의 배은망덕이 어떠했는지를 책망하며 고발하는 내용이었습니다. 10장의 구조도 먼저 "두 마음을 품은 자들, 두 가지 죄에 걸림"을 말씀한 후에 "지금이 여호와를 찾을 때니" 즉 지금이 은혜받을 만한 때라고 소망을 말씀하는 구조임을 놓치지 마시기 바랍니다. 그러므로 "너희 묵은 땅을 기경하라" 즉 회개하라 하십니다. "마침내 여호와께서 임하사 의를 비처럼 너희에게 내리시리라" 하십니다.

그렇습니다. "말세에 내가 내 영을 모든 육체에 부어주리니"(행 2:17) 하십니다. 여기에 소망이 있는 것입니다. 이는 복음인 것입니다. 이것이 "의를 비처럼 내리시리라"는 의미입니다.

호세아 11장 분석도표
주제 : 돌아와 머물게 하리라

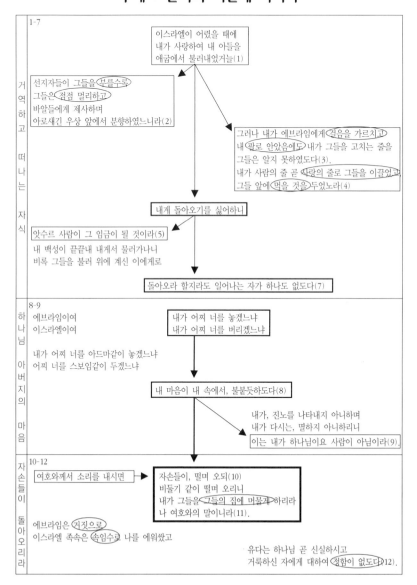

1-7

거역하고 떠나는 자식

이스라엘이 어렸을 때에
내가 사랑하여 내 아들을
애굽에서 불러내었거늘(1)

선지자들이 그들을 부를수록
그들은 점점 멀리하고
바알들에게 제사하며
아로새긴 우상 앞에서 분향하였느니라(2)

그러나 내가 에브라임에게 걸음을 가르치고
내 팔로 안았음에도 내가 그들을 고치는 줄을
그들은 알지 못하였도다(3).
내가 사람의 줄 곧 사랑의 줄로 그들을 이끌었고
그들 앞에 먹을 것을 두었노라(4)

내게 돌아오기를 싫어하니

앗수르 사람이 그 임금이 될 것이라(5)

내 백성이 끝끝내 내게서 물러가나니
비록 그들을 불러 위에 계신 이에게로

돌아오라 할지라도 일어나는 자가 하나도 없도다(7)

8-9

하나님 아버지의 마음

에브라임이여
이스라엘이여

내가 어찌 너를 놓겠느냐
내가 어찌 너를 버리겠느냐

내가 어찌 너를 아드마같이 놓겠느냐
어찌 너를 스보임같이 두겠느냐

내 마음이 내 속에서, 불붙듯하도다(8)

내가, 진노를 나타내지 아니하며
내가 다시는, 멸하지 아니하리니
이는 내가 하나님이요 사람이 아님이라(9).

10-12

자손들이 돌아오리라

여호와께서 소리를 내시면

자손들이, 떨며 오되(10)
비둘기 같이 떨며 오리니
내가 그들을 그들의 집에 머물게 하리라
나 여호와의 말이니라(11).

에브라임은 거짓으로
이스라엘 족속은 속임수로 나를 에워쌌고

유다는 하나님 곧 신실하시고
거룩하신 자에게 대하여 정함이 없도다(12).

11장

돌아와 머물게 하리라

¹¹ 그들은 애굽에서부터 새 같이, 앗수르에서부터 비둘기 같
이 떨며 오리니 내가 그들을 그들의 집에 머물게 하리라 나
여호와의 말이니라.

11장의 중심점은 "돌아와 머물게 하리라"(11)는데 있습니다. 호세아 선지자는 북이스라엘의 최후의 선지자입니다. 그들은 앗수르로 추방을 당하게 될 것입니다. 이런 상황에서 "애굽에서부터 새같이, 앗수르에서 부터 비둘기같이 떨며 오리니 내가 그들을 그들의 집에 머물게 하리라"(11)는 말씀보다 중요하고도 놀라운 말씀은 달리는 없는 것입니다. 도표에서 보시는 바대로 "부를수록 점점 멀리"(2) 갔던 불효자식을(1-7), "내가 어찌 너를 버리겠느냐"(8) 하시면서 그들로 돌아오게 하여 "집에 머물게 하리

라"(11)는 말씀이 11장의 중심입니다.

그러므로 11장을 이해하기 위해서는 주님께서 말씀하신 "탕자의 비유"를 연상하시면 도움이 될 것입니다. 지금까지는 하나님과 백성의 관계를 "남편과 아내"의 관계로 말씀하셨으나, 11장에와서는 "부모와 자녀"와의 관계로 말씀하고 있기 때문입니다. "남편과 아내"의 관계로 말씀하실 때는 정절(貞節)을 지키지 아니한 음부(淫婦)와 같이 되었음을 드러내기 위해서였습니다. 그런데 "부모와 자녀"의 관계로 비유해서는 거역하는 자식에게 향한 어버이의 불붙는 "사랑"을 말씀하기 위해서인 것입니다. 어려서 그토록 사랑스럽던 자식이 나이가 들어가면서 부모를 거역하고 반항하더니 급기야는 "끝끝내 내게서 물러갔다"(7)고 말씀합니다. 이를 바라보는 부모의 마음은 "나의 긍휼히 온전히 불붙듯 하도다"(8) 하십니다.

이런 맥락에서 11장의 중심점이 "내 마음이 온전히 불붙듯 하도다" 하시는 8절인 것 같으나 이는 동기요, 핵심은 탕자와 같은 하나님의 자손들을 돌아오게 하셔서 "그들은 그들의 집에 머물게 하리라"(11)는데 있다 하겠습니다. 왜냐하면 "집에 머물게 하심", 이것이 하나님 나라 회복운동이기 때문입니다. 12:9절에서도 "너로 다시 장막에 거주하게" 하겠다고 말씀하십니다. 이를 세 단원으로 나누어 상고하겠습니다.

첫째 단원(1-7) **거역하고 떠나는 자식**

둘째 단원(8-9) **하나님 아버지의 마음**

셋째 단원(10-12) **자손들을 돌아오게 하리라**

첫째 단원(1-7) 거역하고 떠나는 자식

"이스라엘이 어렸을 때에 내가 사랑하여 내 아들을 애굽에서 불러냈거늘(1).

① 이 말씀은 참으로 의미심장합니다. "애굽에서 불러내었다"(1상)는 말씀은,

㉠ 1차 적으로는 출애굽 사건을 가리킵니다.

㉡ 그런데 신약성경에서는 "내 아들을 애굽에서 불러내었다"는 이 말씀을 죽이려는 헤롯을 피하여 애굽으로 내려갔다가 돌아오는 아기 예수님에게 적용(마 2:15)을 시키고 있기 때문입니다.

② 이는 참으로 엄청난 비약(飛躍)이요, 놀라운 영감이라 아니할 수 없습니다.

㉠ "엄청난 비약"이라 함은 본문과 주님의 사건과는 너무나 동떨어진 것으로 여겨지기 때문이요

㉡ "놀라운 영감"이라 함은 예도해 주고 있기 때문입니다. 그러므로 단어 하나하나를 음미해보아야 합니다.

③ 첫째는 "어렸을 때"라고 말씀합니다.

㉠ 여기서 어리다 하심은 귀엽다는 의미가 아니라 자력으로는 설 수 없는 연약한 상태를 나타냅니다. 이를 신약성경에서는 "우리가 아직 연약할 때에 기약대로 그리스도께서 경건하지 않은 자를 위하여 죽으셨도다"(롬 5:6)고 자력구원이 불가능한 상태에서 그리스도의 죽으심으로 가능하여졌음을 말씀하고 있습니다.

㉡ 둘째로 "어렸을 때에 내 팔로 안아"(3중) 라고 말씀합니다. 이점을 신명기에서는 "사람이 자기의 아들을 안는 것 같이 너희의 하나님 여호와께서 너희가 걸어온 길에서 너희를 안으사 이곳까지 이르게 하셨느니라"(신 1:31)고 말씀합니다. 생각해보십시오. 이스라엘 백성

들이 바로의 속박으로부터 탈출하여 광야를 통과한다는 것이 자력 (自力)으로 가능한 일이겠습니까? 이것이 "어렸을 때, 내 팔로 안으사"라는 의미입니다.

④ 셋째로 "내 아들"이라고 말씀하십니다. 하나님은 모세에게 명하시기를 "너는 바로에게 이르기를 여호와의 말씀에 이스라엘은 내 아들 내 장자라"(출 4:22)고 말하라 하셨습니다. 구약성경에서 "내 아들"이라고 칭함은 드문 표현이고, 일반적으로는 "내 백성"이라고 말씀합니다. 그런데 본문에서 "내 아들을 애굽에서 불러내었다"고 왕과 백성의 관계가 아니라, "아버지와 아들"의 관계로 말씀하심은 모성애와 같은 극진한 "사랑"을 나타내기 위해서인 것입니다.

⑤ 넷째로 "내가 사랑하여"라고 말씀합니다.

㉠ 사탄의 노예를 "내 아들" 즉 하나님의 아들로 삼아주시다니! 왜 이렇게 행해주셨습니까? 그럴만한 공로나 가치가 있는 자들입니까? 아닙니다. 오직 "내가 사랑하여"라고 밖에는 달리는 설명할 길이 없는 것입니다.

㉡ 지금 호세아 선지자는 육적 출애굽이라는 옛날이야기를 하고 있는 것이 아닙니다. 육적 출애굽이라는 메타포(metaphor)를 통해서 독자들을 영적 출애굽으로 인도하려는 것입니다. 두 사이의 갭(gap)을 "내 아들을 애굽에서 불러내었다"는 말씀을 예수님에게 적용시킴으로 자연스럽게 연결시켜 주고 있다니 얼마나 놀라운 영감입니까!?

⑥ 재차 강조합니다만 하나님의 궁극적인 의도는 육적 출애굽이라는 그림자를 통해 유월절 양이 되시는 그리스도로 말미암은 영적 출애굽을 계시하시려는 것인데,

㉠ 3절에서는 "내가 에브라임에게 걸음을 가르치고 내 팔로 안았다"고 말씀합니다.

ⓛ 4절에서는 "내가 사랑의 줄로 그들을 이끌었다"고 말씀합니다. "사랑의 줄"이라는 묘사는 "그 목에서 멍에를 벗기고"(4중) 한 "멍에"와 상반되는 표현인데 하나님께서는 멍에만 벗기시고 내어버려 두신 것이 아닙니다. 그렇게 한다면 위험천만한 일이요 또다시 사로잡힐 수밖에 없는 것입니다. "사랑의 줄, 은혜의 줄"로 우리를 이끌어 주신다고 말씀합니다. 이는 부모가 자식을 양육하듯 하셨음을 나타내는 묘사입니다.

ⓒ 이처럼 1-4절에서는 하나님의 주권적인 "나"를 강조하여 "내가 사랑하여, 내 아들을 애굽에서 불러내었고(1), 내가 걸음을 가르치고 내 팔로 안고 내가 그들을 고치고(3), 내가 사랑의 줄로 그들을 이끌었다"(4)고 말씀합니다.

⑦ 그런데 그들은 어떻게 보답했는가? 5-7절에서는 그들의 반응을 말씀하는데,

ⓐ "그들은 내게 돌아오기를 싫어한다"(5)고 말씀합니다.

ⓛ "내 백성이 끝끝내 내게서 물러갔다"고 말씀합니다.

ⓒ "돌아오라 할지라도 일어나는 자가 하나도 없도다"(7) 합니다. 2절에서는 "그들을 부를수록 그들은 점점 멀리 갔다"고 말씀하고

ⓔ 3절에서는 이 같은 부모의 사랑과 은혜를 "그들은 알지 못하였도다" 합니다.

⑧ 이점을 이사야서에서는 "하늘이여 들으라 땅이여 귀를 기울이라 여호와께서 말씀하시기를 내가 자식을 양육하였거늘 그들이 나를 거역하였도다 소는 그 임자를 알고 나귀는 그 주인의 구유를 알건마는 이스라엘은 알지 못하고 나의 백성은 깨닫지 못하는도다"(사 1:2-3)고 탄식하십니다. 이것이 "거역하고 떠나는 자식"의 모습입니다.

⑨ 우리가 인식해야 할 첫째 요점은 "선지자들이 그들을 부를

수록 그들은 점점 멀리하고 바알들에게 제사하며 아로새긴 우상
앞에서 분향하였다"(11:2)는 언급이 우리에게는 어떻게 적용되는
가 하는 점인데

　㉠ 이는 십계명을 범했다는 단순한 의미가 아니라 메시아언약을 우상으
　　로 바꿔치기했다는 점을 나타내는 것이라는 점입니다.

　㉡ 그렇다면 둘째로 이런 의문이 생길 만합니다. 하나님의 사랑, 메시아
　　언약의 은혜를 저버리고 어찌하여, 무엇을 위해서 우상숭배에 빠지게
　　되었는가 하는 점입니다. 이런 배은망덕은 호세아 당시만이 아니라
　　구약시대 내내 그리했기 때문입니다. 근본은 하나님 중심에서 자기중
　　심적인 신앙으로 타락했기 때문입니다. 그리하여 "그가 이르기를 나
　　는 나를 사랑하는 자들을 따르리니 그들이 내 떡과 내 물과 내 양털
　　과 내 삼과 내 기름과 내 술들을 내게 준다 하였음이라"(2:5)하고,
　　온통 "나, 나, 나" 하고 자기중심적입니다. 그들은 생각하기를 열방
　　이 부강한 것은 그들이 섬기는 우상이 복을 주기 때문으로 여겼던
　　것입니다. 그래서 물질 축복받기 위해서 우상을 섬기기에 이르렀던
　　것입니다. 이점을 비상(非常)히 여김으로 경계로 삼아야 하는데 이점
　　을 신약성경에서는 "탐심은 우상숭배니라"(골 3:5)고 말씀하는 것입
　　니다.

　⑩ 하나님을 반역한 결과는 "앗수르 사람이 그 임금이 될 것이
라"(5하) 합니다. 이는 앗수르의 지배를 받게 되는 즉 패망하게
될 것이라는 말씀인데 그래서 "칼이 그들의 성읍들을 치며 빗장
을 깨뜨려 없이하리니"(6) 하시는 것입니다. "앗수르 사람이 임금
이 될 것이라"하는데 선민 이스라엘의 왕은 누구였는가? 지구상
에 많은 나라, 많은 민족, 많은 통치자가 있을지라도 영적 논리로
하면 두 나라, 두 왕이 있을 뿐입니다. 하나님을 왕으로 모시고
살던 집(하나님 나라)을 버리고 "거역하고 떠나면" 결국 사탄의

노예로 전락하게 되는 것입니다. 성경은 "그 마지막은 사망임이니라, 이 마지막은 영생이라"(롬 6:21-22)고 두 종말이 있고, 마지막이 다르다고 말씀합니다.

둘째 단원(8-9) **하나님 아버지의 마음**

"에브라임이여 내가 어찌 너를 놓겠느냐 이스라엘이여 내가 어찌 너를 버리겠느냐 내가 어찌 너를 아드마 같이 놓겠느냐 어찌 너를 스보임 같이 두겠느냐 내 마음이 내 속에서 돌이키어 나의 긍휼이 온전히 불붙듯 하도다"(8).

둘째 단원의 중심점은 자식에게 향한 아버지의 마음을 나타내시는데

① "내가 어찌 너를 놓겠느냐, 내가 어찌 너를 버리겠느냐" 하십니다. "내가 어찌 너를 아드마같이 놓겠느냐 어찌 너를 스보임같이 두겠느냐" 하십니다. "아드마와 스보임"은 소돔과 고모라가 유황불의 심판을 받을 때에 함께 멸망 받은 성읍들(신 29:23)입니다. 8절은 마치 자식으로 인하여 땅바닥을 치면서 절규하는 어떤 슬픈 어미를 연상하게 합니다. 이것이 "하나님 아버지의 마음"입니다.

② 하나님께서는 이사야 선지자를 통해서도 "오직 시온이 이르기를 여호와께서 나를 버리시며 주께서 나를 잊으셨다 하였거니와 여인이 어찌 그 젖 먹는 자식을 잊겠으며 자기 태에서 난 아들을 긍휼히 여기지 않겠느냐 그들은 혹시 잊을지라도 나는 너를

잊지 아니할 것이라"(사 49:14-15)고 말씀하셨습니다. 이것이 "하나님 아버지의 마음"입니다.

③ "내 마음이 내 속에서 돌이키어 나의 긍휼이 온전히 불붙듯 하도다"(8하) 하십니다. 성경에는 하나님의 사랑에 대한 묘사가 풍부합니다만 여기서처럼 "나의 긍휼이 온전히 불붙듯 하도다" 하시는 극렬한 묘사는 많지 않습니다. 어찌하여 이 시점에서 이토록 아버지의 긍휼이 불붙듯 하시는 것일까요? 예레미야 선지자를 통해서 이렇게 말씀하십니다. "내가 내 집을 버리며 내 소유를 내던져 내 마음으로 사랑하는 것을 그 원수의 손에 넘겼나니"(렘 12:7), 곧 멸망 당하게 될 북이스라엘을 향한 하나님의 마음이 불붙듯 하시는 것입니다.

④ 그러므로 "내가 나의 맹렬한 진노를 나타내지 아니하며 내가 다시는 에브라임을 멸하지 아니하리니 이는 내가 하나님이요 사람이 아니라 네 가운데 있는 거룩한 이니 진노함으로 네게 임하지 아니하리라"(9) 하십니다.

㉠ "멸하지 아니하리라, 진노를 임하지 아니하리라"는 말씀을 근시안적으로 본다면 일견(一見) 모순같이 들릴 수 있습니다. 왜냐하면 북 왕국도 멸망하고, 남 왕국도 바벨론에 의해서 멸망했기 때문입니다.

㉡ 그러므로 이 말씀은 "내가 그들을 그들의 집에 머물게 하리라"(11) 하시는 다음 단원과 결부하여 해석하여야 바른 의미를 구할 수 있는 것입니다.

⑤ "내가 하나님이요 사람이 아니라"(9중) 하십니다.

㉠ 이는 "하나님은 사람이 아니시니 거짓말을 하지 않으시고 인생이 아니시니 후회가 없으시도다 어찌 그 말씀하신 바를 행하지 않으시며 하신 말씀을 실행하지 않으시랴"(민 23:19) 하신 대로 계획하시고

언약하신 바를 반드시 실행하심을 의미합니다.

ⓛ 하나님께서 이스라엘을 애굽에서 불러내실 때, 더 소급해 올라가서 천지만물을 창조하시고 사람을 하나님의 형상대로 지으실 때도 계획을 갖고 계셨기 때문입니다. 그것은 하나님 나라건설입니다. 이런 맥락에서 "내가 멸하지 아니하리니"라는 말씀은 이를 포기하거나 중단하심이 없이 반드시 성취하시고야 만다는 강한 의지를 나타내심입니다.

ⓒ 왜 그렇게 하셔야만 합니까? "나는 네 가운데 있는 거룩한 이니"(9 하) 하십니다. 여기에는 하나님의 거룩하신 이름이 걸려있다는 것입니다. 하나님의 거룩하신 이름과 영예를 위해서 "내가 나의 거룩함으로 한 번 맹세(언약)하였은즉 다윗에게 거짓말을 하지 아니할 것이라"(시 89:35)는 그런 뜻입니다. 그 점을 "돌아와 머물게 하리라"는 다음 단원에서 좀 더 보게 될 것입니다.

셋째 단원(10-12) 돌아와 머물게 하리라

"그들은 사자처럼 소리를 내시는 여호와를 따를 것이라 여호와께서 소리를 내시면 자손들이 서쪽에서부터 떨며 오되"(10).

① 셋째 단원의 중심점은 "떨며 오되(10), 떨며 오리니"(11) 한 돌아오게 될 것을 말씀함에 있습니다. 그러니까 "거역하고 떠났던 자식들"이 돌아오게 되리라는 말씀입니다.

② 어디서부터입니까?

ⓛ "애굽에서부터, 앗수르에서부터"(11) 라고 말씀합니다. 그런데 북쪽은 앗수르로, 남쪽은 바벨론으로 끌려갔지 애굽으로 끌려간 것은 아니지 않는가? 이는 특정 나라를 가리키는 것이 아니라 동서 사방으

로부터 오게 될 것을 의미하는 일반적인 표현인 것입니다.

ⓒ 언제 이런 일이 있게 되리라고 말씀하는가? 이점이 중요한데 "여호
와께서 소리를 내시면 자손들이 서쪽에서부터 떨며 오되"(10하) 합
니다. "사자처럼 소리를 내시는 여호와"(10상)라고 말씀합니다.

③ 그 때,

㉠ 새같이, 비둘기같이 떨며 오리니(11상) 합니다. "새같이, 비둘기같
이"란 속히 온다는 비유인데 이사야서에서는 "네 눈을 들어 사방을
보라 무리가 다 모여 네게로 오느니라 네 아들들은 먼 곳에서 오겠
고 네 딸들은 안기어 올 것이라" 말씀하면서, "저 구름같이, 비둘기
들이 그 보금자리로 날아가는 것같이 날아오는 자들이 누구냐 곧 섬
들이 나를 앙망하고 다시스의 배들이 먼저 이르되 먼 곳에서 네 자
손과 그들의 은 금을 아울러 싣고 와서 네 하나님 여호와의 이름에
드리려 하며 이스라엘의 거룩한 이에게 드리려 하는 자들이라 이는
내가 너를 영화롭게 하였음이니라"(사 60:4,8-9)고 말씀합니다.

ⓒ "여호와께서 사자처럼 소리를 발하신다"는 뜻은 심판이 아니라 복음
의 사자후(獅子吼)요, "자손들이 새같이, 비둘기같이 돌아오게" 된다
는 것은 복음시대를 전망(展望)하는 말씀인 것입니다.

④ 복음을 "사자처럼 소리를 발하시는" 목적이 어디에 있는가?
"그들을 그들의 집에 머물게 하리라"(11하)에 있는 것입니다. 이
약속의 일차적인 성취는 이스라엘이 포수로부터 돌아옴으로 응하
여졌습니다만 하나님의 계획은 이를 넘어 원대하신 것입니다.

㉠ 예레미야 선지자를 통해서는 "보라 내가 노여움과 분함과 큰 분노로
그들을 쫓아 보내었던 모든 지방에서 그들을 모아들여 이곳으로 돌
아오게 하여 안전하게 살게 할 것이라"(렘 32:37) 하십니다. 그런데
이 말씀이 "보라 날이 이르리니 내가 이스라엘 집과 유다 집에 새
언약을 맺으리라"(렘 31:31) 하신 새 언약과 결부되어 있다는 점입

니다.

ⓛ 하나님께서 이루어나가시는 최종적인 목표는 "하나님의 장막이 사람들과 함께 있으매 하나님이 그들과 함께 계시리니 그들은 하나님의 백성이 되고 하나님은 친히 그들과 함께 계셔서 모든 눈물을 그 눈에서 닦아 주시니 다시는 사망이 없고 애통하는 것이나 곡하는 것이나 아픈 것이 다시 있지 아니하리니 처음 것들이 다 지나갔음이러라"(계 21:3-4) 하실 하나님 나라건설에 있기 때문입니다.

⑤ 하나님께서 "내가 어찌 너를 놓겠느냐 이스라엘이여 내가 어찌 너를 버리겠느냐 내가 어찌 너를 아드마 같이 놓겠느냐 어찌 너를 스보임 같이 두겠느냐 내 마음이 내 속에서 돌이키어 나의 긍휼이 온전히 불붙듯 하도다"(8) 하셨는데,

ⓐ 하나님의 긍휼 곧 사랑이 "불붙듯"하고만 있었던 것이 아닙니다. 그렇게 하셨다면 우리에게는 별 도움이 되지 못했을 것입니다.

ⓛ 성경은 말씀합니다. "하나님의 사랑이 우리에게 이렇게 나타난 바 되었으니 하나님이 자기의 독생자를 세상에 보내심은 그로 말미암아 우리를 살리려 하심이라 사랑은 여기 있으니 우리가 하나님을 사랑한 것이 아니요 하나님이 우리를 사랑하사 우리 죄를 속하기 위하여 화목제물로 그 아들을 보내셨음이라"(요일 4:9-10)고, 불붙듯 하는 하나님의 사랑을 자기 아들을 화목제물로 내어주는 것으로 나타내셨던 것입니다. 다시 상기할 점은 "이는 내가 하나님이요 사람이 아님이라 네 가운데 있는 거룩한 이니"(9하) 하신 의미는, 사람처럼 계획한 바를 중단하거나 변경함이 없이 반드시 이루시고야 만다는 것을 나타내심입니다. 왜냐하면 하나님의 거룩하신 이름이 걸려있기 때문입니다. 이것이 "다시는 에브라임을 멸하지 아니하리라"(9중)는 말씀 속에 함축된 의미인 것입니다. 성경은 멸망으로 끝나는 것이 아니라 "이루었도다 나는 알파와 오메가요 처음과 마지막이라"(계 21:6)고 선언하시는 승리와 완성으로 마치고 있는 것입니다.

ⓒ 그러므로 "내가 그들을 그들의 집에 머물게 하리라 나 여호와의 말이니라"(11하)고 "여호와의 이름"으로 엄숙히 선언하시는 것입니다.

⑦ 마지막으로,

㉠ "하나님과 거룩하고 신실한 자들에 대하여 정함이 없도다"(12중)는 12절을 주목해보십시오. 인간은 어떻게 보답했다고 말씀하시는가? "거짓, 궤휼, 정함이 없도다" 하십니다.

㉡ 그러므로 성경을 깊이 있게 상고하는 자라면 누구나 바울처럼 고백할 수밖에 없는 것입니다. "어떤 자들이 믿지 아니하였으면 어찌하리요 그 믿지 아니함이 하나님의 미쁘심을 폐하겠느냐". 북 왕국 이스라엘도, 남 왕국 유다도, 주님 당시의 유대인들도, 그리고 오늘날 복음을 변개하려는 자들도 하나님께서 계획하시고 이루시고자 하는 그 미쁘심을 폐하게 할 수 있단 말이냐? "그럴 수 없느니라 사람은 다 거짓되되 오직 하나님은 참되시다 할지어다"(롬 3:3-4). 기어코 "이루었도다 나는 알파와 오메가요 처음과 마지막이라"고 완성하실 것입니다. 여호와의 거룩하신 영예를 위하여. 이것이 "돌아와 머물게 하리라"는 회복입니다.

호세아 12장 분석도표
주제 : 사람의 거짓됨과 하나님의 참되심

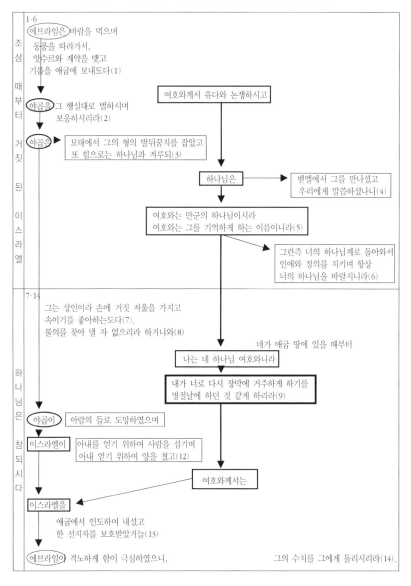

12장

사람의 거짓됨과 하나님의 참되심

[9] 네가 애굽 땅에 있을 때부터 나는 네 하나님 여호와니라
내가 너로 다시 장막에 거주하게 하기를 명절날에 하던 것
같게 하리라

12장의 중심점은 도표에 표시된 두 축(軸)을 이해하는 데 있습니다. 인간(야곱)은 배은망덕함에도 불구하고 하나님은 어떻게 행해주셨는가를 말씀하는 구도입니다. 이런 구도이기 때문에 "여호와께서 유다와 논쟁하신다"(2)고 말씀하시는 것입니다. 한번 따져보자는 그런 뜻입니다. 그래서 12장은 야곱에 관한 기사가 중심을 이루고 있습니다. 왜 야곱을 거론하시는가? "이스라엘"의 뿌리가 야곱이기 때문입니다. 이렇게 하시는 의도는 근본(根本)으로 돌아가서 그들의 거짓은 뿌리(야곱) 때부터 시작되었으며, 그럼에

도 불구하고 하나님은 "지렁이 같은 야곱"(사 41:14)을 택하셔서 어떻게 신실하심으로 오늘날까지 인도하여 오셨는가 하는 하나님의 참되심을 대조적으로 말씀하기 위해서입니다. 여기서 "유다와 논쟁하신다" 함은 남쪽 유다만을 가리키는 말이 아니라 남북을 다 아우르는 "이스라엘"이라는 뜻입니다.

그런데 12장의 핵심은 "내가 너로 다시 장막에 거주하게 하기를 명절날에 하던 것 같게 하리라"(9하)에 있음을 놓치지를 말아야만 합니다. 이는 앞 장(11:11)에서 "내가 그들을 그들의 집에 머물게 하리라"하신 점과 맥을 같이 합니다. 이것이 어째서 핵심이 되느냐 하면 이제 그들이 사망선고를 받고 추방당할 처지에 놓였기 때문입니다. 이런 뜻입니다. "내가 너로 다시 장막에 거주하게 함"은 너희에게 그럴만한 자격이 있어서가 아니다. 그렇다면 누가 옳은가? 논쟁해 보자. 이를 두 단원으로 상고하겠습니다.

첫째 단원(1-6) **조상 때부터 거짓 된 이스라엘**
둘째 단원(7-14) **하나님은 참되시다**

첫째 단원(1-6) 조상 때부터 거짓된 이스라엘

"에브라임은 바람을 먹으며 동풍을 따라가서 종일토록 거짓과 포학을 더하여 앗수르와 계약을 맺고 기름을 애굽에 보내도다(1).

① "에브라임은, 날마다 거짓과 포학을 더한다"고 말씀합니다. "거짓"이라 말씀하심은,

㉠ 백성들의 병은 고칠 수 없는 지경에 이르렀는데도, '어리석고, 미친' 선지자들(9:7)은 "평강하다, 평강하다"하고 "바람을 먹인 것"을 의미합니다.

㉡ 포핫이란 하나님께는 대적하고 앗수르와 애굽을 의지한 일입니다. 이 것이 "앗수르와 계약을 맺고 기름을 애굽에 보내도다"의 의미입니다. 어느 시대나 백성들에게 "바람"을 먹이는 거짓 선지자들은 있어 왔습니다.

㉢ 예레미야 23:28절에서는 이를 "겨와 밀을 어찌 비교하겠느냐" 하십니다. 바람에 불려 가는 "겨"와 같이 내용도 생명력도 없는, 백성들에게 바람만을 먹이듯 하는 설교가 있습니다. 그런 중에서도 "밀"과 같은 생명을 주는 메시지도 있는 것입니다.

② 이렇게 말씀하신 하나님은 2절에서 갑작스럽게 "야곱의 행실대로 벌하시며"라고 "야곱의 행실"을 거론하십니다. 이렇게 하시는 의도가 무엇인가? 그들의 "거짓과 포학"이 그들의 시조(始祖) 야곱 때부터 비롯되었음을 말씀하려는 것입니다. 이점을 "논쟁", 즉 따져보자는 것입니다.

③ 3-4절에서 하나님은 야곱이 경험한 세 가지 중대한 사건을 말씀하십니다.

㉠ 첫째로 "야곱은 모태에서 그의 형의 발뒤꿈치를 잡았고"(3상) 합니다.

㉡ 둘째는 "또 힘으로는 하나님과 겨루되 천사와 겨루어 이기고" 합니다.

㉢ 셋째는 "하나님은 벧엘에서 그를 만나셨고" 하십니다. "형의 발뒤꿈치를 잡은" 일은 "모태에서" 즉 태어날 때 일(창 26: 25-26)이요, "하나님과 힘을 겨뤘다"는 것은 "장년에" 즉 야곱이 하란으로 도망 갔다가 돌아올 때 얍복 강가에서 있었던 일(창 32:24)입니다. "벧엘

에서 그를 만나셨다"는 것은 형 에서를 피하여 하란으로 가던 중 빈 들에서 돌베개 베고 잠잘 때에 그에게 나타내신 일(창 28:12)을 말 씀함입니다. 이 점에서 언급하시는 순서를 보면 발생한 시기가, 첫째 와 둘째가 바뀌었음을 발견하게 됩니다. 그리고 두 사건 사이에는 무려 20년이라는 간격이 있는 것입니다. 그럼에도 순서를 바꿔서 말 씀하고 있는 것은 우연이나 무의미한 일이 아니라 의도하는 바가 있 기 때문입니다.

④ 하나님의 의도하시는 바는 "하나님은 벧엘에서 그를 만나셨 다"는 즉 벧엘에서 야곱에게 나타나셔서 언약을 세워주신 그 "언 약"에 초점을 모아 강조하기 위해서입니다. 그러니까 세 가지 사 건 중에 ㉠과 ㉡은 야곱이 행한 일에, ㉢은 하나님이 행해주신 일에 초점을 맞추고 있는 것입니다. 그런데 세 사건을 말씀하시 는 내용을 관찰해보면, ㉠과 ㉡은 야곱이 행한 부정적인 면 즉 야곱이 "형의 발뒤꿈치를 잡았다, 하나님과 힘을 겨루어 이겼다" 는 반항의식에, ㉢은 하나님이 행해주신 주권적인 면 즉 그런 야 곱을 "하나님은 벧엘에서 그를 만나주셨다"는데 있음을 보게 됩 니다.

⑤ 하나님은 "벧엘에서 그를 만나"주신 것만이 아닙니다. 엄청 난 언약을 세워주셨던 것입니다.

㉠ "나는 여호와니 너의 조부 아브라함의 하나님이요 이삭의 하나님이 라,

㉡ 네가 누워 있는 땅을 내가 너와 네 자손에게 주리니,

㉢ 네 자손이 땅의 티끌같이 되어 네가 서쪽과 동쪽과 북쪽과 남쪽으로 퍼져 나갈지며,

㉣ 땅의 모든 족속이 너와 네 자손으로 말미암아 복을 받으리라.

㉤ 내가 너와 함께 있어 네가 어디로 가든지 너를 지키며 너를 이끌어

이 땅으로 돌아오게 할지라 내가 네게 허락한 것을 다 이루기까지 너를 떠나지 아니하리라"(창 28:13-14)고 약속해주셨습니다. 하나님의 주권적인 언약을 야곱의 행실과 견주어보십시오. 사람의 거짓됨과 하나님의 참되심이 극명(克明)하게 대조되는 대목입니다. 그리고 이 언약은 일찍이 그의 조부 아브라함에게 세워주신 메시아언약이었던 것입니다.

⑥ 그러므로 이 언약은 야곱 개인에게 하신 것이 아닙니다. 야곱을 조상, 대표자로 하여 이스라엘 전체에게 하신 언약이었던 것입니다. 그러므로 "거기에서 <우리>에게 말씀하셨나니"(4하) 하는 논리가 성립되는 것입니다. 이를 상기시키시는 데는 몇 가지 의도가 있는데,

㉠ "발뒤꿈치를 잡았다, 하나님과 힘을 겨루어 이겼다" 하심과 같이, 자기중심적이고 반항적인 기질을 가진 야곱이었음에도 불구하고 하나님께서 그를 택하셔서 언약하여주신 하나님의 주권적인 은혜를 깨닫게 하기 위해서입니다.

㉡ 또한 그 후손들이 범죄로 말미암아 조상 야곱처럼 이제 약속의 땅을 떠나야 할 처지에 놓였지만, 야곱에게 하신 언약을 상기시킴으로 야곱을 돌아오게 하신 하나님께서 그들도 "이 땅으로 돌아오게 하겠다"고 약속하시는 셈입니다. 왜 돌아오게 하시려는가? 그들에게 그럴만한 가치가 있어서가 아니라 "땅의 모든 족속이 네 자손으로 말미암아 복을 받으리라" 하신 메시아언약을 이루시기 위해서인 것입니다.

㉢ 그래서 "여호와는 만군의 하나님이시라 여호와는 그를 기억하게 하는 이름이니라"(5)고 "여호와"라는 이름을 강조하시는 것입니다. "여호와"라는 칭호는 "일을 행하시는 여호와, 그것을 만들며 성취하시는 여호와, 그의 이름을 여호와라 하는 이"(렘 33:2)라 하심같이 언약

과 결부된 하나님의 기념 칭호입니다. 본문이 말씀하고자 하는 바는 "우리는 미쁨이 없을지라도 주는 항상 미쁘시다"(딤후 2:13)는 점입니다.

⑦ 미쁘신 여호와 하나님은 그 자손 중에 그리스도를 보내주시겠다는 그 언약을 지켜주셨습니다.

㉠ 그리하여 "땅의 모든 족속이 너와 네 자손으로 말미암아 복을 받으리라" 하심 같이 이방인이었던 우리가 구원의 복을 얻어 영적인 이스라엘이 된 것입니다.

㉡ 그러므로 우리도, "거기서 (벧엘)우리에게 말씀하셨다"고 말할 수 있는 것입니다. 그렇습니다. "내가 너와 함께 있어 네가 어디로 가든지 너를 지키며 너를 이끌어 이 땅으로 돌아오게 할지라 내가 네게 허락한 것을 다 이루기까지 너를 떠나지 아니하리라"(창 28:14) 하신 언약은 형제에게도 유효한 것입니다.

⑧ 이렇게 언약을 상기시키신 후에 "그런즉 너의 하나님께로 돌아와서 인애와 정의를 지키며 항상 너의 하나님을 바랄지니라"(6) 하십니다.

㉠ 하나님은 미가 선지자를 통해서도 "사람아 주께서 선한 것이 무엇임을 네게 보이셨나니 여호와께서 네게 구하시는 것은 오직 정의를 행하며 인자를 사랑하며 겸손하게 네 하나님과 함께 행하는 것이 아니냐"(미 6:8)고 말씀하셨습니다.

㉡ 이것이 언약에 신실하신 하나님께 대한 우리의 응답이어야 합니다.

둘째 단원(7-14) **하나님은 참되시다**

"네가 애굽 땅에 있을 때부터 나는 네 하나님 여호와니라 내가 너로 다시 장막에 거주하게 하기를 명절날에 하던 것 같게 하리라"(9).

① 둘째 단원의 중심점은 두 번이나 언급하고 있는 "애굽에서
인도하여 내셨다"(9,13)는데 있습니다. 첫째 단원에서는 이스라엘
의 조상 야곱을 거론하심으로 사람의 거짓됨과 하나님의 참되심
을 대조적으로 말씀하셨는데, 본 단원에서는 "출애굽"을 상기시
키심으로 하나님의 참되심과 사람의 거짓됨을 보여주시려는 것입
니다. 왜 출애굽을 상기시키시는가?

㉠ 하나님께서는 야곱을 하란에서 가나안으로 돌아오게 행해주심 같이,
야곱의 자손들을 애굽에서 가나안으로 돌아오게 행해주셨던 것입니
다.

㉡ 하나님은 가족을 데리고 애굽으로 내려가는 야곱에게 "나는 하나님
이라 네 아버지의 하나님이니 애굽으로 내려가기를 두려워하지 말라
내가 거기서 너로 큰 민족을 이루게 하리라 내가 너와 함께 애굽으
로 내려가겠고 반드시 너를 인도하여 다시 올라올 것이며"(창
46:3-4)라고 약속해주셨는데 그 약속도 지켜주셨던 것입니다.

㉢ 이를 상기시켜주심으로 추방당할 처지에 놓인 그들에게 "내가 너로
다시(돌아오게 하여) 장막에 거주하게 해주겠다"는 약속을 확고하게
해주시려는 것입니다.

② 본문에서 주목할 점은 하나님의 야곱에 대한 호칭이 발전하
고 있다는 점입니다.

㉠ 태어날 때(3)와 도망갈 때(12상)는 야곱이라고 부르신 하나님께서,
아내를 얻는 것과 결부해서는 "이스라엘이 아내를 얻기 위하여 사
람을 섬기며"(12중) 라고 "이스라엘"로 바꿔서 부르시는 것을 보게
됩니다. 야곱이 이스라엘이라는 이름을 얻게 된 것은 얍복 나루에서
"울며 그에게 간구"(4)하였을 때, "네 이름을 다시는 야곱이라 부를
것이 아니요 이스라엘이라 부를 것이라"(창 32:28)고 주어진 이름입

니다.

ⓛ 브니엘의 축복은 결코 작은 일이 아니었던 것입니다. 왜냐하면 비천한 중에 태어난 열두 아들이, 이스라엘의 열두 족장이 되는 엄청난 축복이었기 때문입니다. 하나님께서는 이렇게 말씀하시는 셈입니다. "야곱이 하란으로 내려가는 것을 허락한 것은 아내를 얻게 하기 위해서이고, 그에게 나타나 언약을 세워준 것은 그의 아들들을 열두 족장으로 세워 이스라엘 민족을 이루게 하기 위한 계획이 있었기 때문이다". 그렇다면 사람은 다 거짓되되 하나님은 참되시다 하고 말할 것밖에는 없는 것입니다.

③ 그리고 70명이라는 적은 수로 애굽으로 내려간 야곱의 가족이 "이스라엘 민족"이 되어서 출애굽 하게 되었다는 문맥입니다.

ⓖ 그들이 "학대를 받을수록 더욱 번성하여 퍼져나가니"(출 1:12)가 가능했던 것이나

ⓛ 바로의 속박으로부터 해방될 수 있었던 것은 언약에 신실하신 하나님의 주권적인 섭리에 의해서 가능해진 일이라는 사실입니다. 이런 의미가 "네가 애굽 땅에 있을 때부터 나는 네 하나님 여호와니라" (9)는 말씀에 함의되어 있는 의미입니다.

④ 그런데 야곱이→이스라엘이 되었다가→이제는 호칭이 "에브라임(1)과 유다"(2)로 나누어졌다는 점을 유념해야 합니다. 이름만 바뀐 것이 아닙니다. 본문에는 "에브라임"이라는 말이 세 번 (1,8,14) 등장하는데,

ⓖ "에브라임은 바람을 먹으며 동풍을 따라가서 종일토록 거짓과 포학을 더하여"(1)

ⓛ "에브라임이 말하기를 나는 실로 부자라 내가 재물을 얻었는데 내가 수고한 모든 것 중에서 죄라 할 만한 불의를 내게서 찾아낼 자 없으리라"(8)

ⓒ "에브라임이 격노하게 함이 극심하였으니"(14)라고 말씀합니다. 이러한 거짓은 조상 야곱 때부터 있어 왔음을 상기시킴으로 사람은 다 거짓되되 하나님은 참되심을 드러내고 있는 것입니다.

⑤ 그러나 12장을 통해서 말씀하시려는 바는 여기가 끝이 아닙니다. 그러므로 12장의 요절로 정한 9절을 깊이 음미해보아야 합니다. "네가 애굽 땅에 있을 때부터 나는 네 하나님 여호와니라"(9상) 하심은,

ⓐ "너희를 구속하여 너희로 내 백성"(출 6:6-7)을 삼으셨음을 가리키는 말씀입니다. 신약적으로 말하면 "그러나 너희는 택하신 족속이요 왕 같은 제사장들이요 거룩한 나라요 그의 소유 된 백성"(벧전 2:9)이라는 뜻입니다.

ⓑ 또한 9절 한 절 속에는 "내가, 나는"이라는 말이 세 번 강조되어 있는데 이는 하나님의 강력한 주권을 나타내심입니다. 한번 작정하시고, 언약하시고, 시작하신 구원계획은 "여호와"의 영예를 위하여 결코 중단하시거나 포기하시지 않으신다는 뜻이 내포되어있는 것입니다.

⑥ 그러므로 "내가 너로 다시 장막에 거주하게 하기를"(9중) 하십니다. "내가 하겠다" 하십니다. 성경을 전체적으로 바라보노라면 인간은 계속적으로 약속의 땅을 떠나려 함을 볼 수 있습니다.

ⓐ 가나안으로 간 아브라함은 흉년이 들자 애굽(창 12:10)으로 내려갑니다. 그러나 하나님은 돌아오게 하십니다.

ⓑ 아브라함이 이번에는 블레셋 그랄(창 20:1)로 내려갑니다.

ⓒ 아브라함이 죽은 후에 이삭도 그랄로 내려가 블레셋 왕 아비멜렉(창 26:1)에게로 갑니다.

ⓓ 야곱은 하란(창 28:10)으로 내려갑니다. 그러나 하나님은 돌아오게

하시고, 돌아오게 하십니다.

ⓜ 이번에는 야곱이 애굽으로 내려갑니다. 하나님께서는 "반드시 너를 인도하여 다시 올라올 것이라"(창 46:4)고 약속하십니다. 약속의 땅을 떠나려 함은 족장들만 그러했던 것은 아닙니다.

ⓑ 심지어 다윗도 사울을 피하여 블레셋(삼상 21:10)으로 내려가기도 하고, 모압으로 내려가기도 합니다. 하나님은 선지자 갓을 통하여 "유다 땅으로 들어가라"(삼상 22:3,5)고 명하십니다. 인간이 하나님의 집을 떠나기 시작한 것은 시조로부터 시작되었습니다. 구원계획이란 이를 돌아오게 하시려는 프로젝트인 것입니다.

⑦ 어찌하여 "장막"에 거하게 하시겠다고 말씀하시는가?

㉠ 이는 "초막절"을 염두에 두고 한 말씀임이 분명합니다. 이것이 이어지는 "명절 일에 하던 것 같게"라는 말씀이 뒷받침해 줍니다.

㉡ 초막절은 광야 생활을 잊지 않기 위해서 한 주간동안 초막에 거하는 절기입니다. 그런데 성경은 "명절(초막절) 끝날 곧 큰 날"(요 7:37)이라고 말씀합니다. 왜냐하면 드디어 광야 생활을 청산하고 약속의 땅에 들어가게 된 기쁨을 만끽하는 날이기 때문입니다.

㉢ 이 점에서 유념할 점은 하나님은 삼대 절기를 지킬 것을 명하셨는데, "유월절"은 유월절 양 되시는 그리스도에게서 성취되었으며, 오순절은 성령 강림으로 성취되었고, 이제 남은 것은 "초막절" 뿐입니다. 이 초막절은 주님의 재림으로 성취될 그림자인 것입니다. 그러니까 지금 우리는 초막절의 기간을 살아가면서 "명절 끝 날 곧 큰 날"을 고대하고 있는 것입니다.

⑧ 그러므로 "내가 너로 다시 장막에 거주하게 하기를 <명절 일>에 하던 것 같게 하리라"는 약속은,

㉠ 단순히 이스라엘의 회복만을 의미하는 것이 아닙니다. 왜냐하면 하나님의 구원계획이란 가나안에서 추방당한 이스라엘이 돌아오는 것에 국한된 것이 아니라 에덴에서 추방당한 인류를 구원하시려는 하나님

나라 회복에 있기 때문입니다.

ⓛ 그러므로 스가랴 선지자도 "예루살렘을 치러 왔던 이방 나라들 중에
남은 자가 해마다 올라와서 그 왕 만군의 여호와께 경배하며 초막절
(草幕節)을 지킬 것이라"(슥 14:16)고 "초막절"로 예언을 마치고 있
는 것입니다. 이제까지 약속을 지켜주신 하나님은 이제 하나 남은
약속, 즉 주님의 재림으로 성취될 "너로 다시 장막에 거주하게 하기
를 명절일에 하던 것 같게 하리라"는 초막절도 반드시 지켜주시리라
는 믿음입니다.

⑨ 누가 옳은가 따져보자. 그래서 "이스라엘과 논쟁하시는 하
나님", 12장의 결론은 분명해졌습니다. 우리도 이렇게 고백할 것
밖에 없습니다. "어떤 자들이 믿지 아니하였으면 어찌하리요 그
믿지 아니함이 하나님의 미쁘심을 폐하겠느냐 그럴 수 없느니라
사람은 다 거짓되되 하나님은 참되시다 할지어다"(롬 3:3-4). 이
것이 "사람의 거짓됨과 하나님의 참되심"입니다.

호세아 13장 분석도표
주제 : 내가 속량하며, 구속하리라

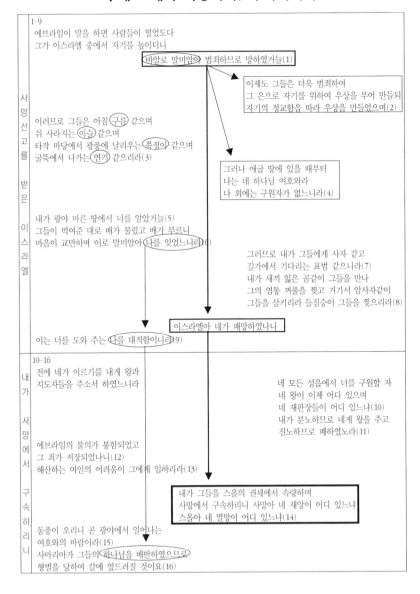

1-9
에브라임이 말을 하면 사람들이 떨었도다
그가 이스라엘 중에서 자기를 높이더니
바알로 말미암아 범죄하므로 망하였거늘(1)

이제도 그들은 더욱 범죄하여
그 은으로 자기를 위하여 우상을 부어 만들되
자기의 정교함을 따라 우상을 만들었으며(2)

사
망
선
고
를

이러므로 그들은 아침 구름 같으며
쉬 사라지는 이슬 같으며
타작 마당에서 광풍에 날리우는 쭉정이 같으며
굴뚝에서 나가는 연기 같으리라(3)

그러나 애굽 땅에 있을 때부터
나는 네 하나님 여호와라
나 외에는 구원자가 없느니라(4)

받
은

이
스
라
엘

내가 광야 마른 땅에서 너를 알았거늘(5)
그들이 먹여준 대로 배가 불렀고 배가 부르니
마음이 교만하며 이로 말미암아 나를 잊었느니라(6)

그러므로 내가 그들에게 사자 같고
길가에서 기다리는 표범 같으니라(7)
내가 새끼 잃은 곰같이 그들을 만나
그의 염통 꺼풀을 찢고 거기서 암사자같이
그들을 삼키리라 들짐승이 그들을 찢으리라(8)

이스라엘아 네가 패망하였나니

이는 너를 도와 주는 나를 대적함이니라(9)

10-16
내
가

전에 네가 이르기를 내게 왕과
지도자들을 주소서 하였느니라

네 모든 성읍에서 너를 구원할 자
네 왕이 이제 어디 있으며
네 재판장들이 어디 있느냐
내가 분노하므로 네게 왕을 주고
진노하므로 폐하였노라(11)

사
망
에
서

에브라임의 불의가 봉함되었고
그 죄가 저장되었나니(12)
해산하는 여인의 어려움이 그에게 임하리라(13)

구
속
하
리
니

내가 그들을 스올의 권세에서 속량하며
사망에서 구속하리니 사망아 네 재앙이 어디 있느냐
스올아 네 멸망이 어디 있느냐(14)

동풍이 오리니 곧 광야에서 일어나는
여호와의 바람이라(15)
사마리아가 그들의 하나님을 배반하였으므로
형벌을 당하여 칼에 엎드러질 것이요(16)

13장

내가 속량하며, 구속하리라

[14] 내가 그들을 스올의 권세에서 속량하며 사망에서 구속하리니 사망아 네 재앙이 어디 있느냐 스올아 네 멸망이 어디 있느냐 뉘우침이 내 눈 앞에서 숨으리라

13장의 중심점은 도표에서 중심축으로 나타나 있는데, "바알로 말미암아 망하고(1), 패망"(9)하게 된 그들을 하나님께서 "내가 그들을 스올의 권세에서 속량하며 사망에서 구속"(14)해 주시겠다는 데 있습니다. 이것은 하나님께서 주권적으로 이루어주시겠다는 말씀입니다. 그렇다면 사람이 한 행실이란 무엇인가? 또 하나의 축에 나타나 있는데 "나를 잊었느니라(6), 나를 대적함이니라(9), 그들의 하나님을 배반"(16)하였다고 말씀합니다. 그토록 배은망덕함에도 불구하고 하나님은 그들을 속량하시고 구속해주

시겠다는, 여기에 핵심이 있는 것입니다. 선지서를 상고해 보면 앞부분에서 문제를 말씀하고 뒷부분에서 해답을 말씀하는 구조로 되어있습니다. 그렇다면 사활적으로 중요한 것은 "사망에서 구속하심"이 누구의 어떤 방도로 가능하여지는가 하는 점입니다. 이를 두 단원으로 나누어 상고하겠습니다.

> 첫째 단원(1-9) **사망선고를 받은 이스라엘**
> 둘째 단원(10-16) **내가 사망에서 구속하리니**

첫째 단원(1-9) **사망선고를 받은 이스라엘**

"에브라임이 말을 하면 사람들이 떨었도다 그가 이스라엘 중에서 자기를 높이더니 바알로 말미암아 범죄하므로 망하였거늘(1).

① 13장은 "망하였거늘"(1하)로 시작됩니다.

㉠ 이는 의사가 "운명했습니다"하는 죽음을 선고하는 것과 같은 일종의 "사망선고"입니다. 그러므로 첫째 단원의 마지막 절에서도 "이스라엘아 네가 패망하였나니"(9)라고 선고하십니다. 살려보려고 그토록 애를 써보았지만 결국 사망을 선고하기에 이른 것입니다.

㉡ 원인이 무엇인가? "바알로 말미암아 범죄하므로"(1하) 라고 말씀합니다. 사망에 이르게 된 결정적인 죄는 다윗에게 세워주신 메시아언약을 우상으로 바꿔치기한 죄였던 것입니다. 그리고 앞에서도 여러 번 지적했습니다만 우상숭배에 빠지게 된 원인은 "자기를 사랑하며 돈을 사랑하며"(딤후 3:2)한 자기중심적인 기복신앙에 있었던 것입니다.

ⓒ 또 한가지 원인은 "자기를 높이더니"(1중) 한 교만입니다. 얼마나 교만했으면 "사람들이 떨었도다"(1중) 라고 말하겠는가? 교만이란 자기중심적인 신앙과 불가분의 관계입니다. 자기에게 힘과 능력이 있다고 여기게 되면 교만해지는 것입니다.

② 그런데 "이제도 그들은 더욱 범죄하여 그 은으로 자기를 위하여 우상을 부어 만든다"(2)고 책망하십니다. 망해가면서도, 죽어가면서도, 숨이 넘어가면서도 "더욱 범죄하여"라고 말씀합니다. "에브라임아 내가 네게 어떻게 하랴 유다야 내가 네게 어떻게 하랴"(6:4), 참으로 구제불능임을 보게 됩니다.

③ "이러므로 그들은 아침 구름 같으며 쉬 사라지는 이슬 같으며 타작마당에서 광풍에 날리는 쭉정이 같으며 굴뚝에서 나가는 연기 같으리라"(3) 하십니다. "구름·이슬·쭉정이·연기" 등은 모두가 "쉽게 살아지는" 것의 비유입니다. 적절한 비유는 아니겠지만 마치 사랑하는 자가 죽었을 때 시신을 화장하여 그 재를 뿌리고 돌아설 때의 "허망"(虛妄)함 같은 것이라 하겠습니다.

④ 4절은 "그러나" 이렇게 시작되는데 이는 1-3절의 뜻을 뒤집는 말씀입니다. 즉 그들은 "구름·이슬·쭉정이·연기"같이 되어서는 아니 될 존재라는 말씀입니다. 그러므로 4절은 사망을 선고받은 자에게 들려주는 마지막 권면이라 할 수 있습니다. 세 마디로 되어있는데

㉠ 첫째는 "그러나 애굽 땅에 있을 때부터 나는 네 하나님 여호와라" 하십니다. 12:9절에서도 같은 말씀을 하고 있는데 이는 그들의 정체성을 말해주는 원리와 같은 언급입니다.

㉡ 둘째는 "나밖에 네가 다른 신을 알지 말 것이라" 하십니다. 왜 그래야만 합니까? 그들을 애굽에서 인도하여내신 목적이 "그들의 하나님

이 되시려는"(출 29:46)데 있기 때문입니다.

ⓒ 셋째로 "나 외에는 구원자가 없느니라" 하십니다. 이는 그들에게는 가슴을 칠 절통(切痛)할 말씀인 것입니다. 왜냐하면 이를 일찍이 깨닫고 명심하기만 했다면 이 지경에 이르지 않았을 것이기 때문입니다.

⑤ 5-6절은 일종의 회고라 할 수 있는데 "내가 광야 마른 땅에서 너를 알았거늘 그들이 먹여 준 대로 배가 불렀고 배가 부르니 그들의 마음이 교만하여 이로 말미암아 나를 잊었느니라" 하십니다.

⑥ 7-8절은 그들에 대한 선고라고 하겠는데

㉠ "사자 · 표범 · 곰 · 암사자 · 들짐승" 같으리라고 말씀하십니다. 그리하여 "그 염통 꺼풀을 찢고, 삼키고, 찢으리라" 하십니다. 그들의 배은망덕으로 말한다면 당연하고도 남음이 있지만 이 점을 구속사라는 맥락으로 보면

㉡ 다니엘 7장에 등장하는 네 짐승 즉 "사자 · 곰 · 표범 · 무섭고 강하며 큰 철 이가 있는 짐승"(단 7:3-7)과 결부되는 것으로 여겨집니다. 이는 바벨론 · 바사 · 헬라 · 로마나라를 상징함인데 범죄로 말미암아 하나님의 백성들은 사나운 네 짐승에게 내어줌이 되고 참혹한 고난을 당하였던 것입니다. 이는 하나님이 허용하셨기 때문인데, 그래서 "내가 그들에게 사자 같고"라고 말씀하시는 것입니다.

⑦ 그러므로 "이스라엘아 네가 패망하였나니 이는 너를 도와주는 나를 대적함이니라"(9) 하십니다. 이것이 사망선고를 받은 이스라엘입니다.

둘째 단원(10-16) **내가 사망에서 구속하리니**

아 네 재앙이 어디 있느냐 스올아 네 멸망이 어디 있느냐 뉘우침이
내 눈 앞에서 숨으리라(14).

14절은 13장의 요절이요, 호세아서 전체의 요절이라 해도 과언
이 아닐 정도로 중요한 의미가 있는 말씀입니다. 바울이 이 말씀
을 인용하여 부활 장(고전 15장)의 결론으로 삼고 있는 것만 보
아도 그 무게를 알 수 있습니다. 핵심은 "사망과 구속"이라는 상
반(相反)된 의미에서 구할 수 있는데 "사망"은 죄의 값인데 그러
나 "구속"은 대가(代價)가 아니라 하나님의 값없는 은혜인 것입니
다. 어떻게 값없이 주시게 되었는가? 하나님의 아들이 대신 값을
지불했기 때문입니다. 이것이 "구속"입니다.

① "내가 그들을 스올의 권세에서 속량하며 사망에서 구속하리
니"(14상) 하십니다.

㉠ "스올·사망"이라는 말을 유념하시기 바랍니다. 이스라엘은 이제 사
망선고를 받고 스올에 떨어질 처지에 놓인 것입니다.

㉡ 하나님은 에스겔 선지자에게도 골짜기에 가득한 아주 마른 심히 많
은 뼈들을 보여주셨습니다. 이것이 이스라엘의 영적인 상태였던 것입
니다. 그리고 물으십니다. "이 뼈들이 능히 살겠느냐"(겔 37:3). 그
것은 불가능한 일로 보였을 것입니다. 그러나 하나님은 살아나게 행
해주셨습니다.

② "스올의 권세에서 속량하며 사망에서 구속하리니"라는 말씀
이,

㉠ 일차적으로는 열방으로 추방당했던 하나님의 백성들이 귀환하게 될
것을 의미합니다. 그런데 하나님은 "다만 유대인의 하나님이시냐 또

한 이방인의 하나님은 아니시냐 진실로 이방인의 하나님도 되시느니라"(롬 3:29). 허물과 죄로 죽은 상태가 된 것은 이방인도 마찬가지였던 것입니다. 그렇습니다. 하나님이 이루시고자 하는 구원계획은 이스라엘 백성들을 애굽에서 또는 바벨론에서 돌아오게 하는 것으로 성취되는 것은 아닌 것입니다.

ⓛ 그러므로 "내가 그들을 스올의 권세에서 속량하며 사망에서 구속하리니" 하신 말씀은 예수 그리스도의 대속으로 말미암아 성취되고, 재림하심으로 완성(고전 15:52-55)될 말씀인 것입니다. 성경은 말씀합니다. "맨 나중에 멸망 받을 원수는 사망이니라"(고전 15:26).

③ "구속"이 얼마나 귀한지를 시편 기자는 이렇게 진술합니다. "자기의 재물을 의지하고 부유함을 자랑하는 자는 아무도 자기의 형제를 구속하지 못하며 그를 위한 속전(贖錢)을 하나님께 바치지도 못할 것은 그들의 생명을 속량하는 값이 너무 엄청나서 영원히 마련하지 못할 것임이라"(시 49:6-7). 이를 알았기에 베드로는 "너희가 알거니와 너희 조상의 물려준 헛된 행실에서 대속함을 받은 것은 은이나 금 같이 없어질 것으로 된 것이 아니요 오직 흠 없고 점없는 어린양 같은 그리스도의 보배로운 피로 된 것이니라"(벧전 1:18-19)고 말씀합니다.

④ "사망아 네 재앙이 어디 있느냐 스올아 네 멸망이 어디 있느냐"(14중) 하고 호통치십니다. 이는 엄청난 선언인데 왜냐하면,

ⓐ 이제 이스라엘은 "사망과 스올"에 삼킨 바 되어 사망선고를 받은 상태이기 때문입니다.

ⓛ 뿐만이 아니라 온 인류도 사망에게 매여 종 노릇하고 있기 때문입니다. 이런 상태에서 "사망아 네 재앙이 어디 있느냐", 아무 데도 없다는 것입니다. "스올아 네 멸망이 어디 있느냐", 아무 데도 없다고 말씀한다는 것은 얼마나 놀라운 선언입니까?

⑤ 어떻게 해서 "사망의 재앙도, 스올의 멸망도 없다"는 것인가?

ㄱ 성경은 말씀합니다. "그(그리스도)도 또한 한 모양으로 혈과 육을 함께 지니심은 죽음을 통하여 죽음의 세력을 잡은 자 곧 마귀를 멸하시며 또 죽기를 무서워하므로 한평생 매여 종 노릇하는 모든 자들을 놓아주려 하심이니"(히 2:14-15), 사망권세를 이기고 부활하심으로 가능해진 것입니다.

ㄴ 다시 말하면 "사망을 삼키고 이 이기리라고 기록된 말씀이 이루어졌기"(고전 15:54)때문입니다.

⑥ 그러므로 사도 바울은 본문 14절을 부활 장에서 인용하여 "사망아 너의 승리가 어디 있느냐 사망아 네가 쏘는 것이 어디 있느냐" 말씀하면서, "우리 주 예수 그리스도로 말미암아 우리에게 승리를 주시는 하나님께 감사하노니"(고전 15:55-57)라고 승리의 개가를 불렀던 것입니다.

⑦ 그런데 이런 일이 즉흥적으로나 임기응변으로 이루심이 아니라는 점을 인식해야 합니다. 하나님에게는 임기응변이란 없습니다.

ㄱ 이는 이미 창세기 3:15절에서 "여자의 후손은 네 머리를 상하게 할 것이요"라고 선언하신 바의 성취이며,

ㄴ 아브라함에게 "내가 네게 큰 복을 주고 네 씨가 크게 번성하여 하늘의 별과 같고 바닷가의 모래와 같게 하리니 네 씨가 그 대적의 성문을(승리를) 차지하리라 또 네 씨로 말미암아 천하 만민이 복을 받으리니"(창 22:17-18)라고 세워주신 언약의 성취인 것입니다.

⑧ 이토록 선하신 하나님께 인간은 어떻게 보답했는가?

ㄱ "전에 네가 이르기를 내게 왕과 지도자들을 주소서 하였느니라"(10상) 하고 옛날 사무엘 당시 그들이 왕을 구한 일을 상기시키십니다.

그 때 하나님께서는 사무엘에게 "그들이 너를 버림이 아니요 나를 버려 자기들의 왕이 되지 못하게 함이니라"(삼상 8:7)고 말씀하셨습니다.

ⓒ 그들이 왕을 구한 일이 얼마나 괘씸하셨으면 수백 년이 지난 이 시점에서 이를 상기시키시겠습니까? 그래서 "내가 분노하므로 네게 왕을 주고 진노하므로 폐하였노라"(11) 하시는 것입니다. 이렇게 말씀하심은 "그때 일"이 괘씸해서가 아니라 지금도 되풀이하고 있다는 점을 지적하기 위해서인 것입니다.

⑨ 새삼스럽게 왕을 구한 일을 거론하심은,

㉠ 그들의 소행, 즉 "너를 도와주는 나를 대적함이니라"(9) 하신 하나님 대적과, "사마리아가 그들의 하나님을 배반하였으므로"(16) 하신 하나님을 배반한 행실을 뼈저리게 깨닫게 하기 위해서입니다.

ⓒ 적극적으로는 "나 외에는 구원자가 없느니라"(4하)를 확증시켜주시기 위해서입니다.

⑩ 그러므로 그들에게 물으십니다.

㉠ "너를 구원할 자 곧 네 왕이 이제 어디 있으며 네 재판장들이 어디 있느냐"(10하). 없습니다. 구원해 줄자란 아무도 없습니다. 그들이 사랑하던 우상도, 어리석은 비둘기 같이 두리번거리며 믿었던(7:11) 애굽도 앗수르도, 하나님의 왕 되심을 거부하고 구했던 왕도 지도자도, 구원해 줄 수 있는 자란 아무도 없습니다.

ⓒ 이 절망적인 시점에서 하나님은 "내가"(14상) 하고 나서주시는 문맥이라는 점을 유념하시기 바랍니다. "내가 그들을 스올의 권세에서 속량하며 사망에서 구속하리니" 하시는 것입니다.

부언할 말씀은 "내가 그들을 스올의 권세에서 속량하며 사망에서 구속하리니" 하신 "속량과 구속"은 이스라엘의 범죄로 말미암아 시작된 것이 아니라, 시조 아담 하와가 범한 원죄(原罪)로 말미암은 것이라는 점을 놓쳐서는 안 된다는 점입니다. 그러므로 창세로부터 오늘까지 "사람은 다 거짓되되 하나님은 참되시다" (롬 3:4)라고 고백할 것밖에는 내놓을 것이라고는 아무것도 없는 것입니다. 이것이 "내가 속량하며 구속하리라"는 의미입니다.

호세아 14장 분석도표
주제 : 내가 이스라엘에게 이슬과 같으리니

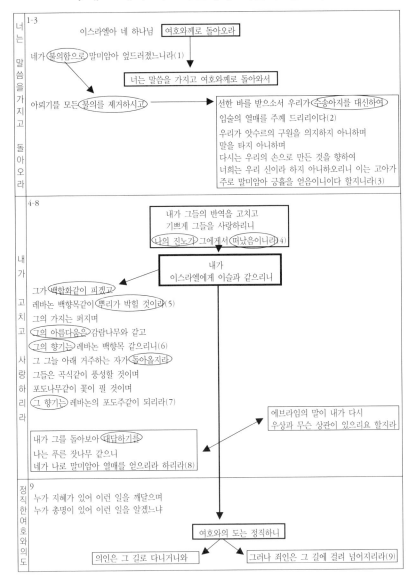

너는 말씀을 가지고 돌아오라

1-3
이스라엘아 네 하나님 │여호와께로 돌아오라│

네가 ⟨불의함으로⟩ 말미암아 엎드러졌느니라(1)

│너는 말씀을 가지고 여호와께로 돌아와서│

아뢰기를 모든 ⟨불의를 제거하시고⟩ → │선한 바를 받으소서 우리가 ⟨수송아지를 대신하여⟩ 입술의 열매를 주께 드리이다(2) 우리가 앗수르의 구원을 의지하지 아니하며 말을 타지 아니하며 다시는 우리의 손으로 만든 것을 향하여 너희는 우리 신이라 하지 아니하오리니 이는 고아가 주로 말미암아 긍휼을 얻음이니이다 할지니라(3)│

내가 고치고 사랑하리라

4-8
│내가 그들의 반역을 고치고 기쁘게 그들을 사랑하리니 ⟨나의 진노가⟩ 그에게서 ⟨떠났음이니라⟩(4)│

│내가 이스라엘에게 이슬과 같으리니│

그가 ⟨백합화같이 피겠고⟩
레바논 백향목같이 ⟨뿌리가 박힐 것이라⟩(5)
그의 가지는 퍼지며
⟨그의 아름다움은⟩ 감람나무와 같고
⟨그의 향기는⟩ 레바논 백향목 같으리니(6)
그 그늘 아래 거주하는 자가 ⟨돌아올지라⟩
그들은 곡식같이 풍성할 것이며
포도나무같이 꽃이 필 것이며
⟨그 향기는⟩ 레바논의 포도주같이 되리라(7)

│에브라임의 말이 내가 다시 우상과 무슨 상관이 있으리요 할지라│

│내가 그를 돌아보아 ⟨대답하기를⟩
나는 푸른 잣나무 같으니
네가 나로 말미암아 열매를 얻으리라 하리라(8)│

정직한 여호와의 도

9
누가 지혜가 있어 이런 일을 깨달으며
누가 총명이 있어 이런 일을 알겠느냐

│여호와의 도는 정직하니│

│의인은 그 길로 다니거니와│   │그러나 죄인은 그 길에 걸려 넘어지리라(9)│

14장

내가 이스라엘에게 이슬과 같으리니

⁴ 내가 그들의 반역을 고치고 기쁘게 그들을 사랑하리니 나의 진노가 그에게서 떠났음이니라

　마지막 장에 이르렀습니다. 중심점은 도표에서 보시는 바대로 "여호와의 진노는 그에게서 떠났고"(4), 떠난 것만이 아니라 "내가 이스라엘에게 이슬과 같으리니"(5) 하시는 진노가 아니라 도리어 은혜를 내려 주시겠다는 데 있습니다. 그런데 이것이 비공식적 즉 하나님의 공의를 위배해서 행해주시는 것이 아니라 정정당당하게 행해주시는 일이라는 것입니다. 그래서 "여호와의 도는 정직하다"(9)라고 말씀하시는 것입니다. 그러면 인간이 행해야 할

일이 무엇인가? "네 하나님 여호와께로 돌아오라"(1-2) 하시는 돌아가는 일입니다.

"이 나라가 여호와를 떠나 크게 음란함이니라"(1:2)는 암담한 말씀으로 시작된 호세아서가 마지막 장에 이르러 영롱한 일곱 색깔 무지개와 같은 아름다운 언약으로 끝맺게 하시다니, 그 감격과 감동을 형제들과 함께 나누면서 우리도 "수송아지를 대신하여 입술의 열매를 주께 드리리이다"(2하) 라고 고백하게 되기를 바랄 뿐입니다. 그러므로 14장은 말라기 4:2절에서 "내 이름을 경외하는 너희에게는 공의로운 해가 떠올라서 치료하는 광선을 비추리니" 하신 말씀을 연상하게 합니다. 해가 떠오르기 전이란 어둠에 묻혀있던 시기입니다. 호세아의 시대가 그런 시대였습니다.

그런데 마지막 장에 이르러 "흑암에 행하던 백성이 큰 빛을 보고 사망의 그늘진 땅에 거주하던 자에게 빛이 비치도다"(사 9:2) 하심같이 의로운 해가 떠올라서 치료하는 광선을 발하고 있는 것을 보게 됩니다. "내가 그들의 반역을 고치고 기쁘게 그들을 사랑하리니"(4) 하십니다. 어떻게 해서 이것이 가능하여진단 말인가? 하나님은 "누가 지혜가 있어 이런 일을 깨달으며 누가 총명이 있어 이런 일을 알겠느냐"(9) 하시는데 형제가 이를 깨닫고 확신하게 되시기 바랍니다. 이를 세 단원으로 나누어 상고하겠습니다.

첫째 단원(1-3) **너는 말씀을 가지고 돌아오라**
둘째 단원(4-8) **내가 고치고 사랑하리라**
셋째 단원(9) **정적한 여호와의 도**

첫째 단원(1-3) **너는 말씀을 가지고 돌아오라**

"이스라엘아 네 하나님 여호와께로 돌아오라 네가 불의함으로 말미암아 엎드러졌느니라(1).

① 첫 단원의 핵심은 "돌아오라"는 말씀에 있습니다.

㉠ 누구에게로 말입니까? "네 하나님 여호와께로 돌아오라" 하십니다. 이는 하나님을 배반하고 떠난 자들에게 "돌아오라"는 하나님의 초청(招請)입니다. 선지서에는 "돌아오라"는 초청이 풍부합니다. 어떤 의미에서는 이 한 가지 사명을 위해서 세움을 받은 자들이 선지자들이라 해도 과언이 아닙니다.

㉡ 초청을 받는다는 것, 그것도 만군의 여호와 하나님의 초청을 받는다는 것은 얼마나 영광스럽고도 황공한 일입니까? 그러하건만 인간의 반응은 어떠합니까? "천국은 마치 자기 아들을 위하여 혼인 잔치를 베푼 어떤 임금과 같으니 그 종들을 보내어 그 청한 사람들을 혼인 잔치에 오라 하였더니", 얼마나 영광스러운 초청입니까? 그러나 "오기를 싫어하거늘 다시 다른 종들을 보내며 이르되, 내가 오찬을 준비하되 나의 소와 살진 짐승을 잡고 모든 것을 갖추었으니 혼인 잔치에 오소서 하라 하였더니 그들은 돌아보지도 않았다"(마 22:2-5)라고 말씀합니다.

② 이런 초청은 신약성경에만 있는 것이 아닙니다. "지혜가 그의 집을 짓고 일곱 기둥을 다듬고 짐승을 잡으며 포도주를 혼합하여 상을 갖추고 자기의 여종을 보내어 성중 높은 곳에서 불러 이르기를 어리석은 자는 이리로 돌이키라 또 지혜 없는 자에게 이르기를 너는 와서 내 식물을 먹으며 내 혼합한 포도주를 마시고 어리석음을 버리고 생명을 얻으라"(잠 9:1-6)고 명언 집과 같

은 것으로 여겼던 잠언에서도 초청하십니다.

③ 그러면 왜 그들에게 돌아오라 하시는가? "네가 불의함으로 말미암아 엎드러졌느니라"(1하) 하십니다.

  ㉠ 그렇다면 "불의함으로 말미암아 엎드러진", 다시 말하면 하나님 존전에서 추방당한 자의 편에서 "돌아가게 해주십시오, 돌아가게 해주십시오"라고 애원해야 마땅한 것이 아닐까요? 여기에 하나님의 선수적인 사랑이 있는 것입니다.

  ㉡ 다음으로 "불의함으로 말미암아 엎드러진 자"가 어떻게 거룩하신 하나님 앞으로 돌아갈 수가 있으며, 의로우신 하나님은 어떻게 불의한 자를 받아주실 수 있으시다는 말인가? 하는 하나님의 공의가 대두되게 되는 것입니다.

④ 이는 이스라엘의 "엎드러짐"에 국한된 문제가 아니요, 앗수르나 바벨론에서 돌아오는 것과 결부된 문제만도 아닌 것입니다.

  ㉠ 이는 인류의 시조 아담 하와가 "불의함으로 말미암아 엎드러진" 원죄와 결부된 문제이며,

  ㉡ 에덴에서 추방당한 아담의 후예들이 돌아오는 것이 어떻게 가능하여지는가와 결부된 문제라는 점입니다. 그러므로 하나님께서는 "하나님의 사랑과 공의"가 동시에 충족하실 수 있는 유일한 방안을 마련하셨던 것입니다. 신구약 성경은 이 한 가지 난제(難題)에 대한 해답이라고 해도 과언이 아닙니다.

  ㉢ 그 해답이 "내가 그들을 스올의 권세에서 속량하며 사망에서 구속하리니"(13:14) 하신 "속량과 구속" 즉 대속입니다.

⑤ 어찌하여 구약성경을 상고할 때에 문자(儀文)만 보고 신령한 의미는 보지 못하는지 참으로 답답하고 안타깝습니다. 그것은 수박 겉만 핥는 격입니다.

  ㉠ 성경은 말씀합니다. "그러나 그들의 마음이 완고하여 오늘까지도 구

약을 읽을 때에 그 수건이 벗겨지지 아니하고 있으니 그 수건은 그리스도 안에서 없어질 것이라 오늘까지 모세의 글을 읽을 때에 수건이 그 마음을 덮었도다 그러나 언제든지 주께로 돌아가면 그 수건이 벗겨지리라"(고후 3:14-16).

ⓛ 주님은 말씀하십니다. "너희가 성경에서 영생을 얻는 줄 생각하고 성경을 연구하거니와 이 성경(구약성경)이 곧 내게 대하여 증언하는 것이니라"(요 5:39).

⑥ 2-3절은 주님께서 "주기도문"을 주심과 같이, 하나님이 가르쳐주신 이렇게 기도하라는 내용이라 할 수가 있습니다. 즉 이렇게 기도하면서 돌아오라는 말씀입니다. "너는 말씀을 가지고 여호와께 돌아와서 아뢰기를",

ⓙ 첫 말씀이 "불의를 제거하시고"(2상) 합니다. 그렇습니다. 불의로 말미암아 엎드러졌다면 이 "불의"가 제거되어야, 즉 해결되기 전에는 돌아갈 수도 없고 받아주실 수도 없기 때문입니다.

ⓛ 그렇다면 이 "불의"가 어떻게 해서 제하여질 수 있는가? 오직 예수 그리스도의 구속을 통해서 뿐입니다. 혹자는 구약의 성도들의 죄가 속죄제를 통하여 제하여진 줄로 여깁니다만 그것은 참 것의 그림자로 주신 것뿐입니다. 그러므로 성경은 분명히 말씀합니다. "이로 말미암아 그(그리스도)는 새 언약의 중보자시니 이는 첫 언약 때(구약시대)에 범한 죄에서 속량하려고 죽으사 부르심을 입은 자로 하여금 영원한 기업의 약속을 얻게 하려 하심이라"(히 9:15). 아시겠습니까? 구약의 성도들도 예수 그리스도의 구속을 통해서만이 죄 사함을 얻을 수 있었던 것입니다.

⑦ 그러므로 14장의 키워드는 4절입니다. 4절 중에서도 핵심은 "나의 진노가 그에게서 떠났음이니라"(4하)에 있습니다.

ⓙ 불의에 대한 하나님의 "진노"는 바로 앞장에서 "그러므로 내가 그들

에게 사자 같고 길가에서 기다리는 표범 같으니라 내가 새끼 잃은 곰 같이 그들을 만나 그의 염통 꺼풀을 찢고 거기서 암사자같이 저희를 삼키리라"(13:7-8)고 격렬하게 표현되어 있습니다. 그러한 "나의 진노가 그에게서 떠났다"니, 하나님을 변덕이 심한 분으로 만들지 마시기 바랍니다.

ⓛ 공의로우신 하나님의 "진노가 떠났다"는 것은 그냥 된 것이 아닙니다. "그러면 이제 우리가 그의 피(그리스도의 죽으심)로 말미암아 의롭다 하심을 받았으니 더욱 그로 말미암아 〈진노하심〉에서 구원을 받을 것이니"(롬 5:9)라는 말씀을 잊지 마시기 바랍니다. 우리에게 부으셔야 할 하나님의 진노를 우리 대신 그의 아들에게 부으심으로 하나님의 진노가 우리에게서 "떠났음이니라"가 가능하여졌던 것입니다. 이것이 속량이요, 구속입니다.

⑧ 그러므로 "우리가 수송아지를 대신하여 입술의 열매를 주께 드리리이다"라고 고백하게 되는 것입니다. 왜 그런가? 우리가 "대속함을 받은 것은 은이나 금 같이 없어질 것으로 된 것이 아니요 오직 흠 없고 점 없는 어린 양 같은 그리스도의 보배로운 피로 된 것"(벧전 1:18-19)이기 때문입니다.

㉠ "입술로"라고 말씀합니다. "입술로"라는 표현 속에는 첫째로 우리가 속량을 받은 것은 "수송아지의 피"가 아니라는 뜻이 있습니다. 둘째로 어떤 대가를 지불해야 하는 것이 아닌 "값없이, 거저"(롬 3:24, 엡 1:6) 받으라는 의미가 내포되어있는 것입니다.

ⓛ 이런 의미는 "말씀을 가지고" 오라는 표현에도 함의되어 있습니다. 왜냐하면 구약의 성도들은 당연히 제물을 가지고 와서 속죄제를 드려야 마땅합니다. 그런데 하나님은 제물을 요구하시는 것이 아니라 "말씀을 가지고 오라" 하시는 것입니다. 달리 표현하면 공로 없이 다만 입으로 그리스도를 주로 시인하며, 또는 감사하며 찬양을 드리

라고 말씀합니다. 송아지도 양도 아닙니다. 예물도 아닙니다. 그렇다고 일천 번제도 아닙니다. 오직 하나님의 언약의 말씀을 믿는 믿음만을 가지고 오라 하십니다. 이것은 "신령"이지 더 이상 "의문"(롬 2:29)은 아닌 것입니다. 성경은 말씀합니다.

ⓒ "하나님이 제사와 예물을 원하지 아니하시고 오직 나를 위하여 한 몸을 예비하셨도다, 그러므로 우리는 예수로 말미암아 항상 찬송의 제사를 하나님께 드리자 이는 그 이름을 증언하는 입술의 열매니라"(히 10:5, 13:15).

⑨ 무슨 "말씀을 가지고 오라" 하시는가?

㉠ 가까운 문맥으로는 "내가 그들을 스올의 권세에서 속량하며 사망에서 구속하리니 사망아 네 재앙이 어디 있느냐"(13:14) 하신 "구속"의 말씀을 붙잡고 오라는 뜻이 됩니다.

㉡ 뿐만이 아니라 구약성경의 핵심은 그리스도를 증언하는 데 있습니다. 이는 주께서 친히 증언하신 바입니다. 그러므로 "말씀"이신 그리스도만을 가지고 돌아가기만 하면 살 수 있다는 것입니다.

⑩ 그러므로 호세아서에서도 복음은 여러 번 울려 퍼지고 있으며, 도처에서 그리스도를 만날 수 있는 것입니다. 몇 곳만 예로 들면,

㉠ "이에 유다 자손과 이스라엘 자손이 함께 모여 한 우두머리를 세우고 그 땅에서부터 올라오리니"(1:11) 하십니다.

㉡ "그 후에 이스라엘 자손이 돌아와서 그들의 하나님 여호와와 그들의 왕 다윗을 찾고"(3:5) 하십니다. "한 우두머리와 그들의 왕 다윗"이란 명백한 메시아 예언인 것입니다.

㉢ "너희는 내 백성이 아니라 한 그곳에서 그들에게 이르기를 너희는 살아 계신 하나님의 아들들이라 할 것이라"(1:10) 하십니다.

㉣ "아골 골짜기로 소망의 문을 삼아 주리니"(2:15) 하십니다.

㉤ "내가 네게 장가들어 영원히 살겠다"(2:19) 하십니다.

ⓑ "마침내 여호와께서 오사 공의를 비처럼 너희에게 내리시리라"(10:12) 하십니다.
ⓐ "내가 너로 다시 장막에 거주하게 하기를 명절날에 하던 것 같게 하리라"(12:9) 하십니다.
◎ "내가 그들을 스올의 권세에서 속량하며 사망에서 구속하리니 사망아 네 재앙이 어디 있느냐 스올아 네 멸망이 어디 있느냐"(13:14) 하십니다. 이것들은 "온 백성에게 미칠 큰 기쁨의 좋은 소식"(눅 2:10), 곧 복음인 것입니다.
⑪ 3절은 복음을 받은 자의 고백이라 할 수 있는데,
㉠ "우리가 앗수르의 구원을 의지하지 아니하며 말을 타지 아니하며"(3 상) 합니다. 여기서 "말"이란 애굽을 가리키는 묘사입니다. "말"하면 애굽 말을 제일로 꼽았고 그래서 애굽에서 말을 수입(신 17:16) 해왔기 때문입니다. 앗수르도, 애굽도 의지하지 않겠다는 것은 인본주의 신앙이 아니라 하나님 중심으로 살아가겠다는 고백인 것입니다.
㉡ "다시는 우리의 손으로 만든 것을 향하여 너희는 우리의 신이라 하지 아니하오리니"(3중) 합니다. 이를 다른 말로 표현하면, "애굽 땅에 있을 때부터 나는 네 하나님 여호와라 나 밖에 네가 다른 신을 알지 말 것이라 나 외에는 구원자가 없느니라"(13:4)는 말씀이 되는 것입니다.
㉢ "이는 고아가 주로 말미암아 긍휼을 얻음이니이다 할지니라"(3하) 하십니다. 여기서 고아를 언급하심은, 하나님 앞에서는 우리가 어린 아이와 같은 그것도 고아(孤兒)와 같은 처지여서 전적으로 하나님만 의지할 것밖에는 달리는 소망이 없음을 깨닫게 하기 위해서인 것입니다. 그래서 "주께로 말미암아 긍휼을 얻음이니이다" 하십니다. 이런 맥락에서 14장은 호세아서 전체의 결론이요 절정(絶頂)입니다.

하늘에 계시는 주여
내가 눈을 들어 주께 향하나이다
상전의 손을 바라보는 종들의 눈같이
우리의 눈이 여호와 우리 하나님을 바라보며
우리에게 은혜 베풀어 주시기를 기다리나이다(시 123:1-2).

둘째 단원(4-8) **내가 고치고 사랑하리라**

"내가 이스라엘에게 이슬과 같으리니 그가 백합화같이 피겠고 레바
논 백향목같이 뿌리가 박힐 것이라"(5).

둘째 단원의 중심점은 하나님이 주권적으로 행해주시겠다는
"은혜"에 있습니다. 그러므로 4-5절은 "내가"하고 시작됩니다.
"내가 그들의 반역을 고치고(4), 내가 이스라엘에게 이슬과 같으
리니 내가 하면 그가(5)… 되리라"(7하)는 말씀인데 "네가 나로
말미암아 열매를 얻으리라"(8하) 하십니다. 다시 말하면 하나님이
이렇게, 이렇게 하리니 네가 이렇게, 이렇게 되리라는 구도(構圖)
라는 말씀입니다.

① 그러므로 본 단원은 "내가 이스라엘에게 이슬과 같으리니"
(5상) 하신 말씀을 중심으로 해석하는 것이 이해에 도움이 됩니
다. "이슬과 같으리니" 하시는데 이미 앞에서도 "여호와를 알자
힘써 여호와를 알자 그의 나타나심은 새벽빛같이 어김없나니 비
와 같이 땅을 적시는 늦은 비와 같이 우리에게 임하시리라"(6:3)
했고, 10:12절에서도 "너희 묵은 땅을 기경하라 마침내 여호와께
서 오사 공의를 비처럼 너희에게 내리시리라"고 수차 말씀하신

바입니다. 이는 우리에게 내려주실 은혜를 "이슬, 이른 비와 늦은 비" 등에다 비유해서 말씀하심입니다. 에스겔서에서는 "때를 따라 비를 내리되 복된 장맛비를 내리리라"(겔 34:26) 하십니다. 성경에 이런 비유는 풍부합니다. 그 중에 가장 감동적인 것은 시편 133편인데, 이는 교회의 복스러움을 노래하는 내용입니다.

> 형제가 연합하여 동거함이
> 어찌 그리 선하고 아름다운고
> 머리에 있는 보배로운 기름이
> 수염 곧 아론의 수염에 흘러서
> 그의 옷깃까지 내림 같고
> 헐몬의 이슬이 시온의 산들에 내림 같도다
> 거기서 여호와께서 복을 명령하셨나니
> 곧 영생이로다.

② 명심해야 할 점은 "내가 이스라엘에게 이슬과 같으리니" 하신 5절 말씀은,

㉠ 4절이 전제(前提)되어야만 가능해진다는 점입니다. 즉 "나의 진노가 그에게서 떠났음이니라"(4하) 하신 진노가 떠난 이후에야 가능하여짐을 유념해야 합니다. "이슬"로 상징된 은혜는 "진노" 위에 또는 진노와 함께 내릴 수는 없는 것입니다.

㉡ 또 명심해야 할 점은 "진노"는 "네가 불의함으로 말미암아 엎드러졌느니라"(1) 하신 "불의"가 제거되어야만 떠나게 된다는 점입니다.

③ 그렇다면 우리에게 쏟으려던 진노(震怒)가 어떻게 해서 "떠나게" 되었는가? 그것은 분명합니다.

㉠ 주님께서 우리를 대신하여 진노의 잔을 받으셨기 때문입니다. 그러므

로 성경은 "곧 이 때(자기 아들을 대속제물로 내어주신 때)에 자기의 의로우심을 나타내사 자기도 의로우시며 또한 예수 믿는 자를 의롭다 하려 하심이라"(롬 3:26)고 말씀하십니다.

ⓛ 주님께서 우리의 불의를 제거하심으로 휘장은 열려지고 "보라 지금은 은혜받을 때요 보라 지금은 구원의 날이로다"(고후 6:2)가 가능해졌음을 잊어서는 안 됩니다.

④ 그러므로 "내가 그들의 반역을 고치고 기쁘게 그들을 사랑하리니"(4중) 하시는 것입니다.

ⓐ 유다가 패망할 때에도 "여호와의 말씀이니라 그들이 쫓겨난 자라 하매 시온을 찾는 자가 없은즉 내가 너의 상처로부터 새 살이 돋아나게 하여 너를 고쳐 주리라"(렘 30:17) 말씀하셨습니다. 여기에 계시의 통일성(統一性)과 약속의 일관성(一貫性)이 있는 것입니다.

ⓛ 그렇다면 어떻게 치료해주시는가? 그 답을 말라기에서 찾을 수 있습니다. "내 이름을 경외하는 너희에게는 공의로운 해가 떠올라서 치료하는 광선을 비추리니 너희가 나가서 외양간에서 나온 송아지같이 뛰리라"(말 4:2) 하십니다.

ⓒ 이처럼 "패역을 고치고, 즐거이 사랑하여 주시고, 진노가 떠남으로, 내가 이스라엘에게 이슬과 같으리니"는 가능하게 된다는 점을 잊어서는 아니 됩니다. 엘리야 당시가 좋은 예가 될 것입니다. 삼 년 육 개월이나 내리지 않던 비는, 바알과 아세라 선지자들 850명을 척결한 후에야 임했던 것입니다.

⑤ 진노가 떠나고 하나님의 은혜가 이슬과 같이 부어지게 될 때,

ⓐ "그가 백합화같이 피겠고 레바논 백향목같이 뿌리가 박힐 것이라 그의 가지는 퍼지며 그의 아름다움은 감람나무와 같고 그의 향기는 레바논 백향목 같으리니"(5-6) 하십니다.

ⓛ 이는 주님께서 "내가 이 반석 위에 내 교회를 세우리니 음부의 권세

가 이기지 못하리라"(마 16:18) 하신 교회시대에 성취될 말씀입니다. 5-7절에 열거된 것들은 당시 사람들이 알고 있는 한에서는 최고로 좋은 것과 최고로 아름다운 것은 다 모아놓은 "모든 축복"을 상징합니다.

ⓒ 그러므로 이 축복들은 "내가 이스라엘에게 이슬과 같으리니" 하신 은혜의 "열매들"임을 망각해서는 안 됩니다. 그러하기 때문에 이 말씀은 호세아서 1-13장까지에서 보아왔던 그들의 행사와는 정반대인 은혜임을 깨닫게 되는 것입니다.

⑥ "그 그늘 아래에 거주하는 자가 돌아올지라 그들은 곡식같이 풍성할 것이며"라고 교회의 부흥을 말씀합니다. "포도나무같이 꽃이 필 것이며 그 향기는 레바논의 포도주같이 되리라"(7)고 교회의 아름다움을 말씀하십니다. 이상의 말씀들은 일차적으로는 이스라엘이 엎드러졌다(추방당했다)가 회복될 것을 가리킵니다만 궁극적으로는 예수 그리스도를 통하여 이루실 회복의 역사인 것입니다.

⑦ 이렇게 한 후에 8절에는 아름다운 화답(和答)이 나옵니다. "에브라임의 말이 내가 다시 우상과 무슨 상관이 있으리요"하면, 하나님께서는 저를 돌아보아 "나는 푸른 잣나무 같으니 네가 나로 말미암아 열매를 얻으리라"하고 화답하시겠다고 말씀합니다. 이를 탕자의 비유로 말씀을 드린다면, 탕자가 "아버지 내가 하늘과 아버지께 죄를 지었사오니 지금부터는 아버지의 아들이라 일컬음을 감당하지 못하겠나이다"라고 말하면, 아버지는 "제일 좋은 옷을 내어다가 입히고 손에 가락지를 끼우고 발에 신을 신기라 그리고 살진 송아지를 끌어다가 잡으라 우리가 먹고 즐기자 이 내 아들은 죽었다가 다시 살아났으며 내가 잃었다가 다시 얻

었노라"(눅 15:21-24)고 말씀하는 것이 될 것입니다.

⑤ 이는 "내가 그들의 반역을 고치고 기쁘게 그들을 사랑하리니" 하신 하나님의 사랑과 "내가 이스라엘에게 이슬과 같으리니" 하신 전적인 하나님의 은혜로 말미암아 회복될 하나님의 나라 건설인 것입니다.

셋째 단원(9) 정직한 여호와의 도

"누가 지혜가 있어 이런 일을 깨달으며 누가 총명이 있어 이런 일을 알겠느냐 여호와의 도는 정직하니 의인은 그 길로 다니거니와 그러나 죄인은 그 길에 걸려 넘어지리라"(9).

① 셋째 단원은 한 절에 불과합니다만 9절은,

㉠ 마치 이사야 선지자가 "그(메시아)는 곤욕과 심문을 당하고 끌려갔으니 그 세대 중에 누가 생각하기를 그가 살아있는 자들의 땅에서 끊어짐은 마땅히 형벌 받을 내 백성의 허물 때문이라 하였으리요"(사 53:8), 다시 말하면 이 메시아 예언이 성취될 때에 누가 지혜가 있어서 이를 알겠느냐 하고 말씀하는 심정과 같다 하겠습니다.

㉡ "도"(道)라는 뜻이 세 번 등장하는데 핵심은 "여호와의 도"에 있습니다.

② "여호와의 도는 정직하니" 합니다. 정직이란 "바르고 곧은" 것을 의미하지만 실은 그 이상입니다.

㉠ "내가 그들의 반역을 고치겠다, 내가 그들을 즐거이 사랑하겠다, 나의 진노가 떠났다, 내가 이스라엘에게 이슬과 같으리니"(4-5), 내가 그들을 스올의 권세에서 속량하며 사망에서 구속하겠다"(13:14) 하

시는 것이 떳떳하지 못한 행사가 아니라 정정당당하게 행해주시는, 하나님의 의로우심에 조금도 손상을 입히시지 않고 행해주신 일이라는 뜻이 "여호와의 도는 정직하니"라는 말씀 속에는 내포되어있는 것입니다.

ⓛ 이 점을 시편에서도 대할 수 있는데 "그 손이 하는 일은 진실과 정의이며 그의 법도는 다 확실하니 영원무궁토록 정하신 바요 진실과 정의로 행하신 바로다"(시 111:7-9)하십니다. 이것이 "정직한 여호와의 도"입니다.

ⓒ 또한 "여호와의 도는 정직하니"라는 말씀 속에는 호세아서에서 말씀하신 약속들, 특히 14장의 약속은 반드시 지켜주시고 이루어주신다는 뜻이 함의되어 있는 것입니다. 이를 믿었기에 바울 사도도 순교에 임하여 "우리는 미쁨이 없을지라도 주는 항상 미쁘시니 자기를 부인하실 수 없으시리라"(딤후 2:13)고 "정직한 여호와의 도"를 신뢰하였던 것입니다.

③ 그런데 정직한 여호와의 도가 전파되게 될 때, 두 가지 반응으로 나타나게 될 것을 말씀합니다.

㉠ "의인은 그 길로 다니거니와"하는 응답입니다.

ⓛ "그러나 죄인은 그 길에 걸려 넘어지리라"하는 배척입니다.

"여호와의 도, 곧 십자가의 도"에는 이처럼 "의인과 죄인"으로 가르고, 까부르고, 심판하는 기능이 있는 것입니다. 여기서 말씀하는 "의인과 죄인"이란 도덕적인 기준에서 하는 말씀이 아닙니다. 신자(信者)와 불신자를 지칭하는 말입니다. 이점을 시편 1편에서도 볼 수 있는데, "죄인들이 의인들의 모임에 들지 못하리로다 무릇 의인들의 길은 여호와께서 인정하시나 악인들의 길은 망하리로다"(시 1:5-6) 하십니다. 이처럼 "의인과 죄인"이라고 말씀하는 근거는 두 진영(陣營)의 대표자, 머리, 왕이 의로운 왕과 악한 왕이기 때문입니다. 모든 사람들은 이 두 진영 중 하나에 속해있는 것입니다. 성도들은 의의 나라에 소속되어 있기 때문에 황공하게도 "의인"이라는 칭호로 불리게 되는 것입니다.

④ "그러나 죄인은 그 길에 걸려 넘어지리라" 하십니다. "십자가의 도가 멸망하는 자들에게는 미련한 것이요 구원을 받는 우리에게는 하나님의 능력이라"(고전 1:18)한 같은 뜻입니다. 그래서 불신자들은 "걸려 넘어지는" 것입니다. 바울은 "형제들아 내가 지금까지 할례를 전한다면 어찌하여 지금까지 박해를 받으리요 그리하였으면 십자가의 걸림돌이 제거되었으리니"(갈 5:11) 합니다. 십자가의 도는 거치는 것 즉 배타적인 면이 있는 것입니다. 거짓 교사들의 말대로 할례도 좋고, 율법도 좋고, 좋은 것이 좋은 것이다 했다면 십자가의 도는 잘 다듬어진 장식품처럼 되어 변질된 복음이 되었을 거라는 뜻입니다. 오늘날 이처럼 걸려 넘어지게 하는 혼합되지 않은 설교가 행해지고 있습니까?

⑤ 그러므로 "누가 지혜가 있어 이런 일을 깨달으며 누가 총명이 있어 이런 일을 알겠느냐"(9상) 하시는 것입니다. 이것이 호세아서가 우리에게 던지는 마지막 화두(話頭)입니다. 호세아서를 통해서 "인간의 도"(人間의 道)가 전적타락, 전적부패, 전적무능임을 깨닫고, 오직 "십자가의 도"(十字架의 道)를 통해서 우리를 치료하시려, 속량하시려, 구속하시려 하시는 정직한 "여호와의 도"를 믿게 되었다면, 나는 형제를 "루하마"라 부를 것입니다. 나는 자매를 "암미"(2:1)라 부를 것입니다. 그리고 "우리"는 합창하듯 "모든 불의를 제하시고 선한 바를 받으소서 우리가 입술로 수송아지를 대신하여 주께 드리나이다"라고 합창을 하게 될 것입니

다. 그러나 호세아서를 통해서도 자신이 "고멜과 같은 음부, 달궈진 화덕, 뒤집지 않은 전병, 어리석은 비둘기, 속이는 활"과 같은 존재임을 깨닫지 못하여 부서지고 깨어지지 않았다면 당신은 걸려 넘어지는 자입니다.

호세아서를 상고한 형제의 결단은 무엇입니까? 이것이 "내가 이스라엘에게 이슬과 같으리니" 하신 은혜입니다. 이것이 "내가 네게 장가들어 영원히 살리라" 하신 하나님의 사랑입니다.

호세아서 강론 끝

아모스

The Book
of Amos

머리말

저는 아모스 9장, 그것도 9:11-15절의 "다섯 절"을 증언하기 위해서 본서를 집필했노라고 말씀드려도 과언이 아닙니다. 하나님께서는 "그날에 내가 다윗의 무너진 장막을 일으키겠다"고 약속하십니다.

1:1-9:10절까지의 내용을 한마디로 요약하면 "다윗의 장막이 무너지게 되는" 내용입니다. "무너지고 넘어짐", 이것이 시조 아담의 후예들의 역사요, 오늘날도 반복되고 있는 악순환입니다. 아담은 에덴 낙원에서 넘어졌습니다. 아브라함도 모세도 다윗도 솔로몬도 넘어진 적이 있습니다. 넘어지지 아니할 자가 누구이겠습니까? 우리도 넘어지고 또 넘어집니다. 그런데 그 때마다 하나님이 일으켜 세워주심으로 일어설 수 있는 것입니다.

성경이 어찌하여 무너지고 넘어지는 인간상을 보여주고 있는가? 구약의 역사가 어찌하여 남북 왕조가 공히 멸망하는 것으로 끝나고 있는가? 이는 인간의 행위로는 구원 얻을 가망이 없다는 단적인 증거인 것입니다.

그러므로 하나님께서 "내가 하리라"고 주권적으로 일으켜 세워 주시겠다고 약속하심에 인류의 소망이 있는 것입니다. 아모스서도 이를 증언하기 위해서 기록된 것입니다. 그들의 넘어짐을 윤리적인 문제로만 여겨서는 미흡합니다. 교훈은 중요하고 필요합니다. 그러나 명심하십시다. 율법은 우리에게 칭의(稱義)만을 주지 못한 것이 아니라 성화(聖化)도 주지 못했음을 유념해야 합니다. 오직 그리스도 영광의 복음만이 칭의와 함께 성화도, 영화도 줄 수 있는 능력이 있는 것입니다.

저는 아모스 선지자를 좋아합니다. 왜냐하면 '나는 선지자가 아니며 선지자의 아들도 아니요, 나는 목자요 뽕나무를 배양하는 자'라고 말합니다. 양 떼를 따를 때에 여호와께서 나를 데려다가 이스라엘에게 예언하라 하셨다는 것입니다. 그의 메시지는,
농부의 거친 손처럼 투박합니다.
매끄럽지 않고 거칠거칠합니다.
그래서 순수합니다.
겁이 없습니다.

본서를 통해서 그리스도를 만나고 담대히 복음을 증언할 이 시대의 아모스가 많이 세워지게 되기를 기원합니다.

우리교회
원로목사 유도순

아모스 파노라마

주제 : 그날에 내가 다윗의 무너진 장막을 일으키리라

아모스는 주로 북쪽 이스라엘을 위하여 세움을 받은 선지자입니다. 그가 활동한 시기를 "유다 왕 웃시야의 시대 곧 이스라엘 왕 요아스의 아들 여로보암의 시대"(1:1)라고 밝혀주고 있습니다. 그렇다면 이 시기는 남북 왕국의 융성기(隆盛期)입니다.

    ㉠ 남쪽 유다 왕 웃시야는 블레셋 · 에돔 · 암몬 등을 정복하여 "웃시야가 매우 강성하여 이름이 애굽 변방까지 퍼졌더라"(대하 26:8) 한 시대요

    ㉡ 북쪽 여로보암 Ⅱ세는 41년을 위에 있으면서 "여로보암이 이스라엘 영토를 회복하되 하맛 어귀에서부터 아라바 바다까지 하였으니"(왕하 14:25) 한 나라를 흥왕하게 하였던 시기입니다.

그러나 남북이 정치적인 안정과 물질적인 풍요는 누렸으나 영적으로는 퇴폐(頹廢)한 시대였던 것입니다.

아모스의 신분과 활동한 시기

이런 시기에 하나님께서는 아모스를 택하셔서 선지자로 세우셨습니다.

㉠ 그는 남쪽 유다 지경인 드고아 사람이요

㉡ 목자요, 뽕나무를 재배하는 농부(7:14)였습니다.

그는 말합니다. "나는 선지자가 아니며 선지자의 아들도 아니라 나는 목자요 뽕나무를 재배하는 자로서 양 떼를 따를 때에 여호와께서 나를 데려다가 내게 이르시기를 가서 내 백성 이스라엘에게 예언하라 하셨나니"(7:14-16).

이러한 아모스를 선지자로 세우심은 파격적(破格的)인 택하심이라고 말할 수밖에 없습니다. 그렇다면 이렇게 하신 의도가 어디에 있는가를 생각하게 합니다. 이를 그의 사역을 통해서 엿볼 수 있는데 다른 선지자들도 마찬가지입니다만 특히 아모스는 주로 백성의 지도계급, 즉 불의한 재판관(2:6), 부자(2:7), 권세자(4:1), 유명인사(6:1), 거짓 제사장(7:17), 왕(7:9) 등을 책망하기 위해서 세움받은 선지자입니다.

왜냐하면 백성을 잘못 인도하고 있는 책임이 이들 지도자에게 있었기 때문입니다. 그러므로 아모스의 경고는 "머리"를 겨냥하고 있는 것입니다. 아모스서에는 "궁, 궁궐"이라는 말이 18번, "불을 보내리니" 하는 말씀이 일곱 번이나 나옵니다. 왕이 거하는 궁궐에 불을 보내어 사르겠다는 것입니다. "내가 유다에 불을 보내리니 예루살렘의 궁궐들을 사르리라"(2:5), "내가 일어나 칼로 여로보암의 집을 치리라" 하십니다. 왕궁을 향하여 이처럼 무서운 예언을 하기 위해서는 생명을 내놓지 않고는 불가능한 일이었을 것입니다. 이러한 사명을 감당하기 위해서 직업적인 선지자가 아니라 세례 요한과 같은 들 사람, 순수하고 투박하고 겁 모르는 농부를 들어 쓰셨던 것입니다.

시온에서 부르짖는 하나님

그러므로 아모스의 제 일성은 "여호와께서 시온에서부터 부르짖으시며 예루살렘에서부터 소리를 내시리니"(1:2상) 합니다. "여호와께서 이르시되" 하는 것이 아니라 "부르짖는다"는 것입니다. 이 말씀 속에 아모스서 전체의 음율(音律)과 색조(色調)가 나타나 있습니다. 그 "부르짖음"을 무엇에 비유하고 있느냐 하면, "사자가 움킨 것이 없는데 어찌 수풀에서 부르짖겠으며 젊은 사자가 잡은 것이 없는데 어찌 굴에서 소리를 내겠느냐"(3:4)고 사자의 부르짖음에 비유하고 있습니다. 아모스는 "사자가 부르짖은즉 누가 두려워하지 아니하겠느냐 주 여호와께서 말씀하신즉 누가 예언하지 아니하겠느냐"(3:8)고 사자처럼 부르짖었던 선지자였습니다.

그러므로 본서에는 "여호와께서 말씀하시되"라는 말이 22번 이상이나 등장합니다. 이는 무엇을 의미하느냐 하면 아모스가 오직 여호와 하나님만을 의지하고, 두려운 줄 모르고 하나님의 말씀을 가감함이 없이 담대히 선포했음을 나타내는 증거입니다.

아모스서는 크게 네 부분으로 나누어집니다.

㉠ 1-2장은 여덟 민족을 호출하면서 심판을 선언하는 내용입니다. 이스

라엘 주변(周邊)국들로 시작하여 심판의 타킷(target)이 유다와 이스라엘을 겨냥하고 있습니다.

ⓒ 3-6장은 이스라엘의 심판을 "여호와의 말씀을 들으라(3:1, 4:1, 5:1, 6:1), 그러므로"(3:11, 4;12, 5:16, 6:7)라는 구도(構圖)로 4회나 강조적으로 선언하고 있습니다.

ⓒ 7장부터 9:10절까지는 메뚜기(7:1), 불(7:4), 다림줄(7:7), 여름 과일(8:1), 제단 곁에 서신 하나님(9:1) 등 다섯 환상을 보여 주시면서 말씀하시는 내용입니다.

ⓔ 9:11-15절은 이스라엘에 대한 회복의 말씀인데 비록 다섯 절에 불과한 짧은 문단이지만 아모스서의 중심점이 여기에 있습니다.

그 이전의 내용들이 사람들이 행한 일에 대한 결과(結果)로 심판을 받게 되는 내용이라면, 이 부분은 "내가"하고 하나님께서 주권적으로 행해주시겠다고 약속하시는 회복의 말씀인 은혜요, 복음이기 때문입니다.

가까이 다가오고 있는 그 날

아모스서를 연구하노라면 점점 가까워지는 심판자의 발자국 소리를 듣게 됩니다. "쿵"하고 저 멀리 "다메섹"(1:3)으로부터 들려오기 시작한 심판자의 발자국 소리는 "가사"(1:6)와 "두로"(1:9)와 "에돔"(1:11)과 "암몬"(1:13)과 "모압"(2:1)에서 "쿵, 쿵"하고 점점 가까이 다가옵니다. 이는 이스라엘의 주변국들인데 이들에게 물으시는 죄목들은 직접적이든 간접적이든 하나님의 백성들에게 강포를 행한 죄들입니다.

하나님은 이를 잊지 않으시고 행한 대로 보응하시려는 것입니

다. 왜냐하면 하나님의 백성을 괴롭힌 죄가 곧 하나님께서 이루
시려는 하나님의 나라 건설을 대적한 것이 되기 때문입니다.

이제 심판자의 발자국 소리는 바로 옆 "유다"(2:4)에까지 이르
러 "내가 그 벌을 돌이키지 아니하리니 이는 그들이 여호와의 율
법을 멸시하며 그 율례를 지키지 아니하고 그의 조상들이 따라가
던 거짓 것에 미혹되었음이라"(2:4)하고 심판을 선언하십니다.

유다의 죄는 크게 두 가지를 들고 있는데,

㉠ 첫째는 "여호와의 율법을 멸시했다"는 것이고,

㉡ 둘째는 "거짓 것에 미혹" 즉 우상을 숭배한 죄입니다.

이는 앞서 심판을 선고한 여섯 이방 나라에게는 묻지 않았던
죄목들입니다. 왜냐하면 그들에게는 "여호와의 율법"이 없었기
때문입니다.

율법의 기능이 무엇인가? 두 가지를 들 수 있는데,

㉠ 첫째는 "율법은 무엇이냐 범법하므로 더하여진 것이라"(갈 3:19),
   즉 법이 없으면 무법천지가 되기 때문이요,

㉡ 둘째는 "이같이 율법이 우리를 그리스도께로 인도하는 초등교사"(갈
   3:24), 즉 율법으로 죄를 깨닫고 그리스도를 만나게 하기 위해서입
   니다. 그런 율법을 "멸시했다"는 것은 궁극적으로 메시아언약을 멸시
   한 것이 되는 것입니다. 드디어 2:6절에서 심판자의 발이 "쾅"하고
   "이스라엘" 위에 떨어지고 있는 것입니다.

성경이 이러한 순서로 말씀하고 있는 것은 결코 무심한 일이
아닙니다. 하나님의 백성이 되었다는 영광스러움에는 더 엄격한
윤리적인 책임이 요구되고 있음을 말씀해주고 있는 것입니다. 이
점이 3:2절에서 "내가 땅의 모든 족속 가운데 너희만을 알았나니
그러므로 내가 너희 모든 죄악을 너희에게 보응하리라"는 말씀에

나타납니다.

왜냐하면 … 그러므로

아모스 선지자는 이스라엘의 죄를 책망하되 먼저 원인(原因)을 제시하고 다음에 결과(結果)를 선언하는 "왜냐하면… 그러므로"라는 틀을 유지하고 있습니다. 이런 구도(構圖)가 네 번이나 반복됩니다.

㉠ 첫 번 "그러므로"는 3:11절에 나오는데, "그러므로 네 궁궐을 약탈하리라" 하십니다. 왜냐하면 그 "궁궐에서 포학과 겁탈"(3:10)이 자행되고 있기 때문입니다.

㉡ 두 번째 "그러므로"는 4:12절에 나오는데, "그러므로 이스라엘아 내가 이와 같이 네게 행하리라 내가 이것을 네게 행하리니 이스라엘아 네 하나님 만나기를 준비하라" 하십니다. 이는 은총과 결부된 말씀이 아니라 심판받을 각오를 하라는 엄숙한 선언인 것입니다. 그야말로 "살아계신 하나님의 손에 빠져 들어가는 것이 무서울진저"(히 10:31)인 것입니다. "왜냐하면" 바산의 암소들처럼 살찌고 강한 자들이 약하고 궁핍한 자를 압제한 까닭(4:1-3)이며, 벧엘에 세워놓은 금송아지 우상을 숭배(4:4-5)했기 때문입니다.

㉢ 세 번째 "그러므로"는 5:16절에 나오는데, "그러므로 주 만군의 하나님 여호와께서 이와 같이 말씀하시기를 사람이 모든 광장에서 울겠고 모든 거리에서 슬프도다 슬프도다 하겠으며 농부를 불러다가 애곡하게 하며 울음꾼을 불러다가 울게 할 것이며"하고 그들이 당할 심판의 참상을 경고합니다. "왜냐하면", "여호와께서 이스라엘 족속에게 이와 같이 말씀하시기를 너희는 나를 찾으라 그리하면 살리라 벧엘(금송아지)을 찾지 말며, 너희는 여호와를 찾으라 그리하면 살리

라"(5:4-6)고 회개할 기회를 주었지만, 도리어 "무리가 성문에서 책
망하는 자를 미워하며 정직히 말하는 자를 싫어"(5:10)했기 때문입
니다. 그렇다면 심판을 피할 길은 없는 것입니다.

㉣ 네 번째 "그러므로"는 6:7절에 나오는데, "그러므로 그들에게 이제
는 사로잡히는 자 중에 앞서 사로잡히리니"하고 지도자들이 먼저 포
로가 될 것을 경고하십니다. "왜냐하면" 여호와의 경고를 무시하고
"흉한 날이 멀다 하여 포악한 자리로 가까워지게 하고 상아 상에 누
우며 침상에서 기지개 켜며, 비파 소리에 맞추어 노래를 지절거리며"
(6:3-5) 열락(悅樂)에 빠져 있었기 때문입니다.

돌아오지 아니하였느니라

또한 아모스서 4장에서는 "너희가 내게로 돌아오지 아니하였느
니라"고 다섯 번이나 반복해서 말씀하십니다. 이는 하나님께서
그들이 돌아오기를 얼마나 원하셨는가? 얼마나 오래 참으셨는가?
그리하여 그들이 심판 당한다 하여도 핑계할 수 없음을 말씀해주
고 있는 것입니다.

① "너희 이를 깨끗하게 하며 너희의 각 처소에서 양식이 떨어
지게 하였으나 너희가 내게로 돌아오지 아니하였느니라"(6)

② "내가 너희에게 비를 멈추어(가뭄), 마시지 못하였으나 너희
가 내게로 돌아오지 아니하였느니라"(7-8)

③ "내가 곡식을 마르게 하는 재앙과 깜부기 재앙으로 너희를
쳤으며 팥중이로 너희의 많은 동산과 포도원과 무화과나무와 감
람나무를 다 먹게 하였으나 너희가 내게로 돌아오지 아니하였느
니라"(9)

④ "내가 너희 중에 전염병 보내기를 애굽에서 한 것처럼 하였으며 칼로 너희 청년들을 죽였으며 너희 말들을 노략하게 하며 너희 진영의 악취로 코를 찌르게 하였으나 너희가 내게로 돌아오지 아니하였느니라"(10)

⑤ "내가 너희 중의 성읍 무너뜨리기를 하나님인 내가 소돔과 고모라를 무너뜨림 같이 하였으므로 너희가 불붙는 가운데서 빼낸 나무 조각같이 되었으나 너희가 내게로 돌아오지 아니하였느니라"(11) 하십니다. "그러므로 이스라엘아 내가 이와 같이 네게 행하리라 내가 이것을 네게 행하리니 이스라엘아 네 하나님 만나기를 준비하라"(4:12) 하시는 것입니다.

정의와 공의

아모스 선지자가 백성들에게 요구하는 것은 한마디로 "공법과 정의"라 할 수 있습니다. 그런데 그들은 "정의를 쓴 쑥으로 바꾸며 공의를 땅에 던지는 자들아"(5:7)하십니다. "오직 정의를 물같이, 공의를 마르지 않는 강같이 흐르게 할지어다"(5:24) 하십니다. 6:12절에서도 "그런데 너희는 정의를 쓸개로 바꾸며 공의의 열매를 쓴 쑥으로 바꾸며" 하십니다. 이 점에서 통찰력이 필요한데 왜냐하면 "정의와 공의"하면 대번에 사회정의(社會正義)라는 개념으로만 생각하는 경향이 있기 때문입니다. 아모스 선지자는 구약교회를 향하여 설교하고 있음을 망각해서는 안 됩니다. 그리고 오늘날 아모스서는 현대교회에 주어진 말씀인 것입니다.

하나님께서는 철학자들이 꿈꾸는 이상국가(理想國家)를 건설하시려는 것이 아닙니다. "정의와 공의"가 시행되는 나라가 어느 나라입니까? 메시아 왕국인 것입니다. 이사야 선지자는,

　㉠ "이는 한 아기가 우리에게 났고 한 아들(메시아)을 우리에게 주신 바 되었는데, 또 다윗의 왕좌와 그의 나라에 군림하여 그 나라를 굳게 세우고 지금 이후로 영원히 정의와 공의로 그것을 보존하실 것이라 만군의 여호와의 열심이 이를 이루시리라"(사 9:6-7)고 예언합니다. 예레미야 선지자를 통해서도

　㉡ "여호와의 말씀이니라 보라 때가 이르리니 내가 다윗에게 한 의로운 가지를 일으킬 것이라 그가 왕이 되어 지혜롭게 다스리며 세상에서 정의와 공의를 행할 것이며"(렘 23:5) 하십니다. 이는 명백한 메시아 왕국의 예언인 것입니다. 그러므로 하나님께서 "땅의 모든 족속 가운데 너희만을 알았나니"(3:2) 하신 이스라엘을 선민으로 택하셔서 세우신 신정왕국(神政王國)은 메시아 왕국에 대한 예표로서의 왕국임을 잊어서는 안 됩니다. 그리고 오늘날 교회가 그러합니다.

　다윗 왕은 이를 알았기에 "자기 이웃을 은근히 헐뜯는 자를 내가 멸할 것이요 눈이 높고 마음이 교만한 사를 내가 용납하지 아니하리로다 내 눈이 이 땅의 충성된 자를 살펴 나와 함께 살게 하리니 완전한 길에 행하는 자가 나를 따르리로다 거짓을 행하는 자는 내 집 안에 거주하지 못하며 거짓말하는 자는 내 목전에 서지 못하리로다 아침마다 내가 이 땅의 모든 악인을 멸하리니 악을 행하는 자는 여호와의 성에서 다 끊어지리로다"(시 101:5-8)고 진술하는 것입니다. 그렇습니다. 하나님과의 관계가 바르게 되면 이웃과의 관계도 의롭게 되는 것입니다. 이것이 "오직 정의를 물 같이, 공의를 마르지 않는 강같이" 흐르게 하라는 의미입니다.

손에 다림줄을 잡고 서신 하나님

또 아모스 선지자에게 다섯 가지 환상(7:1-9:10)을 보여주셨는데 그 중에 "다림줄을 가지고 쌓은 담 곁에 주께서 손에 다림줄을 잡고 서셨더니, 내가 다림줄을 내 백성 이스라엘 가운데 두고 다시는 용서하지 아니하리니"(7:7-8) 하시는 장면이 있습니다.

이는 "다림줄을 띄우고 쌓은 담"(신정국가)이 너무나 기울어져서 헐어버릴(심판) 수밖에 없는 지경에 이르렀음을 보여주시는 환상이었던 것입니다. 그러므로 "내가 보니 주께서 제단 곁에 서서 이르시되 기둥머리를 쳐서 문지방이 움직이게 하며 그것으로 부서져서 무리의 머리에 떨어지게 하라"(9:1)는 마지막 환상이 뒤따르게 됩니다. "그러나 야곱의 집은 온전히 멸하지는 아니하리라 여호와의 말씀이니라"(9:8) 하시는데 어찌하여 "야곱의 집은 온전히 멸하지 아니하리라" 하시는 것입니까?

아브라함과 다윗에게 세워주신 언약, 즉 그 자손으로 그리스도를 보내셔서 인류를 구원하시려는 하나님의 계획을 이루시기 위해서인 것입니다.

아모서의 핵심

하나님께서는 "그 날에 내가 다윗의 무너진 장막을 일으키고 그것들의 틈을 막으며 그 허물어진 것을 일으켜서 옛적과 같이 세우고"(9:11) 라고 약속하십니다. "다윗의 장막"이란, 다윗이 하나님의 성전을 건축하려는 소원을 말하였을 때, 하나님께서 "네가 나를 위하여 내가 살 집을 건축하겠느냐 … 여호와가 너를 위하여 집을 지어 주겠다"(삼하 7:5,11)고 약속하신 언약을 의미합니다. 그런데 어찌하여 "다윗의 무너진 장막"이라고 말씀하시는가? "네 왕위가 영원히 견고하리라"(삼하 7:16) 하신 메시아언약을 버리고 벧엘의 우상을 좇음으로 심판받아 멸망 당하게 되었기 때문입니다.

다윗의 왕위인 시드기야 왕도 두 눈을 빼고 바벨론으로 끌려간 것은 분명 "다윗의 장막이 무너진 것이었습니다. 그러나 하나님은 "내가", "일으키고, 세우리라" 하고 회복시켜 주시겠다고 말씀하십니다. 이는 일차적으로는 이스라엘 백성이 포로에서 귀환하게 될 것을 가리키지만 궁극적인 성취는 "보라 네가 잉태하여 아들을 낳으리니 그 이름을 예수라 하라 그가 큰 자가 되고 지극히 높으신 이의 아들이라 일컬어질 것이요 주 하나님께서 그 조상 다윗의 왕위를 그에게 주시리니 영원히 야곱의 집을 왕으로 다스리실 것이며 그 나라가 무궁하리라"(눅 1:31-33)에서 성취될 말씀인 것입니다. 하나님은 이스라엘의 하나님만은 아니십니다. 그러므로 인류의 소망이 여기에 있습니다. 인간의 행위는 언제나 하나님의 계획하심을 무너지게 하지만 하나님은 "일으켜 세우시는" 것입니다. 이것이 하나님의 나라 회복이기 때문입니다.

"내가 내 백성 이스라엘이 사로잡힌 것을 돌이키리니 그들이 황폐한 성읍을 건축하여 거주하며 포도원들을 가꾸고 그 포도주를 마시며 과원들을 만들고 그 열매를 먹으리라"(9:14) 하십니다. 이는 복음시대에 임하게 될 풍성한 은혜를 가리킵니다. 아모스서는 "내가 그들을 그들의 땅에 심으리니 그들이 내가 준 땅에서 다시 뽑히지 아니하리라 네 하나님 여호와의 말씀이니라"(15)고 마치고 있는데, 이를 시편에서는 "여호와의 집에 심겼음이여 우리 하나님의 뜰 안에서 번성하리로다"(시 92:13)라고 노래합니다. "다시 뽑히지 아니하리라" 하셨는데, 언제까지 말입니까? 영원히! 영원무궁토록!

그러므로 여기가 아모스서의 핵심이요, 심장부분입니다. 이를 부수적(附隨的)인 말씀처럼 취급해서는 아니 됩니다. 아모스서는 이 말씀을 염두에 두고 해석되어야 곁길로 빠지지 않게 됩니다. 모든 선지서가 그러합니다만 아모스서에도 "절망과 소망"이 교차적으로 등장하고 있습니다. 인간의 행위중심으로 보면 "절망"일 수밖에 없으나, 하나님께서 주권적으로 행해주실 일에 인류의 소망이 있다는 말씀입니다. 그것은 은혜요, 복음인 것입니다. 아모스서는 이를 증언하기 위해서 기록된 것입니다. "이는 네 하나님 여호와의 말씀이니라"(9:15 하). 아멘.

아모스 1장 개관도표
주제 : 여호와와 기름 부음 받은 자를 대적한 열방의 심판

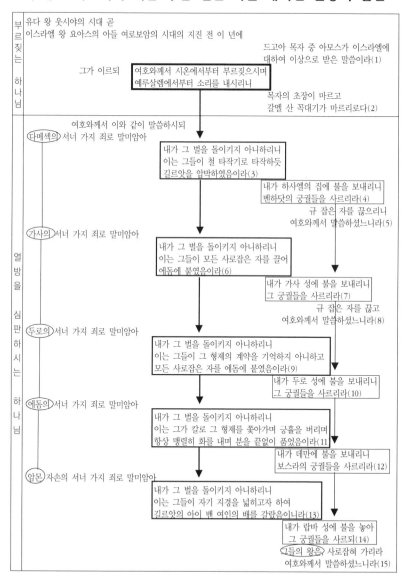

부르짖는 하나님

유다 왕 웃시야의 시대 곧
이스라엘 왕 요아스의 아들 여로보암의 시대의 지진 전 이 년에

드고아 목자 중 아모스가 이스라엘에
대하여 이상으로 받은 말씀이라(1)

그가 이르되

여호와께서 시온에서부터 부르짖으시며
예루살렘에서부터 소리를 내시리니

목자의 초장이 마르고
갈멜 산 꼭대기가 마르리로다(2)

열방을 심판하시는 하나님

여호와께서 이와 같이 말씀하시되
다메섹의 서너 가지 죄로 말미암아

내가 그 벌을 돌이키지 아니하리니
이는 그들이 철 타작기로 타작하듯
길르앗을 압박하였음이라(3)

내가 하사엘의 집에 불을 보내리니
벤하닷의 궁궐들을 사르리라(4)

규 잡은 자를 끊으리니
여호와께서 말씀하셨느니라(5)

가사의 서너 가지 죄로 말미암아

내가 그 벌을 돌이키지 아니하리니
이는 그들이 모든 사로잡은 자를 끌어
에돔에 붙였음이라(6)

내가 가사 성에 불을 보내리니
그 궁궐들을 사르리라(7)

규 잡은 자를 끊고
여호와께서 말씀하셨느니라(8)

두로의 서너 가지 죄로 말미암아

내가 그 벌을 돌이키지 아니하리니
이는 그들이 그 형제의 계약을 기억하지 아니하고
모든 사로잡은 자를 에돔에 붙였음이라(9)

내가 두로 성에 불을 보내리니
그 궁궐들을 사르리라(10)

에돔의 서너 가지 죄로 말미암아

내가 그 벌을 돌이키지 아니하리니
이는 그가 칼로 그 형제를 쫓아가며 긍휼을 버리며
항상 맹렬히 화를 내며 분을 끝없이 품었음이라(11)

내가 데만에 불을 보내리니
보스라의 궁궐들을 사르리라(12)

암몬 자손의 서너 가지 죄로 말미암아

내가 그 벌을 돌이키지 아니하리니
이는 그들이 자기 지경을 넓히고자 하여
길르앗의 아이 밴 여인의 배를 갈랐음이니라(13)

내가 랍바 성에 불을 놓아
그 궁궐들을 사르되(14)

그들의 왕은 사로잡혀 가리라
여호와께서 말씀하셨느니라(15)

1장

여호와와 기름 부음 받은 자를 대적한 열방에 대한 심판

2 그가 이르되 여호와께서 시온에서부터 부르짖으시며 예루
살렘에서부터 소리를 내시리니 목자의 초장이 마르고 갈멜
산 꼭대기가 마르리로다

아모스서는 하나님의 선민 이스라엘의 악한 이웃(주변 국가)들
에게 심판을 선고하는 것으로 시작됩니다. 그러므로 1장의 중심
점은 도표에서 보시는 바대로 "다메섹 · 가사 · 두로 · 에돔 · 암몬"
에 대한 심판입니다. 이는 그 열방들이 하나님의 백성들을 괴롭
혔기 때문입니다.

이는 곧 하나님을 대적한 것이요, 나아가 이스라엘을 통하여
보내주시려는 그리스도를 대적한 것임을 놓쳐서는 안 됩니다. 다

시 강조합니다만 열방이 심판받게 되는 원인이 궁극적으로는 메시아 왕국을 대적한 죄임을 놓치게 된다면, 첫 단추를 잘못 꿰는 것이 되고 맙니다. 9:11절에서 하나님은 "내가 다윗의 무너진 장막을 일으키겠다"고 말씀하시는데 열방들은 다름 아닌 "다윗의 장막"을 무너뜨리려 한 것입니다. 이를 시편에서는 "어찌하여 이방 나라들이 분노하며 민족들이 헛된 일을 꾸미는가 세상의 군왕들이 나서며 관원들이 서로 꾀하여 여호와와 그의 기름 부음 받은 자를 대적하며"(시 2:1-2)라고 말씀합니다.

1장의 주제를 "여호와와 기름 부음 받은 자를 대적하는 열방"이라고 정했는데 본문에는 "기름 부음 받은 자"라는 언급이 없습니다. 그러나 "여호와께서 시온에서부터 부르짖는다"(2상)는 "시온"이 있습니다. 이 시온을 통해서 "내가 나의 왕을 내 거룩한 산 시온에 세웠다 하시리로다"(시 2:6)한 "왕과 기름 부음 받은 자"를 만나게 되는 것입니다.

그리고 시편 2편은 "하늘에 계신 이가 웃으심이여 주께서 그들을 비웃으시리로다 그 때에 분을 발하며 진노하사"(시 2:4-5)하고 심판하실 것을 말씀합니다. 이를 두 단원으로 나누어 상고하겠습니다.

첫째 단원(1-2) **시온에서 부르짖는 하나님**
둘째 단원(3-15) **열방을 심판하시는 하나님**

첫째 단원(1-2) 시온에서 부르짖는 하나님

"유다 왕 웃시야의 시대 곧 이스라엘 왕 요아스의 아들 여로보암의 시대 지진 전 이년에 드고아 목자 중 아모스가 이스라엘에 대하여 이상으로 받은 말씀이라(1).

첫 절은 시대적인 배경과 이상의 대상에 대해 말씀해주고 있습니다.

① 아모스 선지자가 받은 묵시의 대상은 "이스라엘에 대하여 이상으로 받은" 말씀이라고 합니다.

② 그런데 시대적인 배경은 "유다 왕 웃시야의 시대 곧 이스라엘 왕 여로보암의 시대"라고 "유다 왕"까지 언급하면서, 그것도 먼저 언급하고 있음을 주목해야 합니다. 이렇게 하심은 묵시의 대상은 "이스라엘에 대한 묵시"라 하여도 구속사(救贖史)의 중심 축은 북쪽 이스라엘에 있는 것이 아니라 "유다"에 있음을 나타내는 언급이기 때문입니다.

③ 누구를 들어서 전하게 하셨는가? 그냥 "아모스"라 하지 않고 "드고아 목자 중 아모스"라고 말씀합니다.

㉠ 하나님께서는 "목자요 뽕나무를 재배하는 자로서 양 떼를 따를 때에 여호와께서 나를 데려다가"(7:14-15) 선지자로 부르셨다 합니다. 이처럼 자신의 신원을 밝히고 있는 의도는 자신이 선지자가 된 것은

㉡ "사람들에게서 난 것도 아니요 사람으로 말미암은 것도 아니요 오직 하나님 아버지로 말미암아"(갈 1:1) 된 것임을 나타내기 위해서 그러므로 "이는 하나님의 말씀이지 내 말이 아니라, 나는 전하라 하시는 말씀만을 전할 뿐 내놓을 것이라고는 아무것도 없는 사람입니다"라는 그런 뜻이 들어있는 것입니다. 이는 세상의 "미련하고, 약하고,

천하고, 멸시받고, 없는 것들을 택하사 있는 것들을 폐하려"(고전 1:27-28) 하시는 하나님의 방도입니다.

ⓒ 여기에는 기존의 직업적인 선지자나 종교가들을 불신임하는 의미가 내포되어있는 것입니다. 자신에게 자랑할 것이라고는 아무 것도 없는 사람, 그리하여 오직 하나님만을 의뢰하고 "여호와께서 말씀하시되"라고 담대히 대언할 자로 하나님은 아모스를 들어 쓰신 것입니다.

④ "여호와께서 시온에서부터 부르짖으시며 예루살렘에서부터 소리를 내시리니"(2상) 합니다. 이는 아모스서를 올바로 접근하며 바르게 해석하는 키워드와도 같은 말씀입니다. 어찌하여 하나님은 "시온에서 즉 예루살렘에서" 부르짖으신다고 말씀하는가?

ㄱ 시온에 하나님의 성전(聖殿)이 있기 때문입니다. 그렇다고 이를 물리적인 건물이나 장소로 국한해서는 안 됩니다. 하나님은 무엇이 부족하신 것처럼 사람의 "손으로 지은 곳에 계시지 않기"(행 7:48) 때문입니다.

ㄴ 이 성전(성막)을 지으라 하신 의도가 어디에 있는가? 다시 말하면 성전이 누구의 모형인가? 하는 구속사적인 맥락에서 이해하여야 아모스서를 바르게 접근하게 되는 것입니다.

⑤ 다윗은 "이스라엘의 구원이 시온에서 나오기를 원하도다"(시 14:7)하고 이를 알고 있었습니다.

ㄱ 이사야 선지자도 "여호와의 말씀이니라 구속자가 시온에 임하며"(사 59:20)라고 시온에서 나실 것을 증언하고 있습니다. 시편에서는 하나님께서 "내가 나의 왕을 내 거룩한 산 시온에 세웠다 하시리로다"(시 2:6)라고 말씀합니다.

ㄴ 뿐만 아니라 성경의 마지막 책인 계시록에서는 "또 내가 보니 보라 어린 양이 시온 산에 섰고 그와 함께 십사만사천이 서 있는데"(계 14:1)라고 말씀합니다. 그렇습니다.

ⓒ 시온에서 왕이 나실 것이기 때문에 "시온에서부터 부르짖으시며 예루살렘에서부터 소리를 내시리니"하는 것입니다. "시온"은 "큰 왕의 성"이요, "온 세계"의 중심이요, 수도(首都)인 셈입니다. 모세는 "여호와께서 너희를 기뻐하시고 너희를 택하심은 너희가 다른 민족보다 수효가 많기 때문이 아니니라 너희는 오히려 모든 민족 중에 가장 적으니라"(신 7:7)고 말씀했습니다. 그럼에도 불구하고 하나님께서는 이스라엘을 지구의 중심, 즉 세계 열방의 중심(中心)으로 보고 계시는 것입니다.

⑥ 그런데 어찌하여 "이르시되" 하는 것이 아니라 "부르짖는다"고 말씀하고 있는가?

㉠ 열방이 "여호와와 그 기름 받은 자를 대적"하고 있기 때문입니다. 그러므로 그 부르짖음에 "목자의 초장이 마르고 갈멜산 꼭대기가 마르리로다"(2하) 합니다. 이는 "뭇 나라가 떠들며 왕국이 흔들렸더니 그(하나님)가 소리를 내시매 땅이 녹았도다"(시 46:6)는 그런 의미입니다. 하나님은 강대한 열방들을 심판하시되 작은 이스라엘을 어떻게 대했는가를 근거로 하여 심판을 선언하고 계시는 것입니다.

㉡ 그러므로 이 심판선언이 일차적으로는 아모스 당시의 열방을 심판하심이라 하여도, 온전한 성취는 만왕의 왕 되시는 주님께서 심판 주로 재림하실 때에 성취될 말씀인 것입니다. 이점은 예레미야 서에서도, "이방 나라들에 대하여 선지자 예레미야에게 임한 여호와의 말씀이라"(렘 46:1)하고 46-51장까지 무려 6장에 걸쳐서 말씀하고 있는 것입니다. 다시 강조합니다만 열방에 대한 궁극적인 심판은 재림 주로 말미암아 시행될 예언이고, 열방이 심판받게 되는 원인은 그리스도를 대적한 죄 때문임을 명심해야 합니다.

⑦ 이런 맥락에서 "시온"은 신약에 와서 "시온성과 같은 교회"로 적용됩니다. 그리하여 지금도 하나님은 "시온"(교회)에 계시며 시온에서 "소리를 내시는"(2) 즉 말씀하고 계시는 것입니다. 그러

므로 강단에서 말씀이 바르게 선포되고 있느냐 여부는 참 교회와 거짓 교회를 분별하는 표지(標識)가 되는 것입니다. 그리고 세계 역사는 "교회"를 중심축으로 하여 회전하고 있다는 각성이 있어야 하는 것입니다.

둘째 단원(3-15) 열방을 심판하시는 하나님

"여호와께서 이와 같이 말씀하시되 다메섹의 서너 가지 죄로 말미암아 내가 그 벌을 돌이키지 아니하리니 이는 그들이 철 타작기로 타작하듯 길르앗을 압박하였음이라"(3).

① 1장에서 거론하고 있는 "다메섹(아람) · 가사(블레셋) · 두로 · 에돔 · 암몬 그리고 2:1절에서 말씀하는 모압"은 이스라엘의 이웃 나라들입니다. 그런데 이들이 하나님의 백성들을 대적(對敵)했던 것입니다. 하나님은 말씀합니다. "내가 내 백성 이스라엘에게 기업으로 준 소유에 손을 대는 나의 모든 악한 이웃에 대하여 여호와께서 이와 같이 말씀하시니라 보라 내가 그들을 그 땅에서 뽑아 버리겠고 유다 집을 그들 가운데서 뽑아내리라"(렘 12:14).

에스겔서에서는 악한 이웃을 가리켜 "사방에서 그들을 멸시하는 자 중에 찌르는 가시와 아프게 하는 가시"(겔 28:24)라고 말씀합니다. 주목할 점은 하나님께서는 그들을 "이스라엘의 악한 이웃"이라 말씀하는 것이 아니라 <나의 모든 악한 이웃>이라고 말씀하신다는 점입니다. 이는 바울에게 "네가 어찌하여 나(교회)를 핍박하느냐"(행 9:4) 하신 말씀과 상통합니다. 그러므로 그들에 대한 경고를 한결같이 "여호와께서 말씀하시되"(3,6,9,11,13, 2:1)하고 시작하고 있는 것입니다. 제일 먼저 "다메섹"을 언급하십니다.

② 다메섹 : "다메섹"은 이스라엘의 북방에 있는 아람의 수도입니다. 그리고 각 나라에 공통적으로 "서너 가지 죄"라 하신 뜻은 한두 번이 아니라 거듭 죄를 범했다는 뜻입니다. 그렇다면 다메섹의 두드러진 죄악은 무엇인가?

③ "이는 그들이 철 타작기로 타작하듯 길르앗을 압박"(3하)하였다고 말씀합니다. 이에 대한 기록이 열왕기에 나오는데, 엘리사 선지자가 하사엘을 쏘아보다가 울었다 하는데, 왜냐하면 그가 아람 왕이 되어 "네가 이스라엘 자손에게 행할 모든 악을 내가 앎이라 네가 그들의 성에 불을 지르며 장정을 칼로 죽이며 어린아이를 메치며 아이 밴 부녀를 가를 것"(왕하 8:12, 10:32)을 내다보았기 때문입니다. 하나님은 그가 행한 대로 보응하시려는 것입니다.

④ "내가 하사엘의 집에 불을 보내리니 벤하닷의 궁궐들을 사르리라"(4) 하십니다. 5절에 보면 "규 잡은 자를 끊으리니 아람 백성이 사로잡혀 길에 이르리라" 하시는데 이 예언은 문자적으로 응하여 앗수르 왕이 "곧 올라와서 다메섹을 쳐서 취하여 그 백성을 사로잡아 길로 옮기고 또 르신을 죽였더라"(왕하 16:9) 합니다. "궁궐들을 사르리라, 규 잡은 자를 끊겠다"는 것은 백성의 지도자, 곧 왕을 심판하시겠다는 말씀입니다. 어느 때나 하나님은 지도자들에게 더 중한 책임을 물으시는 것입니다.

⑤ 가사 : "여호와께서 이와 같이 말씀하시되 가사의 서너 가

지 죄로 말미암아 내가 그 벌을 돌이키지 아니하리니"(6상) 하십니다. "가사"는 이스라엘 서쪽에 있는 블레셋의 다섯 도시 중 하나입니다. 그렇다면 가사의 두드러진 죄악은 무엇인가?

   ㉠ "이는 그들이 모든 사로잡은 자를 끌어 에돔에 넘겼음이라"(6하) 하십니다. 그들은 유대를 침공하여 사로잡아간 포로들(참고, 대하 21: 17)을 야곱의 자손들이라면 철천(徹天)지 원수로 여기고 있는 에서의 후손 "에돔"에게 넘겨주었던 것입니다.

   ㉡ 그러므로 "궁궐들을 사르리라, 규 잡은 자를 끊겠다"(7-8)고 왕을 심판하실 것을 말씀하십니다. "이는 여호와께서 말씀하셨느니라".

  ⑥ 두로 : "여호와께서 이와 같이 말씀하시되 두로의 서너 가지 죄로 말미암아 내가 그 벌을 돌이키지 아니하리니"(9상) 하십니다. "두로"도 이스라엘의 서방에 있는 나라입니다. 그렇다면 그들의 두드러진 죄악은 무엇인가?

   ㉠ "이는 그들이 그 형제의 계약을 기억하지 아니하고 모든 사로잡은 자를 에돔에 넘겼음이라"(9하) 하십니다. "계약을 기억지 않았다"는 말은 솔로몬 왕 당시 성전을 건축할 때에 두로 왕 히람이 협력(왕상 9:10-14)했던 사실을 가리키는 것으로 여겨집니다.

   ㉡ 그런데 이러한 우호관계를 생각지 아니하고 "모든 사로잡은 자를 에돔에 넘겼다"는 것입니다. 이는 단순히 넘겼다는 말이 아니라 노예로 팔아버렸다는 그런 뜻입니다. 그래서 "그 벌을 돌이키지 아니하시고, 궁궐들을 사르리라" 하시는 것입니다.

  ⑦ 에돔 : "여호와께서 이와 같이 말씀하시되 에돔의 서너 가지 죄로 말미암아 내가 그 벌을 돌이키지 아니하리니"(11상) 하십니다. 에돔은 이스라엘의 남방에 있는 에서의 후예들입니다. 그렇다면 그들의 죄악은 무엇인가?

   ㉠ "이는 그가 칼로 그의 형제를 쫓아가며 긍휼을 버리며 항상 맹렬히

화를 내며 분을 끝없이 품었음이라"(11하)고 고발합니다. 에돔 족속
은 그의 조상 에서가 "익숙한 사냥꾼"(창 25:27)이라 함과 같이 호
전적이면서 포악한 족속이었습니다. 모태로부터 시작된 에서와 야곱
간의 싸움은 자손 대대로 계속되었으며 지금까지도 계속되고 있는
셈입니다.

ⓛ 이를 단순한 형제간의 불화로 여겨서는 안 됩니다. "여자의 후손과
뱀의 후손"(창 3:15)간의 적대감이라는 연장 선상으로 보아야 하는
것입니다. 야곱은 택하심을 받아 언약 백성이 되었으나, 에서는 유기
를 당함으로 대적자가 되고 만 것입니다. "오바댜서"에서는 "네가 네
형제 야곱에게 행한 포학으로 말미암아 부끄러움을 당하고 영원히
멸절되리라"(옵 1:10) 하십니다. 시편에서는 "여호와여 예루살렘이
멸망하던 날을 기억하시고 에돔 자손을 치소서 그들의 말이 헐어버
리라 헐어버리라 그 기초까지 헐어버리라 하였나이다"(시 137:7)고
에돔의 포악함을 고발하고 있습니다. 에돔은 바벨론이 예루살렘을 침
공하여 성을 헐어버리고 성전을 불태웠을 때, 형제로서 긍휼히 여기
기는커녕 "그 기초까지 헐어버리라"고 더욱 부채질했던 것입니다.

ⓒ 그러므로 "내가, 궁궐들을 사르리라" 하십니다.

⑧ 암몬 : "여호와께서 이와 같이 말씀하시되 암몬 자손의 서
너 가지 죄로 말미암아 내가 그 벌을 돌이키지 아니하리니"(13
상) 하십니다. "암몬"은 이스라엘의 동방에 있는 족속인데, 2장에
등장하는 "모압"과 함께 롯의 소생들(창 19:37-38)입니다. 그런데
그리스도의 줄기에서 곁가지가 된 그들은 이스라엘을 대적하는
편에 서게 된 것입니다. 그렇다면 그들의 죄악은 무엇인가?

ⓐ "이는 그들이 자기 지경을 넓히고자 하여 길르앗의 아이 밴 여인의
배를 갈랐음이니라"(13하) 하십니다.

ⓛ 그러므로, "궁궐들을 사르고, 그들의 왕은 그 지도자들과 함께 사로

잡혀 가리라"(14-15) 하십니다. "이는 여호와의 말씀이니라".

⑨ 이상이 1장에 등장하는 악한 이웃 다섯 나라인데 이 점에서 주목하게 되는 것은

　㉠ "죄로 말미암아 내가 그 벌을 돌이키지 아니하리니"(3,6,9,11,13) 하신 그들의 "죄"가 공통적으로 하나님의 백성 즉 "사람"에게 해를 끼친 죄라는 점입니다. 예를 든다면, 솔로몬의 성전을 불사른 죄보다도 이름 없는 성도 한 사람을 에돔에 노예로 팔아넘긴 그 죄를 고발하고 있다는 점입니다.

　㉡ 왜냐하면 그 한 사람은 "너희를 구속하여 너희로 내 백성을 삼고"(출 6:7) 하신 궁극적으로는 그리스도의 피로 사신 천하보다 귀한 하나님의 소유된 백성이기 때문입니다. 그러므로 9:9절에서는 "그 한 알갱이도 땅에 떨어지지 아니하리라"고 말씀하시는 것입니다. 주님도 말씀하십니다. "누구든지 나를 믿는 이 작은 자 중 하나를 실족하게 하면 차라리 연자 맷돌이 그 목에 달려서 깊은 바다에 빠뜨려지는 것이 나으리라"(마 18:6).

⑩ 성도 한 사람을 얼마나 귀하게 여기고 계시는가?

　㉠ "땅에 있는 성도들은 존귀한 자들이니 나의 모든 즐거움이 그들에게 있도다"(시 16:3) 하십니다.

　㉡ "너희를 범하는 자는 그의 눈동자를 범하는 것이라"(슥 2:8) 하십니다. 그런데 그들이 하나님의 백성을 원수에게 팔아넘기고, "아이밴 여인의 배를 갈랐다니" 그러고도 무사할 수 있단 말인가?

⑪ 또 한 가지 유념할 점은 이방 나라들의 심판을 먼저 말씀하는 의도가 무엇인가 하는 점입니다.

　㉠ 그 의도를 3:2절에서 구할 수 있는데 "내가 땅의 모든 족속 가운데 너희만을 알았나니 그러므로 내가 너희 모든 죄악을 너희에게 보응하리라 하셨나니" 하십니다. 무슨 뜻입니까? 하나님의 백성을 괴롭

한 이방들이 그 죄로 말미암아 심판을 받는다면, 바로의 종 되었던 자신들을 구속하여 백성으로 삼아주신 하나님을 배신하고 다른 신을 섬기는 장본인(張本人)들의 받을 심판이 얼마나 더욱 중하겠느냐 너희는 각오하라는 그런 의미입니다.

ⓒ 이를 신약성경에서는 "하물며 하나님 아들을 짓밟고 자기를 거룩하게 한 언약의 피를 부정한 것으로 여기고 은혜의 성령을 욕되게 하는 자가 당연히 받을 형벌은 얼마나 더 무겁겠느냐 너희는 생각하라"(히 10:29)고 말씀하는 것입니다. 하나님의 백성, 하나님의 자녀가 되었다는 것은 더욱 높은 윤리성과 더욱 큰 책임이 요구됨을 명심하십시다.

성경은 말씀합니다. "알지 못하고 맞을 일을 행한 종은 적게 맞으리라 무릇 많이 받은 자에게는 많이 요구할 것이요 많이 맡은 자에게는 많이 달라 할 것이니라"(눅 12:48). 이것이 "여호와와 기름 부음 받은 자를 대적한 열방에 대한 심판"입니다.

아모스 2장 개관도표
주제 : 구속의 은혜를 배신한 자의 심판

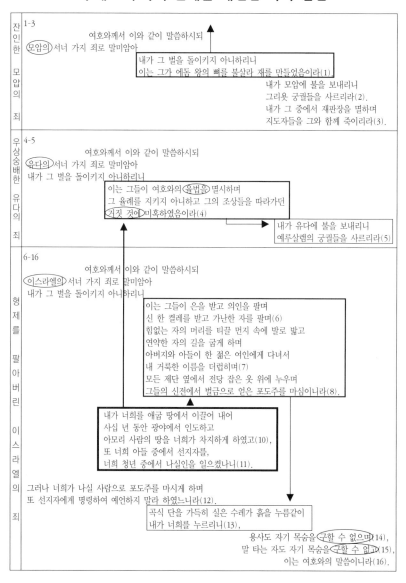

잔인한 모압의 죄	**1-3** 여호와께서 이와 같이 말씀하시되 모압의 서너 가지 죄로 말미암아 내가 그 벌을 돌이키지 아니하리니 이는 그가 에돔 왕의 뼈를 불살라 재를 만들었음이라(1). 내가 모압에 불을 보내리니 그리욧 궁궐들을 사르리라(2). 내가 그 중에서 재판장을 멸하며 지도자들을 그와 함께 죽이리라(3).
우상숭배한 유다의 죄	**4-5** 여호와께서 이와 같이 말씀하시되 유다의 서너 가지 죄로 말미암아 내가 그 벌을 돌이키지 아니하리니 이는 그들이 여호와의 율법을 멸시하며 그 율례를 지키지 아니하고 그의 조상들을 따라가던 거짓 것에 미혹하였음이라(4) 내가 유다에 불을 보내리니 예루살렘의 궁궐들을 사르리라(5)
형제를 팔아버린 이스라엘의 죄	**6-16** 여호와께서 이와 같이 말씀하시되 이스라엘의 서너 가지 죄로 말미암아 내가 그 벌을 돌이키지 아니하리니 이는 그들이 은을 받고 의인을 팔며 신 한 켤레를 받고 가난한 자를 팔며(6) 힘없는 자의 머리를 티끌 먼지 속에 발로 밟고 연약한 자의 길을 굽게 하며 아버지와 아들이 한 젊은 여인에게 다녀서 내 거룩한 이름을 더럽히며(7) 모든 제단 옆에서 전당 잡은 옷 위에 누우며 그들의 신전에서 벌금으로 얻은 포도주를 마심이니라(8). 내가 너희를 애굽 땅에서 이끌어 내어 사십 년 동안 광야에서 인도하고 아모리 사람의 땅을 너희가 차지하게 하였고(10), 또 너희 아들 중에서 선지자를, 너희 청년 중에서 나실인을 일으켰나니(11). 그러나 너희가 나실 사람으로 포도주를 마시게 하며 또 선지자에게 명령하여 예언하지 말라 하였느니라(12). 곡식 단을 가득히 실은 수레가 흙을 누름같이 내가 너희를 누르리니(13), 용사도 자기 목숨을 구할 수 없으며(14), 말 타는 자도 자기 목숨을 구할 수 없고(15), 이는 여호와의 말씀이니라(16).

2장

구속의 은혜를 배신한 자의 심판

[10] 내가 너희를 애굽 땅에서 이끌어 내어 사십 년 동안 광야
에서 인도하고 아모리 사람의 땅을 너희가 차지하게 하였고

2장의 내용은 모압과 유다와 이스라엘의 죄에 대한 심판입니다. 다메섹으로부터 시작된 심판선고가 드디어 그 타깃이 유다와 이스라엘로 모아지고 있는 것입니다. "모압" 심판은 내용상 1장과 동일한 패턴인데, 1장으로 분류했더라면 좋았을 것입니다. 그러므로 2장은 도표에서 보는 바대로 "내가 너희를 애굽 땅에서 이끌어내었다"는 10절을 중심으로 해석되어야 합니다.

그러면 애굽 땅에서 이끌어내신 백성들의 죄가 무엇인가? 유다는 "거짓 것에 미혹"(4), 즉 우상을 숭배했으며, 이스라엘은 구속하신 하나님의 백성들을 "은을 받고 의인을 팔며 신 한 켤레를

받고 가난한 자를 팔아"(6) 버렸다고 말씀합니다. 열방의 죄가 "하나님의 백성을 괴롭힌 죄"라면 유다와 이스라엘의 죄는 "구속의 은혜를 배신한 죄"인 것입니다. 이것이 인간의 사악함입니다. 하나님은 이를 묵과하실 수 없으셨던 것입니다. 이를 세 단원으로 나누어 상고하겠습니다.

> 첫째 단원(1-3) **모압의 잔인한 죄**
> 둘째 단원(4-5) **우상숭배 한 유다의 죄**
> 셋째 단원(6-16) **형제를 팔아버린 이스라엘의 죄**

첫째 단원(1-3) **모압의 잔인한 죄**

"여호와께서 이와 같이 말씀하시되 모압의 서너 가지 죄로 말미암아 내가 그 벌을 돌이키지 아니하리니 이는 그가 에돔 왕의 뼈를 불살라 재를 만들었음이라"(1).

① "모압"과 "암몬"(1:13)은 롯의 후예로서 요단 동편에 살고 있었습니다. 모압의 두드러진 죄는,

㉠ "에돔 왕의 뼈를 불살라 재를 만들었다"고 말씀하는데 그렇다고 이 한 가지 죄로 말미암아 심판을 받게 되는 것은 아닙니다. 다만 그들의 잔학(殘虐)상을 드러내는 것뿐입니다. 열왕기하 3장에 이스라엘과의 싸움에서 전세가 불리해지자 모압 왕이 맏아들인 왕자(王子)를 성위에서 모압의 우상 그모스에게 번제로 드리는 장면이 나옵니다. 모압은 이토록 가증한 일을 행할 뿐만이 아니라 잔인한 족속이었던 것입니다. 그 점을 본문에서는 복수하기 위하여 죽은 자의 뼈로 재를

만들어 벽에 바른 것으로 나타나 있는 것입니다.

ⓒ "내가 모압에 불을 보내리니 그리욧 궁궐들을 사르리라 모압이 요란
함과 외침과 나팔 소리 중에서 죽을 것이라 내가 그 중에서 재판장
을 멸하며 지도자들을 그와 함께 죽이리라 여호와께서 말씀하시니
라"(2-3) 합니다.

② 구속사(救贖史)의 맥락에서 바라보면 하나님의 백성과 모압
은 더 깊은 숙원(宿怨)의 관계임을 알게 되는데,

㉠ 출애굽 당시 "떡과 물로 너희를 길에서 영접하지 아니하고 메소보다
미아의 브돌 사람 브올의 아들 발람에게 뇌물을 주어 저주하게"(신
23:3-4)한 여기에 근원이 있었던 것입니다. 모압이 여호와의 총회
에 들어오지 못하게 된 핵심적인 원인이 "영접하지 아니함"에 있었
는데, 이와 대비되는 인물이 여리고 성의 기생 라합이라 할 수 있습
니다.

㉡ 성경은 "믿음으로 기생 라합은 정탐꾼을 평안히 영접하였으므로 순
종하지 아니한 자와 함께 멸망하지 아니하였도다"(히 11:31)고 말씀
합니다. 멸망하지 않은 것만이 아닙니다. "의롭다 하심을 받았다"(약
2:25)하는 놀라운 말씀을 대하게 됩니다. 라합이 의롭다함을 받았다
는 것이 어떻게 가능하여졌는가? 정탐꾼 영접한 것을 그리스도를 영
접한 것으로 여겨주셨기 때문입니다. 그러므로 모압이 심판받게 되는
원인도 가까이는 "에돔 왕의 뼈를 불살라 재를 만들었다"는 데 있으
나, 궁극적으로는 그리스도를 영접하지 아니하고 배척한 죄 때문임을
인식해야 하는 것입니다.

둘째 단원(4-5) 우상을 숭배한 유다의 죄

"여호와께서 이와 같이 말씀하시되 유다의 서너 가지 죄로 말미암아

내가 그 벌을 돌이키지 아니하리니 이는 그들이 여호와의 율법을 멸시하며 그 율례를 지키지 아니하고 그의 조상들이 따라가던 거짓 것에 미혹되었음이라"(4).

이스라엘의 이웃들에 대한 심판을 언급하신 하나님은 드디어 남쪽 유다의 심판을 말씀하십니다.

① 유다의 두드러진 죄가 무엇이라고 말씀하시는가? 크게 두 가지를 지적하는데,

㉠ "여호와의 율례를 멸시하며 그 율례를 지키지 않은" 것과

㉡ "그 조상들이 따라가던 거짓 것에 미혹"(4), 즉 우상숭배의 죄입니다. 이는 이방의 죄와는 차별화 된 죄목임을 유념해야 합니다. 왜냐하면 이방의 목록에는 "율례를 멸시했다"는 죄목은 없기 때문입니다. 이방인들을 "법 없는 자들"(행 2:23)이었기 때문입니다.

② 하나님께서 친히 기록하여주신 십계명의 서문은,

㉠ "나는 너를 애굽 땅 종 되었던 집에서 인도하여 낸 너의 하나님 여호와로라"(출 20:2) 하십니다. 이는 "너희가 내 백성이기 때문에 하나님의 백성답게 살아가게 하기 위해서 십계명을 준다"는 그런 뜻입니다.

㉡ 모세는 그의 유언이라 할 수 있는 신명기에서 "너희는 지켜 행하라 이것이 여러 민족 앞에서 너희의 지혜요 너희의 지식이라 그들이 이 모든 규례를 듣고 이르기를 이 큰 나라 사람은 과연 지혜와 지식이 있는 백성이로다 하리라"(신 4:6), 즉 하나님의 백성들은 다르다 라고 말하게 되리라는 것입니다.

③ 그 십계명 중 첫 계명은 "너는 나 외에는 다른 신들을 네게 두지 말라"(출 20:3) 하십니다. 그런데 유대인들은 이 율례를 범하고, 우상을 섬기는 죄를 범했다는 것입니다. 그러니까 이방 나

라의 죄가 하나님의 백성들에게 범한 죄라면, 유대인들의 죄는 하나님 자신에게 범한 죄였던 것입니다. 또한 "그들이 여호와의 율법을 멸시하며 그 율례를 지키지 아니하고 그의 조상들이 따라가던 거짓 것에 미혹되었다"는 것은 그들이 메시아언약을 우상으로 바꿔치기한 그리스도를 배척한 죄임을 인식해야 합니다. 다시 상기시켜드립니다만 아모스서의 핵심은 "내가 다윗의 무너진 장막을 일으키고"에 있다는 점을 놓치지 마시기 바랍니다.

④ "거짓 것에 미혹하였음이라"는 점은

㉠ 이는 인류의 시조가 사탄에게 "미혹"된 악순환입니다. 그러므로 성경은 "그들은 아담처럼 언약을 어겼다"(호 6:7)라고 말씀하는 것입니다. 그렇다면 어찌하여 번번이 미혹당하는가? 그 원인을 유다의 멸망을 목격해야 했던 예레미야 선지자가 분명하게 말씀해주고 있습니다. 예레미야 선지자는 미혹한 데서 돌아오라고 외쳤습니다.

㉡ 그러나 그들은 "우리 선조와 우리 왕들과 우리 고관들이 유다 성읍들과 예루살렘 거리에서 하던 대로 하늘의 여왕에게 분향하고 그 앞에 전제를 드리리라"고 막무가내로 고집합니다. 왜냐하면 "그 때에는 우리가 먹을 것이 풍부하며 복을 받고 재난을 당하지 아니하였더니 우리가 하늘의 여왕에게 분향하고 그 앞에 전제 드리던 것을 폐한 후부터는 모든 것이 궁핍하고 칼과 기근에 멸망을 당하였느니라"(렘 44:17-18)고 대꾸했던 것입니다. 이점을 본문에서는 "그 열조의 따라가던 거짓 것에 미혹하였다"고 말씀하는 것입니다. 자기중심적인 신앙, 기복신앙이 "미혹"의 길로 빠지게 한다는 점을 명심해야 합니다. 이것이 "구속의 은혜를 배신한 죄"인 것입니다.

⑤ "내가 유다에 불을 보내리니 예루살렘의 궁궐들을 사르리라"(5). 이 예언은 바벨론에 의하여 문자적으로 응하고야 말았던 것입니다.

셋째 단원(6-16) **형제를 팔아버린 이스라엘의 죄**

"여호와께서 이와 같이 말씀하시되 이스라엘의 서너 가지 죄로 말미암아 내가 그 벌을 돌이키지 아니하리니 이는 그들이 은을 받고 의인을 팔며 신 한 켤레를 받고 가난한 자를 팔며"(6).

드디어 심판의 도끼는 북이스라엘의 발등에 떨어지고야 말았습니다. 아모스 선지자가 열방들의 심판을 외칠 때에는 이스라엘은 회심의 미소를 웃고 있었을는지 모릅니다. 신약성경 로마서에서도 먼저 이방인들의 죄를 지적한 다음에 "유대인이라 칭하는 네가 율법을 의지하며 하나님을 자랑하며"(롬 2:17)라고 유대인들의 죄를 책망하는 순서입니다. 이렇게 하는 것은 선민 된 책임이 더욱 중하기 때문입니다. 그렇다면 이스라엘의 두드러진 죄가 무엇인가?

① "내가 너희를 애굽 땅에서 이끌어내었다"(10상)고 말씀하십니다. 이는 하나님과 이스라엘의 관계성을 상기시키는 원리(原理)요, 근본(根本)이 여기에 있기 때문입니다. 3;1절에서도 "애굽 땅에서 인도하여 올리신 모든 족속"이라고 이를 상기시키고 있습니다.

㉠ 첫째로 어떤 방도로 출애굽을 시켜주셨습니까? "구속하여 내 백성을 삼고"(출 6:6) 하신 구속입니다.

㉡ 둘째로 어찌하여 그들을 애굽 땅에서 이끌어내셨는가? "아브라함과 이삭과 야곱에게 세운 언약"(출 2:24)을 지켜주시기 위해서였습니다. 그렇다면 그 열조에게 세워주신 언약의 핵심이 무엇인가? 그의 자손으로 그리스도를 보내셔서 천하만민이 복을 받게 하시겠다는 구원계획입니다. 그런데 열방은 이를 대적(對敵)하고, 선민 이스라엘은

배약(背約), 배신(背信)함으로 심판이 불가피하게 된 것입니다.

② 6-8절에 열거하고 있는 죄목들은,

㉠ "의인을 팔며, 가난한 자를 팔며(6), 힘없는 자, 연약한 자, 젊은 여인"(7) 등 이웃(사람), 즉 형제를 학대한 죄입니다. 그런데 이를 수박 겉핥기식으로 표면만을 보고 사회정의로 곧바로 달려간다면 주제에서 벗어나는 것입니다. 왜냐하면 이는 "사회"에서 벌어지고 있는 일이 아니라 (구약)교회 내에서 일어나고 있는 파괴적인 일이기 때문입니다.

㉡ 이방의 죄목에도 "모든 사로잡은 자를 끌어 에돔에 붙였다"(1:6,9)고 원수에게 팔아버린 죄를 문책하고 있는데, 구약교회 내에서도 "의인을 팔며, 가난한 자를 팔며"(6) 라고 구속하여 자기 백성 삼으신 하나님의 소유(所有)된 백성을 팔아버린 죄를 국문(鞫問)하고 있는 것입니다. 이를 신약성경에서는 "만일 음식으로 말미암아 네 형제가 근심하게 되면 이는 네가 사랑으로 행하지 아니함이라 그리스도께서 대신하여 죽으신 형제를 네 음식으로 〈망하게 하지 말라〉, 음식으로 말미암아 하나님의 사업을 〈무너지게 말라〉"(롬 14:15, 20)고 엄중하게 문책합니다. 이는 그리스도께서 피로 값 주고 사신 자를 팔아버리는 죄요, 하나님께서 건설하시는 것을 무너지게 하는 죄인 것입니다. 사도 바울은 "그리스도께서 대신하여 죽으신 형제를 네 음식으로 망하게 말라"고 말씀하는데, 아모스 선지자는 "궁핍한 자를 삼키며 땅의 가난한 자를 〈망하게 하려는 자들아〉 이 말을 들으라"(8:4)고 책망하고 있는 것입니다.

③ 하나님의 나라 회복이란 해·달·지구를 만드는 일이 아닙니다.

㉠ "잃어버린 자" 즉 사람을 찾아 구원하심에 있다는 점을 명심해야 합니다. 인류의 시조가 죄 값에 팔려버림으로 하나님은 자기 백성을 값을 지불하고 사셔야 했던 것입니다.

ⓒ 이것이 "구속"인 것입니다. 구약의 성도들도 "너희를 구속하여 너희로 내 백성을 삼고"(출 6:6-7) 하심으로 하나님의 백성들이 되는 것이 가능했던 것입니다. 그리고 그 구속은 오직 유월절 양의 피로만이 가능하였던 것입니다. 그리고 이는 세상 죄를 지고 가는 어린 양 예수 그리스도에 대한 명백한 예표였던 것입니다.

④ 그런데 "의인을 팔며, 궁핍한 자를 팔았다"는 것은 하나님이 구속하신 하나님의 백성들을 다시 팔아버린 것이 되는 것입니다. 계시록 18장에 등장하는 상품(商品) 목록에는 "사람의 영혼"(계 18:13)이 있는데 같은 맥락인 것입니다. 얼마에 팔아먹고 있는가? 은 몇 푼 받고 심지어 "신 한 켤레를 받고" 팔아버렸다는 것입니다. 하나님께서 자기 아들의 피로 값을 주고 사신 그들을 신 한 켤레를 받고 팔아먹다니! 가룟 유다가 하나님의 아들을 은 30에 팔아버린 것과 맥을 같이 하는 것입니다.

⑤ 이를 엄중한 죄질을 깨닫게 하기 위해서

ⓒ "내가 너희를 애굽 땅에서 이끌어 내었음"(10상)을 상기시키고 있는 것입니다. 이런 뜻입니다. "내가 너희를 애굽 땅에서 이끌어낸 것"은 이처럼 신 한 켤레를 받고 팔아먹으라고 구속했단 말이냐? 이끌어낸 것만이 아닙니다.

ⓒ "사십 년 동안 광야에서 인도해"(10중) 주셨다고 말씀합니다. 인도해 주신 것만이 아닙니다. "아모리 사람의 땅을 너희가 차지하게 하였다"(10하)고 말씀합니다. 이를 모세는 찬양하기를,

> 여호와여 신 중에 주와 같은 자가 누구니이까
> 주와 같이 거룩함으로 영광스러우며
> 찬송할 만한 위엄이 있으며
> 기이한 일을 행하는 자가 누구니이까

주께서 오른손을 드신즉 땅이 그들을 삼켰나이다
주께서 구속하신 백성을 인도하시되
주의 거룩한 처소에 들어가게 하시나이다(출 15:11-13)고
찬양합니다.

⑥ "그러나 너희가 나실 사람으로 포도주를 마시게 하며"(12
상) 합니다.

  ㉠ "나실 사람"이란 삼손·사무엘·세례 요한 같은 하나님께 바쳐진 사
람들입니다. 나실 사람은 거룩하게 구별하여 헌신된 자의 예표로 세
우신 자들입니다. 그러므로 구약에서는 특정인만이 나실 사람이 될
수 있었으나 신약에서는

  ㉡ "너희는 너희 자신의 것이 아니라 값으로 산 것이 되었으니 그런 즉
너희 몸으로 하나님께 영광을 돌리라"(고전 6:19-20)고, 그리스도
인들 모두가 나실 사람이라고 말씀합니다.

  ㉢ 이들에게 "포도주를 마시게 했다"는 점을 "그들의 신전에서 벌금으
로 얻은 포도주를 마심이니라"한 8절과 연관을 시켜보십시오. 이는
자신만이 아니라 헌신된 자들까지도 우상에게 속하도록 타락시
킨 것을 의미합니다.

⑦ "또 선지자에게 명령하여 예언하지 말라 하였느니라"(12하)
하십니다. 무슨 뜻인가?

  ㉠ 7:12절에서 벧엘의 제사장 아마샤가 아모스에게 "너는 유다 땅으로
도망하여 가서 거기에서나 떡을 먹으며 거기에서나 예언하고 다시는
벧엘에서 예언하지 말라"고 추방하는 것을 보게 됩니다. 이사야 선
지자 때에도, "그들이 선견자들에게 이르기를 선견하지 말라 선지자
들에게 이르기를 우리에게 바른 것을 보이지 말라 부드러운 말을 하
라 거짓된 것을 보이라"(사 30:10)고 말했던 것입니다. 이는 참 선

지자를 타락하게 했다는 의미인데 회중에게 영합하고 있느냐 여부가 참 선지자와 거짓 선지자를 식별하는 시금석(試金石)이 되는 것입니다.

ⓒ 이스라엘의 죄는 한마디로 하나님께서 세우시고자 하는 하나님 나라를 도리어 파괴하는 죄였던 것입니다.

⑧ "곡식 단을 가득히 실은 수레가 흙을 누름 같이 내가 너희를 누르리니"(13) 하십니다. 사람 위로 짐을 가득 실은 수레, 실감나게 탱크가 지나간다면 어떻게 되겠습니까? 모두가 오징어처럼 되고 말 것입니다. 그러므로 "도망할 수 없으며, 힘을 낼 수 없으며, 피할 수 없으며(14), 설 수 없으며, 발이 빠른 자도 피할 수 없으며 말 타는 자도 피할 수 없다"(15)고 심판의 엄중함을 말씀하시는데, "이는 여호와의 말씀이니라"(16) 하십니다.

⑨ 하나님의 나라 회복이란 영적 전투를 통해서만 가능하여지는 것입니다. 그러므로 많은 나라, 많은 민족이 있다고 하여도 영적 논리로 말하면 두 나라, 두 왕, 두 진영만이 존재하는 것입니다. 주님은 말씀합니다. "나와 함께 하지 아니하는 자는 나를 반대하는 자요 나와 함께 모으지 아니하는 자는 헤치는 자니라"(눅 11:23).

⑩ 이방인들은 메시아 그리스도를 보내시기 위해서 택하신 선민 이스라엘을 대적했고,

ⓐ 선민 유다는 자기중심적인 신앙이 되어 거짓 것에 미혹 당하고 있었고

ⓑ 북이스라엘은 "의인을 팔며 가난한 자를 팔므로" 모으는 것이 아니라 헤치는 역할을 했던 것입니다.

ⓒ 그렇다면 지금 우리는 어떠하냐고 묻게 됩니다.? 성장(成長) 병에 걸

려서 교인의 숫자로, 자신을 과시하기 위해 예배당 건물로 "그리스도께서 대신하여 죽으신 형제를, 은을 받고 의인을 팔며 신 한 켤레를 받고 가난한 자를 팔고" 있는 것은 아닌지 심각하게 고민해야 할 것입니다. 이것이 "구속의 은혜를 배신한 죄"입니다.

아모스 3장 개관도표
주제 : 이스라엘의 모든 죄악을 보응하리라

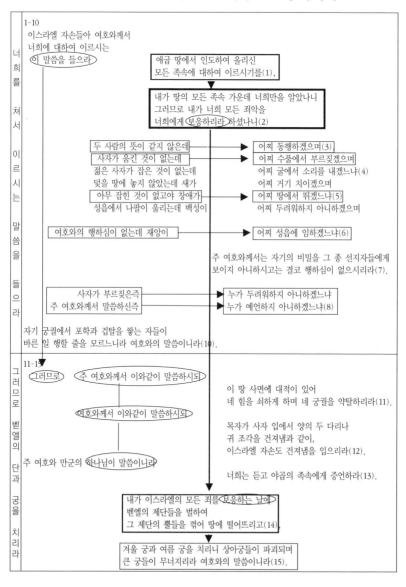

3장

이스라엘의 모든 죄악을 보응하리라

² 내가 땅의 모든 족속 가운데 너희만을 알았나니 그러므로
내가 너희 모든 죄악을 너희에게 보응하리라 하셨나니

3장의 중심점은 도표에 나타나 있는 대로 "너희에게 보응하리라(2)→모든 죄를 보응하는 날에는"(14) 하신 "보응"(報應)에 있습니다. 보응이란 행한 대로 갚는다는 뜻인데, 3-6장에서는 "여호와의 말씀을 들으라"하고 먼저 보응(심판)을 받게 된 이유를 말씀하고, "그러므로 너희에게 심판이 있으리라" 즉 "왜냐하면… 그러므로"의 구도(構圖)로 네 번이나 반복해서 경고하고 있다는 점을 주목하시기 바랍니다. 3장은 그 첫 번째 "들으라(1, 첫째 단

원)… 그러므로"(11, 둘째 단원)의 내용입니다.

아모스서에 있어서 1-2장은 명제(命題)와 같은 말씀이고, 1:1절에서 "이스라엘에 대하여 이상으로 받은 말씀이라"한 내용은 본격적으로 3장에서부터 시작됩니다. 그러므로 3장은 "여호와의 말씀을 들으라"고 시작되는 아모스의 첫 번 대언하는 내용입니다. 제일성(第一聲)이 "내가 땅의 모든 족속 중에 너희만 알았나니"(2상) 하십니다. 이 말씀은 아모스서를 해석하는 키워드와 같은 말씀입니다. 이 의미를 바로 파악하여 붙잡고 있어야 곁길로 빠지지 않게 됩니다. 이를 두 단원으로 나누어 상고하겠습니다.

첫째 단원(1-10) **너희를 쳐서 이르시는 말씀을 들으라**
둘째 단원(11-15) **그러므로 벧엘의 단과 궁을 치리라**

첫째 단원(1-10) 너희를 쳐서 이르시는 말씀을 들으라

"이스라엘 자손들아 여호와께서 너희에 대하여 이르시는 이 말씀을 들으라 애굽 땅에서 인도하여 올리신 모든 족속에 대하여 이르시기를"(1).

거듭 강조합니다만 3:1-2절은 아모스서를 해석하는 데 있어서 첫 단추와도 같은 말씀입니다. 그러므로 이를 바로 끼어야만 뒤틀리지 않게 됩니다. 이 말씀 속에는 하나님께서 "너희에게 보응하리라"하신 "너희"가 누구인가? "왜 보응을 하시겠다고 말씀하시는가"하는 뜻이 함의되어 있기 때문입니다. 이점에 확고해야

아모스서를 상고하고 있는 "나는 누구인가? 어떠한가?"도 깨닫게
되는 것입니다.

① 아모스 선지자는 "이스라엘 자손들아"(1상) 하고 부릅니다.
그런데 이렇게만 부르고 있는 것이 아니라,

㉠ "애굽 땅에서 인도하여 올리신 모든 족속"(1중)이라고 부언(附言) 설
명을 하고 있다는 점을 주목해야 합니다. 이는 이스라엘 족속이 누
구인가 하는 그들의 정체성(正體性)을 일깨워주는 대단히 중요한 의
미가 있는 말씀인 것입니다. "애굽 땅에서 인도하여 올리신 모든 족
속"이라고 말씀함은

㉡ "나는 여호와라 내가 애굽 사람의 무거운 짐 밑에서 너희를 빼내며
그들의 노역에서 너희를 건지며 편 팔과 여러 큰 심판들로써 너희를
속량하여 너희를 내 백성으로 삼고 나는 너희의 하나님이 되리니"
(출 6:6-7) 하신 "구속, 백성, 그들의 하나님 되심"을 상기시켜 주
고 있는 말씀입니다. 그런데 출애굽의 목적이 이것이 전부가 아닙니
다.

㉢ "그들은 내가 그들의 하나님 여호와로서 〈그들 중에 거하려고〉 그들
을 애굽 땅에서 인도하여 낸 줄을 알리라 나는 그들의 하나님 여호
와니라"(출 29:46)는 놀라운 말씀을 듣게 됩니다. 아모스는 이러한
그들을 향해서 "여호와께서 너희에 대하여 이르시는 이 말씀을 들으
라"고 대언하고 있는 것입니다. 즉 하나님은 지금 남의 자식을 야단
치고 계시는 것이 아니라는 말씀입니다.

② 그러므로 "애굽 땅에서 인도하여 올리신 모든 족속"이라고
말씀하시는 여기에 우리와의 접촉점이 있는 것입니다. 왜냐하면
출애굽은 영적 출애굽의 예표이기 때문입니다. 구약의 구원방도
도 "구속하여 내 백성" 삼으심이요, 신약의 구원방도도,

㉠ "그가 우리를 대신하여 자신을 주심은 모든 불법에서 우리를 속량하

시고 우리를 깨끗하게 하사 선한 일을 열심히 하는 자기 백성이 되
게 하려 하심이라"(딛 2:14) 하신 동일(同一)한 "속량"으로 말미암아
하나님의 백성이 되는 것이 가능하여졌기 때문입니다. 이런 맥락에서
우리들도

ⓛ "애굽 땅에서 인도하여 올리신 〈모든 족속〉이요, 아모스서의 경고를
들어야 하는 자들" 속에 포함된다는 말씀입니다. 이런 논리(論理)가
성립되는 것은 아모스서와 우리와의 사이에 유월절 양 되시는 예수
그리스도의 십자가로 말미암아 가능해지는 것입니다. 그렇다면 아모
스서가 우리에게 하시는 말씀이 무엇인가?

③ 그런데 그냥 "말씀을 들으라" 하는 것이 아니라,

㉠ "너희에 대하여 이르시는 말씀, 족속에 대하여 이르시기를"(1)라고
말씀한다는 점입니다. 그러니까 하나님은 자기 백성들에게 진노하셔
서 손에 채찍을 들고 종아리를 때리려 하시는 것입니다.

ⓛ 신약성경에서도 말씀합니다. "너희가 무엇을 원하느냐 내가 매를 가
지고 너희에게 나아가랴 사랑과 온유한 마음으로 나아가랴"(고전 4:
21).

④ 이런 문맥에서 "내가 땅의 모든 족속 중에 너희만 알았나
니"(2상) 하십니다. 이는 아모스 선지자의 말이 아닙니다. 1절은
아모스가 하는 말이지만, 2절은 선지자가 대언(代言)하는 하나님
이 친히 하시는 말씀입니다. 그런데 하나님께서 "애굽 땅에서 인
도하여 올리신 족속에 대하여 이르시는" 첫 말씀이,

㉠ "내가 땅의 모든 족속 중에 너희만 알았나니" 하시는 것입니다. 이는
다른 족속은 모르신다는 뜻이 아닙니다.

ⓛ "세계가 다 내게 속하였나니 너희가 내 말을 잘 듣고 내 언약을 지
키면 너희는 모든 민족 중에서 내 소유가 되겠고 너희가 내게 대하
여 제사장 나라가 되며 거룩한 백성이 되리라"(출 19:5) 하신 특별

한 백성이라는 뜻입니다.

ⓒ 이를 시편에서는 "여호와께서 자기를 위하여 야곱 곧 이스라엘을 자기의 〈특별한 소유〉로 택하셨음이로다"(시 135:4)고 진술합니다.

⑤ 이렇게 말씀하시는 의도가 무엇일까요? 하나님의 의중을 깨닫기 위해서는 "아브라함"까지 거슬러 올라가야 합니다. 왜냐하면,

㉠ "여호와께서 아브람에게 이르시되 너는 너의 고향과 친척과 아버지의 집을 떠나 내가 네게 보여 줄 땅으로 가라 내가 너로 〈큰 민족〉을 이루고 네게 복을 주어 네 이름을 창대하게 하리니 너는 복이 될지라"(창 12:1-2)고 언약을 세워주셨는데, 이 언약에 근거하여 세워진 "민족"이 이스라엘 족속이기 때문입니다. 그렇다면 하나님께서 아브라함을 택하셔서 "한 민족"을 이루게 하신 의도가 어디에 있는가?

ⓛ 바울은 비시디아 안도옥에서 행한 설교에서 "이스라엘 백성의 하나님이 우리 조상들을 택하시고 애굽 땅에서 나그네 된 그 백성을 높여 큰 권능으로 인도하여 내사"하고 아브라함으로부터 시작하여, "하나님이 약속하신 대로 이 사람(아브라함)의 후손에서 이스라엘을 위하여 구주를 세우셨으니 곧 예수라"(행 13:17,23)고, 아브라함을 택하셔서 한 민족을 이루게 하신 그 의도를 밝혀주고 있습니다.

ⓒ 그러므로 본문(1-2)에서 이를 간과(看過)하게 되면 아모스서를 교훈적으로만 보게 될 뿐 하나님께서 이루시려는 구속사의 맥과 아모스서를 통하여 증언하시려는 〈그리스도〉를 놓치게 되고 마는 것입니다.

⑥ "그러므로 내가 너희 모든 죄악을 너희에게 보응하리라"(2하) 하십니다. "내가 땅의 모든 족속 중에 너희만 알았나니"라는 말씀은 선민 이스라엘이 다른 민족보다 얼마나 영광스러운 특별한 민족인가를 말씀함인데 이어지는 말씀은,

㉠ "내가 너희 모든 죄악을 너희에게 보응하리라"는 두려운 말씀을 듣

게 되는 것입니다. 왜 그러한가? 이스라엘을 하나님의 특별한 소유로 택하셨다는 것은 그들에게 "여호와 하나님"이라는 거룩하신 "이름"이 주어졌음을 뜻합니다. 하나님은 그들을 "하나님의 백성"으로 삼으신 것입니다. 그러므로 그들의 범죄는 자신에 국한되는 것이 아니라 하나님의 이름을 더럽히는(겔 36:20) 결과를 낳게 되고 궁극적으로는 하나님께서 이루시려는 메시아 왕국을 파괴하는 것이 되기 때문입니다.

ⓛ 성경은 "나는 나를 가까이하는 자 중에서 내 거룩함을 나타내겠고 온 백성 앞에서 내 영광을 나타내리라"(레 10:3) 하십니다. 그런데 도리어 "하나님의 이름이 너희 때문에 이방인 중에서 모독을 받는도다"(롬 2:24)는 결과를 낳게 된 것입니다. 영광스러움에는 그에 상응하는 책임이 뒤따르는 것입니다. 하나님의 백성, 하나님의 자녀, 그리스도인이 되었다는 것은 구별된 자들이요, 상응하는 책임이 따른다는 점을 명심해야 하는 것입니다.

⑦ "너희의 모든 죄악을 너희에게 보응하리라" 하신 2절은,

㉠ "주 여호와께서는 자기의 비밀을 그 종 선지자들에게 보이지 아니하시고는 결코 행하심이 없으시리라" 하신 7절과 연결이 되는 말씀인데, 하나님은 저들의 죄를 보응하실 것을 선지자 아모스를 통해서 경고하신 후 심판하신다는 뜻입니다.

㉡ 그럼에도 백성들이 경고에 귀를 기울이지를 않는 것입니다. 아모스가 심판을 경고할 당시는 여로보암 2세의 치세로서 나라가 평안하고 든든한 때였습니다. 더욱이나 아모스는 전문적으로 훈련을 받은 선지자도, 선지자의 아들도 아니요 목자요 뽕나무를 재배하는 농부였습니다. 그런 아모스가 심판의 나팔을 분다고 누가 귀를 기울이려 했겠습니까? 그래서 3-6절을 말씀하게 된 것입니다. 그러면 그 내용이 무엇인가?

⑧ "두 사람이 뜻이 같지 않은데 어찌 동행하겠으며"(3) 합니

다. 무슨 뜻인가?

㉠ 하나님은 소돔 고모라를 심판하시기 전에 "여호와께서 이르시되 내가 하려는 것을 아브라함에게 숨기겠느냐"(창 18:17)고 미리 알려주셨습니다. 이런 점을 가리켜 성경은 아브라함을 "하나님의 벗이라"(약 2:23)고 말씀하는데,

㉡ 그러니까 하나님은 아모스를 벗으로 여기셔서 동행하시면서 이스라엘의 죄를 보응하실 것을 경고하신다는 그런 뜻입니다. 이 점을 표현을 달리하여 여러 번 강조하는 것은 자신의 예언이 신적기원(神的起源)에 있음을 강력하게 드러내기 위해서인 것입니다.

⑨ "사자가 움킨 것이 없는데 어찌 수풀에서 부르짖겠으며 젊은 사자가 잡은 것이 없는데 어찌 굴에서 소리를 내겠느냐"(4) 합니다. 이 비유의 핵심은,

㉠ "부르짖는다"에 있습니다. 아모스가 "부르짖는" 것은 "움킨 것", 즉 하나님께로부터 받은 말씀이 있기 때문이라는 것입니다. 그렇지 않고야 내가 정신병자처럼 공연히 부르짖겠느냐는 것입니다.

㉡ "덫을 땅에 놓지 않았는데 새가 어찌 거기 치이겠으며 잡힌 것이 없는데 덫이 어찌 땅에서 튀겠느냐"(5) 합니다. 4절에서는 자신을 "부르짖는 사자"에 비유했는데, 5절에서는 "튀고 있는 덫"에 비유하고 있습니다. 덫에 새나 짐승이 걸리게 되면 벗어나려고 죽을 기를 씁니다. 그래서 덫이 튀게 됩니다. 자신은 덫에 불과하다는 것입니다. 그런데 이 덫이 공연히 튀고 있는 것이 아니라 하나님의 말씀에 물려 있기 때문에 이렇게 튀는 것이라는 뜻입니다. 예레미야 선지자도 "내가 다시는 여호와를 선포하지 아니하며 그 이름으로 말하지 아니하리라 하면 나의 마음이 불붙는 것 같아서 골수에 사무치니 답답하여 견딜 수 없나이다"(렘 20:9)고 진술했습니다.

⑩ "성읍에서 나팔이 울리는데 백성이 어찌 두려워하지 아니하

겠으며"(6상) 합니다.

ⓐ 성읍에서 나팔소리를 듣게 되면 백성들은 놀라며 두려워하게 마련입니다. 왜냐하면 이는 전쟁을 알리는 신호이기 때문입니다. 아모스는 자신을 나팔 부는 자에 비유하여 자신이 부는 나팔소리에 무감각한 반응을 나타냄을 책망하고 있는 것입니다.

ⓒ "여호와의 행하심이 없는데 재앙이 어찌 성읍에 임하겠느냐"(6하) 합니다. 이는 선지자의 나팔소리에 무감각한 채 재앙도 자연현상으로 돌리고 마는 반응을 책망하는 말입니다. 다음 장에서 "흉년 · 가뭄 · 태풍" 등 다섯 가지 재앙으로 징책하심을 보게 되는데 그때마다 "너희가 내게로 돌아오지 아니하였느니라 이는 여호와의 말씀이니라" 하시는 말씀을 듣게 됩니다. 재앙은 "여호와의 시키심" 즉 주관하에 일어나는 또 다른 경고의 나팔이라는 것입니다.

⑪ "주 여호와께서는 자기의 비밀을 그 종 선지자들에게 보이지 아니하시고는 결코 행하심이 없으시리라"(7) 합니다. 아모스는 이 말씀을 하기 위해서 3-6절의 비유를 말씀했던 것입니다. 하나님은 선지자들에게 "보이시고, 책망하게 하시고, 회개를 촉구하시고, 경고하신" 후에 심판을 시행하시는 것입니다. 그렇다면 말씀을 받은 자는 어떻게 행해야 마땅한가?

⑫ "사자가 부르짖은즉"(8상) 합니다.

ⓐ 이로 보건대 아모스는 사자같이 부르짖었음을 알 수 있습니다. "움킨 것", 즉 전할 말씀을 받은 자는 사자같이 부르짖어야 하는 것입니다.

ⓒ "누가 두려워하지 아니하겠느냐"(8중), 선지자의 말은 듣기에 좋은 말이 아닙니다. 왜냐하면 선지자를 필요로 하는 시대는 하나님으로부터 떠난 시대이기 때문입니다. 그러므로 그의 설교는 "두려워 떨게" 하는 내용이었던 것입니다.

ⓒ "주 여호와께서 말씀하신즉 누가 예언하지 아니하겠느냐"(8하) 합니

다. 자신의 예언은 바울이 말씀한 대로 "부득불 할 일이라 만일 복음을 전하지 아니하면 내게 화가 있을 것"(고전 9:16)임을 역설하고 있는 것입니다. 그래서 자신은 사자같이 부르짖으며 덫같이 튀면서 경고의 나팔을 불고 있다는 호소입니다.

⑬ 이를 "아스돗의 궁궐들과 애굽 땅의 궁궐들에 선포하여 이르기를 너희는 사마리아 산들에 모여 그 성 중에서 얼마나 큰 요란함과 학대함이 있나 보라"(9) 하십니다. 무슨 뜻인가? 하나님의 특별한 소유된 백성의 타락상과 이를 심판하시는 광경을 목격하도록 이방의 왕들을 초청하라는 말씀은 얼마나 슬픈 일입니까? 그런데 이처럼 이방의 왕들을 심판에 초청하는 의도는 자기 백성들에게 이토록 공의로운 심판을 시행하시는 하나님이시라면 하나님을 믿지 않는 이방인들에게야 얼마나 더욱 두려운 심판이 임하겠는가? 하는 하나님의 엄위하심을 보여주기 위해서 이방에 광포하라 하시는 것입니다.

⑭ 첫째 단원은 "자기 궁궐에서 포학과 겁탈을 쌓는 자들이 바른 일 행할 줄을 모르느니라"(10)는 말씀으로 마치고 있는데,

㉠ 아모스 선지자의 첫 공격 목표가 "궁궐"임을 유념하시기 바랍니다. 백성들이 잘못된 길로 빠지게 되는 것은 지도자의 책임이기 때문입니다.

㉡ 백성들을 바른길로 인도해야 할 궁궐 안에서 포학과 겁탈을 "쌓고" 있다는 것입니다. 사도 바울도 "다만 네 고집과 회개하지 아니한 마음을 따라 진노의 날 곧 하나님의 의로우신 심판이 나타나는 그 날에 임할 진노를 네게 쌓는도다"(롬 2:5)고 책망합니다. 그렇다면 이는 화약더미에서 춤을 추고 있는 격입니다.

둘째 단원(11-15) 그러므로 벧엘의 단과 궁을 치리라

"내가 이스라엘의 모든 죄를 보응하는 날에 벧엘의 제단들을 벌하여 그 제단의 뿔들을 꺾어 땅에 떨어뜨리고"(14).

11-15절의 내용은 첫 번 "그러므로"의 결과로 나타난 하나님의 심판의 선고입니다. 얼마나 엄중하냐 하면 다섯 절 안에 "주 여호와께서 말씀하시되(11), 여호와께서 말씀하시되(12), 주 여호와 만군의 하나님의 말씀이니라(13), 여호와의 말씀이니라"(15)는 언급이 네 번이나 강조하고 있습니다.

① "이 땅 사면에 대적이 있어 네 힘을 쇠하게 하며 네 궁궐을 약탈하리라"(11) 하십니다.

㉠ 이는 성이 대적에게 포위(사면)가 되어 "포학과 겁탈을 쌓던 자들"(10)의 궁궐이 함락되고 약탈을 당하게 되리라는 것입니다.

㉡ "목자가 사자의 입에서 양의 두 다리나 귀 조각을 건져냄과 같으리라"(12) 하시는데, 사자의 입에 물린 양을 생각해 보십시오. 결국 건진 것은 귀 조각뿐이라는 것입니다. 이는 재앙에서 극소수만이 살아남게 될 것을 가리키는 묘사입니다. 이 예언은 앗수르에 의해서 문자적으로 응하여지고 말았던 것입니다.

② "내가 이스라엘의 모든 죄를 보응하는 날에는"(14상), 두 가지를 치겠다고 말씀합니다.

㉠ 첫째는 "벧엘의 제단들을 벌하며 그 제단의 뿔들을 꺾어 땅에 떨어뜨리고"(14하) 하십니다. "벧엘의 제단"이란 벧엘에 있는 송아지 우상의 제단을 가리킵니다. 아모스서에는 "벧엘"을 여러 번 언급하고 있는데 여기가 첫 언급입니다. 이스라엘이 멸망하게 된 첫째 원인은 우상숭배 때문이었던 것입니다.

ⓒ 둘째는 "겨울 궁과 여름 궁을 치리니 상아 궁들이 파멸되며 큰 궁들이 무너지리라"(15) 하십니다. 3장은 "상아 궁이 파괴되리라"는 경고로 마치고 있는데 이를 통해 지도계급의 사치가 극에 달했음을 깨닫게 되는데 멸망 당하게 된 둘째 원인이 지도자들의 방탕에 있음을 말씀함입니다.

③ 3장 말씀이 오늘의 우리에게는 어떤 의미가 있는가? 하나님은 유월절 어린양의 피로 구속하여 애굽 땅 바로의 종 되었던 그들을 해방시켜 주셨습니다. 그리고 그들 중에 거하기를 원하셨습니다. 그렇건만 그들은 배은망덕하게도 하나님을 배신하고 송아지 우상을 섬겼습니다. 그래서 하나님은 그들을 심판하시려는 것입니다.

그러므로 3장은 유월절 양이 아닌 하나님의 아들의 구속으로 말미암아 하나님의 자녀 된 교회에 적용된다고 하겠습니다. 구약시대는 "땅의 모든 족속 중에 이스라엘만 아셨으나",

ⓙ 이제는 교회를 향하여 "오직 너희는 택하신 족속이요 왕 같은 제사장들이요 거룩한 나라요 그의 소유된 백성"이라고 말씀하십니다. 그리고 우리를 그의 소유된 백성으로 삼아주신 의도인데

ⓒ "이는 너희를 어두운 데서 불러내어 그의 기이한 빛에 들어가게 하신 이의 아름다운 덕을 선포하게 하려 하심이라"(벧전 2:9) 합니다. 이는 입으로 전하는 것만을 의미하지 않습니다. "너희가 이방인 중에서 〈행실〉을 선하게 가져 너희를 악행한다고 비방하는 자들로 하여금 너희 선한 일을 보고 오시는 날에 하나님께 영광을 돌리게 하려 함이라"(벧전 2:12)고 말씀합니다.

그런데 현대교회는 "하나님의 아름다운 덕"을 입으로 전하면서 "행실"로는 부인하고 있는 것은 아닙니까? 이를 가리켜 성경은 "그들이 하나님을 시인하나 행위로는 부인하니 가증한 자요 복종

하지 아니하는 자요 모든 선한 일을 버리는 자"(딛 1:16)라고 말씀합니다.

④ 그렇다면 우리에게도 "벧엘의 제단" 즉 송아지 우상이 있는 것은 아닌지 점검해보아야 할 것입니다. 이 점에서 유념해야 할 점은,

㉠ 구약시대는 우상이 형상으로 주어졌으나 신약시대는 영(형이상)적으로 주어진다는 것입니다. 다시 말하면 아모스 당시에는 벧엘에 눈에 보이는 "송아지 우상"이 있었습니다. 그런데 신약성경에서는 "그러므로 땅에 있는 지체를 죽이라 곧 음란과 부정과 사욕과 악한 정욕과 탐심이니 탐심은 우상숭배니라 이것들로 말미암아 하나님의 진노가 임하느니라"(골 3:5-6)고 말씀합니다. 현대교회의 우상은 "탐심"(貪心) 즉 마음에 도사리고 있다는 것입니다.

㉡ 그렇다면 하나님 중심이 아니고 자기중심적인 신앙, 즉 "탐심"이 우상일 수 있습니다. "먼저 그의 나라와 그의 의"를 구하지 않는 기복신앙(祈福信仰)이 우상숭배일 수 있습니다. 그러므로 우리도 이렇게 기도하십시다.

> 하나님이여
> 나를 살피사 내 마음을 아시며
> 나를 시험하사 내 뜻을 아옵소서
> 내게 무슨 악한 행위가 있나 보시고
> 나를 영원한 길로 인도하소서 (시 139:23-24).

아모스 4장 개관도표
주제 : 하나님 만나기를 예비하라

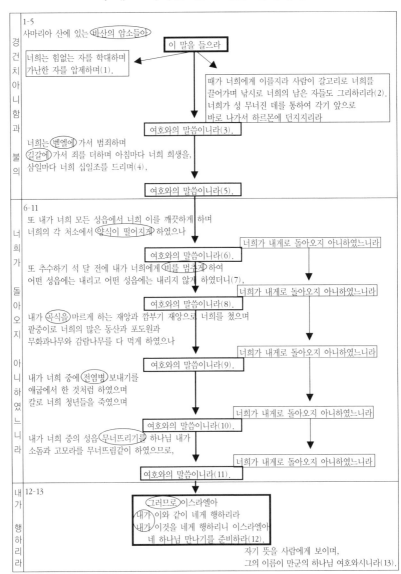

1-5

경건치 아니함과 불의

사마리아 산에 있는 바산의 암소들아

이 말을 들으라

너희는 힘없는 자를 학대하며 가난한 자를 압제하며(1),

때가 너희에게 이를지라 사람이 갈고리로 너희를 끌어가며 낚시로 너희의 남은 자들도 그리하리라(2). 너희가 성 무너진 데를 통하여 각기 앞으로 바로 나가서 하르몬에 던지리라

여호와의 말씀이니라(3).

너희는 벧엘에 가서 범죄하며 길갈에 가서 죄를 더하며 아침마다 너희 희생을, 삼일마다 너희 십일조를 드리며(4),

여호와의 말씀이니라(5).

6-11

너희가 돌아오지 아니하였느니라

또 내가 너희 모든 성읍에서 너희 이를 깨끗하게 하며 너희의 각 처소에서 양식이 떨어지게 하였으나

여호와의 말씀이니라(6).

너희가 내게로 돌아오지 아니하였느니라

또 추수하기 석 달 전에 내가 너희에게 비를 멈추게 하여 어떤 성읍에는 내리고 어떤 성읍에는 내리지 않게 하였더니(7),

여호와의 말씀이니라(8).

너희가 내게로 돌아오지 아니하였느니라

내가 곡식을 마르게 하는 재앙과 깜부기 재앙으로 너희를 쳤으며 팥중이로 너희의 많은 동산과 포도원과 무화과나무와 감람나무를 다 먹게 하였으나

여호와의 말씀이니라(9).

너희가 내게로 돌아오지 아니하였느니라

내가 너희 중에 전염병 보내기를 애굽에서 한 것처럼 하였으며 칼로 너희 청년들을 죽였으며

여호와의 말씀이니라(10).

너희가 내게로 돌아오지 아니하였느니라

내가 너희 중의 성읍 무너뜨리기를 하나님 내가 소돔과 고모라를 무너뜨림같이 하였으므로,

너희가 내게로 돌아오지 아니하였느니라

여호와의 말씀이니라(11).

12-13

내가 행하리라

그러므로 이스라엘아 내가 이와 같이 네게 행하리라 내가 이것을 네게 행하리니 이스라엘아 네 하나님 만나기를 준비하라(12).

자기 뜻을 사람에게 보이며, 그의 이름이 만군의 하나님 여호와시니라(13).

4장

하나님 만나기를 예비하라

[12] 그러므로 이스라엘아 내가 이와 같이 네게 행하리라 내가 이것을 네게 행하리니 이스라엘아 네 하나님 만나기를 준비하라

4장의 중심점은 도표에서 보시는 바대로 두 번째 "들으라(1)… 그러므로(12)"의 내용입니다. 하나님은 먼저 "들으라"고 그들의 죄를 논고(論告)하신 후에 "그러므로"하고 심판을 선고(宣告)하는 형식을 취하고 있습니다. 그들이 심판받아 마땅한 죄는 "경건하지 아니함과 불의"(첫째 단원)인데, "경건하지 아니함"은 "벧엘"(4)에 가서 범한 죄 곧 우상숭배요, "불의"는 "가난한 자, 힘없는 자"(1)를 압제한 죄입니다. 죄들(Sins)에는 억만 가지가 있으나 "경건하지 아니함과 불의"로 요약됩니다. 하나님은 그들을 돌이

키시려고 여러 가지 재앙으로 징계하시면서 회개할 기회를 주셨으나 다섯 번이나 "너희가 내게로 돌아오지 아니하였느니라"(둘째 단원) 하십니다. "그러므로 내가 이렇게 행하리니"(셋째 단원) 하시면서 "하나님 만나기를 준비하라" 하십니다. 그렇다면 "하나님 만나기를 준비하라"는 의미가 무엇일까요? 이를 세 단원으로 나누어 상고하겠습니다.

> 첫째 단원(1-5) **경건하지 아니함과 불의**
> 둘째 단원(6-11) **너희가 돌아오지 아니하였느니라**
> 셋째 단원(12-13) **내가 이와 같이 네게 행하리라**

첫째 단원(1-5) 경건하지 아니함과 불의

"사마리아 산에 있는 바산의 암소들아 이 말을 들으라"(1상).

5장은 "이 말을 들으라", 즉 그들의 죄를 논고(論告)하는 것으로 시작됩니다. 그들의 죄가 무엇인가?

① "사마리아 산에 있는 바산의 암소들아"(1상) 합니다. 요단 동쪽에 있는 바산은 풍부한 목초로 인하여 그곳에서 사육된 소는 살찌고(겔 39:18) 힘이 센 것으로 유명했습니다.

  ㉠ 그런데 "바산의 암소들"이라 한 것은 사치생활에 빠져있는 귀부인들을 가리키는 것으로 볼 수도 있고, "암소"란 살찐 것을 나타내는 묘사일 수도 있습니다.

  ㉡ 그들이 "사마리아 산에 있다"는 것은 3:10절에서 말씀한 "자기 궁궐에서 포학과 겁탈을 쌓는 자들"이라는 점을 가리키는 것으로 볼 수

있습니다. 그렇다면 그들의 죄가 무엇인가?

불의

② "힘없는 자를 학대하며 가난한 자를 압제하며"(1중) 합니다. 이는 서민층을 압제했다는 말일 수도 있습니다. 그런데 오늘날의 개념과는 전혀 다르다는 점입니다. 왜냐하면 이스라엘은 곧 구약 교회였기 때문에 이런 일이 교회 안에서 벌어지고 있다는 것입니다. 그러므로 구약성경에서 말씀하고 있는,

㉠ "힘없는 자, 가난한 자"란 왕·방백·제사장과 같은 지도계급으로부터 압제를 당하는 경건한 자들을 가리킵니다. 이점을 스바냐 선지자는 예루살렘을 "패역하고 더러운 곳, 포학한 그 성읍이 화 있을진저" 하면서 "그 가운데 방백들은 부르짖는 사자요 그의 재판장들은 이튿날까지 남겨 두는 것이 없는 저녁 이리요 그의 선지자들은 경솔하고 간사한 사람들이요 그의 제사장들은 성소를 더럽히고 율법을 범하였도다"(습 3:1-4)라고 고발합니다. 아모스 선지자도 "바산의 암소들"이

㉡ "가장에게 이르기를 술을 가져다가 우리로 마시게 하라 하는도다"(1하) 합니다. 무슨 뜻이냐 하면 가장(家長)들이 "힘없는 자, 가난한 자" 곧 하나님의 백성들을 압제하는 죄를 범하는 일에 부인들이 오히려 부추겼다는 뜻이 되는 것입니다. 이것이 "불의"(不義)입니다. 성경은 "하나님의 진노가 불의로 진리를 막는 사람들의 모든 〈경건하지 않음과 불의〉에 대하여 하늘로부터 나타난다"(롬 1:18)고 말씀합니다. "경건하지 아니함"이란 하나님과의 관계에서의 죄인데 이를 4-5절에서 보게 될 것입니다.

③ 그러므로 "때가 너희에게 이를지라 사람이 갈고리로 너희를

끌어가며 낚시로 너희의 남은 자들도 그리하리라"(2) 하십니다. 이는 앗수르에 의해 멸망하고 사로잡히게 되리라는 말씀입니다.

경건하지 아니함

④ "너희는 벧엘에 가서 범죄하며 길갈에 가서 죄를 더하며 아침마다 너희 희생을, 삼일마다 너희 십일조를 드리며"(4) 합니다. 그러면 벧엘과 길갈은 어떤 곳인가?

㉠ 벧엘은 이스라엘의 조상 야곱이 단을 쌓고 서원을 한 곳(창 28:18) 이요,

㉡ 길갈은 출애굽 당시 요단강을 육지같이 건넌 후에 요단강 바닥에서 가져온 열두 돌을 기념비로 세운 곳(수 4:20)입니다. 그 후에 사무엘 당시는 "백성에게 이르되 오라 우리가 길갈로 가서 거기서 여호와 앞에서 사울을 왕으로 삼고 갈길에서 여호와 앞에 화목제를 드리고 사울과 이스라엘 모든 사람이 거기서 크게 기뻐하니라"(삼상 11:14-15)한 곳입니다. 그러니까 벧엘과 길갈은 이스라엘 민족에 있어서는 중요한 성지(聖地)라고 말할 수 있는 곳입니다.

⑤ 그러면 벧엘과 길갈에 가서 "아침마다 너희 희생을, 삼 일마다 십일조를 드리며 누룩 넣은 것을 불살라 수은제로 드리며 낙헌제"(4-5)를 드렸다는 것이 하나님께 드린 것이냐? 아니면 송아지 우상에게 한 것인가? 하는 의문이 제기될 수 있습니다. 여기에 애매모호(曖昧模糊)함이 있습니다. 학자들 간에도 해석이 갈리고 있습니다. 왜냐하면 여로보암이 금송아지를 만들어 벧엘 산당에 두고는 "유다의 절기와 비슷하게"(왕상 12:32) 했습니다. 그리하여 백성들은 하나님께 예배하는 줄로 여겼을 것입니다. 이것이

혼합종교(참고, 왕하 17:33)인 것입니다. 이것이 문제입니다.

⑥ 아모스서에서 "제사 드림"을 언급하고 있는 것은 여기가 처음인데, 그것은 분명합니다. 하나님께 드린 것이 아닙니다. 5:21-23절을 보십시오. "내가 너희 절기를 미워하며, 받지 아니할 것이요, 돌아보지 아니하리라" 하십니다. 이점에 확고해야 우리도 참예배를 드릴 수 있는 통찰력을 갖게 되는 것입니다.

㉠ 아모스가 선지자로 활동한 시기를 "여로보암(Ⅱ세) 시대"(1:1)라고 말씀하고 있는데, 그는 어떤 인물이라고 역사서는 말씀하고 있는가? "여호와 보시기에 악을 행하여 이스라엘에게 범죄하게 한 느밧의 아들 여로보암(Ⅰ세)의 모든 죄에서 떠나지 아니하였더라"(왕하 14:24)고 말씀합니다. 여로보암 Ⅱ세 만이 아니라 북 왕국 이스라엘에서 "이스라엘에게 범죄하게 한 느밧의 아들 여로보암의 죄에서 떠난" 왕은 단 한 사람도 없었던 것입니다.

㉡ 그 죄에서 "떠나지 않았다"면 그들의 제사가 송아지 우상을 숭배한 것이 분명한 것입니다.

⑦ 그렇다면 북이스라엘이 언제부터 잘못된 것일까요?

㉠ "우리가 다윗과 무슨 관계가 있느냐 이새의 아들에게서 받을 유산이 없도다 이스라엘아 너희의 장막으로 돌아가라 다윗이여 이제 너는 네 집이나 돌아보라"(왕상 12:16)한 때부터입니다. "우리가 다윗과 무슨 관계가 있느냐 이새의 아들에게서 받을 유산이 없도다" 한 말은 하나님께서 다윗에게 세워주신 메시아언약을 배척한 말이었던 것입니다. 메시아를 배척한 그들은

㉡ 금송아지 우상을 만들어 벧엘과 제단에 두고 이르기를 "너희가 다시는 예루살렘에 올라갈 것이 없도다 이스라엘아 이는 너희를 애굽 땅에서 인도하여 올린 너희의 신들이라"(왕상 12:28-) 선언했던 것입니다.

⑧ 4:5절에서는 "누룩 넣은 것을 불살라 수은제로 드리며 낙헌제를 소리내어 선포하려무나 이스라엘 자손들아 이것이 너희가 기뻐하는 바니라 주 여호와의 말씀이니라"하십니다. 이 점에서 주목하게 되는 것은 "이것이 너희의 기뻐하는 바라"(5하)는 언급인데 금송아지 우상을 가리켜 "너희를 애굽에서 인도한 너희 신이라" 했을 때 백성들은 당연히 거부하고 항거했어야 합니다. 그런데 도리어 좋아했다는 것입니다. 7장에 보면 벧엘의 제사장 아마샤가 아모스에게 "너는 유다 땅으로 도망하여 가서 거기에서나 떡을 먹으며 거기에서나 예언하고 다시는 벧엘에서 예언하지 말라"(7:12-13)고 추방하는 것을 보게 되는데 백성들은 참 선지자 아모스보다는 벧엘의 금송아지 제사장 아마샤를 좋아했던 것입니다.

주님 당시에도 그러했습니다. 무리들은 주님을 "십자가에 못박게 하소서"라고 외치면서 자신들을 멸망으로 이끌고 있는 당시의 종교지도자들을 따랐던 것입니다. 하나님께서 "내가 너희 죄악을 너희에게 보응하리라"(3:2)하신 죄악은 요약하면, "경건하지 아니함과 불의"입니다.

둘째 단원(6-11) 너희가 돌아오지 아니하였느니라

"또 내가 너희 모든 성읍에서 너희 이를 깨끗하게 하며 너희의 각 처소에서 양식이 떨어지게 하였으나 너희가 내게로 돌아오지 아니하였느니라 여호와의 말씀이니라"(6).

둘째 단원의 중심점은 여러 가지 재앙으로 징계하였으나, "너희가 내게로 돌아오지 아니하였느니라"고 다섯 번이나 말씀하시는 데 있습니다. 어찌하여 재앙으로 징계하셔야 했는가?

① 앞 단원에서 하나님의 진노가 "경건하지 아니함(우상숭배)과 불의"(가난한 자를 압제)에 임한다는 점을 보았습니다.

㉠ 하나님은 북 왕국을 돌이키기 위해서 "또 너희 아들 중에서 선지자를, 너희 청년 중에서 나시르 사람을 일으켰나니 이스라엘 자손들아 과연 그렇지 아니하냐? 그러나 너희가 나실 사람으로 포도주를 마시게 하며 또 선지자에게 명령하여 예언하지 말라 하였느니라"(2:12)고 순종하지 않을 뿐만이 아니라 하나님의 입을 막았다는 것입니다. 하나님은 그들을 돌이키기 위해서 다른 방법, 즉 말씀이 아닌 재앙을 통해서 경고하셨던 것입니다.

② 그래서 6절은 "또" 하고 시작되는데,

㉠ "또 내가 너희 모든 성읍에서 너희 이를 깨끗하게 하며 너희의 각 처소에서 양식이 떨어지게 하였으나"(6상), 하나님은 기근(饑饉)을 통해서 부르셨던 것입니다.

㉡ 그러나 "너희가 내게로 돌아오지 아니하였느니라"(6중), 돌아오지 않았다는 말은 회개하지 않았다는 뜻입니다. 호세아서에는 이와 관련한 통탄할만한 말씀이 있는데, "그들은 돌아오나 높으신 자에게로 돌아오지 아니하니 속이는 활과 같이"(호 7:16), 즉 하나님께로 돌아오라고 재앙으로 치시니까 빗나간 화살처럼 더욱 우상을 가까이했다는 그런 뜻입니다.

㉢ "이는 여호와의 말씀이니라"하십니다.

③ "또 추수하기 석 달 전에 내가 너희에게 비를 멈추게 하여"(7상),

㉠ 추수하기 석 달 전에 비가 오지 않게 되면 그 해 농사는 폐농(廢農)

하게 되는 것이 이스라엘의 실정입니다. 농사는 고사하고 "두세 성읍 사람이 어떤 성읍으로 비틀거리며 물을 마시러 가서 만족하게 마시지 못할"(8상) 정도로 식수조차 얻지를 못했던 것입니다. 하나님은 가뭄을 통해서 부르셨습니다.

ⓛ "그러나 너희가 내게로 돌아오지 아니하였느니라"(8중) 합니다.

ⓒ "이는 여호와의 말씀이니라"(8하) 하십니다.

④ "내가 곡식을 마르게 하는 재앙과 깜부기 재앙으로 너희를 쳤으며"(9상)

ⓖ 하나님은 태풍 · 깜부기 · 메뚜기 재앙으로 부르셨습니다.

ⓛ "그러나 너희가 내게로 돌아오지 아니하였느니라"(9중)

ⓒ "이는 여호와의 말씀이니라"(9하) 하십니다.

⑤ "내가 너희 중에 전염병 보내기를 애굽에서 한 것처럼 하였으며 칼로 너희 청년들을 죽였으며"(10상)

ⓖ 하나님은 전염병과 전쟁을 통해서 부르셨습니다.

ⓛ "그러나 너희가 내게로 돌아오지 아니하였느니라"(10중)

ⓒ "이는 여호와의 말씀이니라"(10하) 하십니다.

⑥ "내가 너희 중의 성읍 무너뜨리기를 하나님인 내가 소돔과 고모라를 무너뜨림 같이 하였으므로"(11상)

ⓖ 하나님은 재앙의 강도를 높여가며 부르셨습니다.

ⓛ 그러나 "너희가 내게로 돌아오지 아니하였느니라"(11중)

ⓒ "이는 여호와의 말씀이니라"(11하) 하십니다.

호세아 11:7절에서는 "내 백성이 끝끝내 내게서 물러가나니 비록 그들을 불러 위에 계신 이에게로 돌아오라 할지라도 일어나는 자가 하나도 없도다"고 말씀합니다. 그런 배은망덕한 자들을 향해서 다섯 번이나 "이는 여호와의 말씀이니라, 이는 여호와의 말씀이니라" 하시는 하나님의 마음이 느껴지십니까? 하나님은 이사야 선지자를 통해서 "내가 내 포도원을 위하여 행한 것 외에 무엇을 더할 것이 있었으랴"(사 5:4) 하십니다. 이제 하나님이 하실 일이 무엇이 더 있겠습니까?

셋째 단원(12-13) 그러므로 내가 이와 같이 네게 행하리라

"그러므로 이스라엘아 내가 이와 같이 네게 행하리라 내가 이것을 네게 행하리니 이스라엘아 네 하나님 만나기를 준비하라"(12).

다시 상기시킵니다만 아모스 선지자는 "들으라... 그러므로"라는 패턴으로 말씀하기를 네 번이나 반복하고 있는데, 4장은 그 두 번째입니다. 1-11절까지에서 하나님은 선지자를 통해서 또는 재앙을 통해서 말씀하심을 보았습니다. 이제 12절에서 "그러므로"하고 심판을 선고하십니다.

① 12절은 예사로운 표현이 아닙니다. 한 절 속에 "이스라엘 또는 네"라는 말이 다섯 번, 그리고 "하나님 또는 내가"라는 말이 세 번 반복적으로 강조되어 있습니다.

㉠ 또한 "이스라엘아 내가 이와 같이 네게 행하리라, 내가 이것을 네게 행하리니"(12상) 하는 "행하시겠다"는 말씀을 거듭 강조하십니다. 그렇다면 무엇을 행하시겠다는 것인가?

㉡ "이스라엘아 네 하나님 만나기를 준비하라"(12하) 하십니다. "준비하라", 무엇을 준비하라는 뜻인가? 은혜받을 준비? 심판받을 준비인가?

② 이 점에서 명심할 점은 모든 사람은 예외 없이 모두 다 하나님을 만나게 된다는 점입니다. 다만 "하나님 만남"에는 양면성

(兩面性)이 있다는 점입니다. 왜냐하면,

　㉠ 하나님의 보좌는 심판(審判)의 보좌이면서 동시에 은혜(恩惠)의 보좌
　　이기 때문입니다.

　㉡ "그러므로 우리는 긍휼하심을 받고 때를 따라 돕는 은혜를 얻기 위
　　하여 은혜의 보좌 앞에 담대히 나아갈 것이니라"(히 4:16), 이것이
　　은혜의 보좌입니다. 반면 "땅의 임금들과 왕족들과 장군들과 부자들
　　과 강한 자들과 모든 종과 자유인들이 굴과 산들의 바위틈에 숨어
　　산들과 바위에게 말하되 우리 위에 떨어져 보좌에 앉으신 이의 얼굴
　　에서와 그 어린 양의 진노에서 우리를 가리라 그들의 진노의 큰 날
　　이 이르렀으니 누가 능히 서리요 하더라"(계 6:15-17), 이것이 심
　　판의 보좌입니다. 그리하여 "죽은 자들이 큰 자나 작은 자나 그 보
　　좌 앞에 서 있는데 책들이 펴있고 또 다른 책이 펴졌으니 곧 생명책
　　이라 죽은 자들이 자기 행위를 따라 책들에 기록된 대로 심판을 받
　　게"(계 20:12) 되는 것입니다.

　③ 그렇다면 본문에서 "하나님 만나기를 준비하라"는 의도가
무엇인가? "네 하나님"이라고 말씀하십니다. "준비하라" 하십니
다. 두 가지로 생각할 수 있는데,

　㉠ 지금이라도 벧엘이나 길갈을 찾지 말고 "메시아언약"을 붙잡고 돌아
　　오기만 하면 "살 수 있다"(5:4,6)

　㉡ 그러나 끝내 돌아오지 않는다면 심판받을 각오를 하라는 의미입니다.
　　그래서 직설적으로 말씀하지 않고 "네 하나님 만나기를 준비하라"는
　　의미심장한 표현을 하고 있는 것으로 여겨집니다.

　④ 아모스서 전체에서 하나님께서 "내가 … 행하리라" 하시는
강한 의지가 두 곳에 나타나 있는데 주목해보아야 할 점입니다.

　㉠ 첫 번은 4:12절인데 "내가 이와 같이 네게 행하리라 내가 이것을
　　네게 행하리니"하고 거듭 행하리라 하시면서 "이스라엘아 네 하나님

만나기를 준비하라" 하시는 말씀합니다. 이는 심판하시기 전에 구원
이냐? 멸망이냐? 하는 마지막 기회를 주시는 것으로 여겨집니다.

ⓒ 두 번째는 9:11-15절인데 여기가 아모서의 심장이라 할 수 있습니
다.

⑤ 정리해 보면 그 날에,

㉠ 내가 다윗의 무너진 장막을 일으키고 그것들의 틈을 막으며 그 허물
어진 것을 일으켜서 옛적과 같이 세우고(11),

ⓒ 만국을 기업으로 얻게 하리라 이 일을 행하시는 여호와의 말씀이니
라(12).

ⓒ 내가 내 백성 이스라엘이 사로잡힌 것을 돌이키리니(14)

㉣ 내가 그들을 그들의 땅에 심으리니 그들이 내가 준 땅에서 다시 뽑
히지 아니하리라 네 하나님 여호와의 말씀이니라(15) 하십니다.

주목해보셨습니까? "내가(11), 내가(14), 내가(15) … 행하리니"
라고 말씀하십니다. "그날에 내가 다윗의 무너진 장막을 일으켜
세우시겠다"(11) 하십니다. 이는 하나님께서 다윗에게 "네 집과
네 나라가 내 앞에서 영원히 보존되고 네 왕위가 영원히 견고하
리라"(삼하 7:16)고 언약하신 바를 지켜주시겠다는 말씀입니다.
다시 말하면 메시아언약을 성취시켜주시겠다는 말씀입니다. 왜
그리해야 합니까? 우리로 하여금 "네 하나님 만나기를 준비하게"
하기 위해서인 것입니다.

⑥ "내가 이와 같이 네게 행하리라, 내가 이것을 네게 행하리
니" 하십니다. 하나님은 성전을 건축하려는 다윗에게 "네가 나를
위하여 내가 살 집을 건축하겠느냐? 여호와가 또 네게 이르노니
여호와가 너를 위하여 집을 짓어"(삼하 7:5,11)주시겠다고 하십니
다.

⑦ 그렇습니다. "무너짐, 심판"은 "인류의 시조, 선민 이스라엘 또는 나"의 행위로 말미암은 결과(結果)입니다. 그러나 하나님 즉 "내가", "행하리라" 하심은 "다시 세우는" 회복의 역사인 것입니다. 그러므로

　㉠ 아모스서는 심판 즉 멸망으로 끝이고 있지 아니합니다. "내가 그들을 그들의 땅에 심으리니 그들이 내가 준 땅에서 다시 뽑히지 아니하리라"고 회복을 약속하시면서, "네 하나님 여호와의 말씀이니라"(9:15)고 도장을 찍듯이 보장해주시는 말씀으로 마치고 있는 것입니다.

　㉡ 형제여, "〈네 하나님〉 만나기를 준비하라" 하시는 말씀을 대하면서 여기에 함축(含蓄)되어 있는 양면성을 놓치지 마시기 바랍니다. 이것이 "하나님 만나기를 예비하라"는 뜻입니다.

　　보라 산들을 지으시며
　　바람을 창조하며
　　자기 뜻을 사람에게 보이며
　　아침을 어둡게 하며
　　땅의 높은 데를 밟는 이는
　　그의 이름이
　　만군의 하나님 여호와시니라(13).　－ 아멘 －

아모스 5장 개관도표
주제 : 여호와를 찾으라 그리하면 살리라

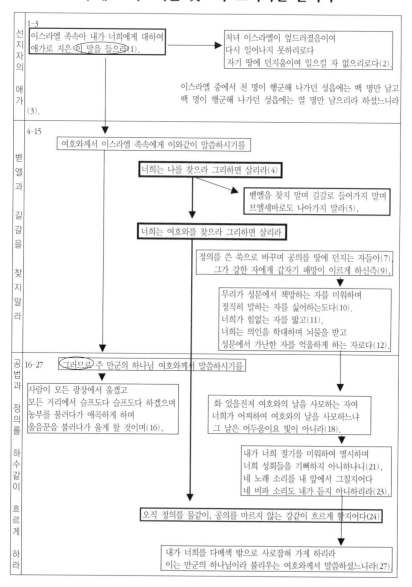

5장

여호와를 찾으라 그리하면 살리라

⁴ 여호와께서 이스라엘 족속에게 이와 같이 말씀하시기를 너
희는 나를 찾으라 그리하면 살리라

5장은 세 번째 "이 말을 들으라(1)… 그러므로"(16)의 내용입니다. 먼저 "들으라"고 그들의 죄상을 말씀합니다. 그런 후에 "그러므로"하고 심판을 선고하시는 패턴입니다. 5장의 중심점은 도표에서 보시는 바대로 "여호와를 찾으라 그리하면 살리라"(6)는데 있습니다. 두 번, 세 번(4,6,8) 반복해서 강조하십니다. 사활(死活)이 걸려있기 때문입니다. 선지자는 이스라엘에 임할 심판의 참상을 바라보면서 "애가를 지어"(첫째 단원) 부릅니다. 심판당하게 되는 원인이 어디에 있는가? 여호와를 찾지 않고 "벧엘과 길갈을 찾았기"(둘째 단원) 때문입니다. 그렇다면 여호와를 찾는다는 것이 구체적으로 무엇을 의미하는가? "오직 정의를 물 같이, 공의를 마르지 않는 강 같이 흐르게 할지어다"(셋째 단원) 합니다. 이것이 5장의 중심주제인 "여호와를 찾는" 방도라는 말씀입니다. 이를 세 단원으로 나누어 상고하겠습니다.

첫째 단원(1-3) **선지자의 애가**
둘째 단원(4-15) **벧엘과 길갈을 찾지 말라**
셋째 단원(16-27) **오직 정의를 물같이**

첫째 단원(1-3) 선지자의 애가

"이스라엘 족속아 내가 너희에게 대하여 애가로 지은 이 말을 들으라"(1).

아모스 선지자는 이스라엘이 패망 당할 것을 내다보면서 애가(哀歌)를 지어 선포하지 않을 수 없었습니다.

> 처녀 이스라엘이 엎드러졌음이여
> 다시 일어나지 못하리로다
> 자기 땅에 던지움이여
> 일으킬 자 없으리로다

① "처녀 이스라엘이 엎드러졌음이여"하고 슬퍼합니다. 이는 단순히 넘어졌다는 말이 아니라 "죽었다"는 뜻입니다. 그러므로 처녀가 죽었다고 통곡을 하는 것입니다. 성경은 이스라엘을 "처

녀"라 부르고 있습니다.

  ㉠ 그것은 존귀하신 분의 아내로 택함을 받았기 때문입니다. 그러므로 오직 그 한 분만을 위하여 순결을 지켜야하기 때문에 처녀에 비유하고 있는 것입니다. 신약성경에서도 "내가 너희를 정결한 처녀로 한 남편인 그리스도께 드리려고 중매함이로다"(고후 11:2)고 말씀합니다.

  ㉡ 또한 이스라엘을 처녀라고 말하는 것은 이제까지 어떤 나라에게도 정복당하지 않았기 때문이라는 뜻도 있습니다. 그러한 "처녀 이스라엘"이 죽었다는 것입니다. 다시 말하면 하나님의 아내가 죽은 셈입니다.

  ② 그러므로 선지자는 슬픈 노래를 부르고 있습니다.

  ㉠ 아모스서는 "여호와께서 시온에서부터 부르짖으시며 예루살렘에서부터 소리를 내시리니 목자의 초장이 마르고 갈멜산 꼭대기가 마르리로다"(1:2)하는 심판의 경고로 시작하여 선지자의 애가(5:1)와

  ㉡ "사람이 모든 광장에서 울겠고 모든 거리에서 슬프도다 슬프도다 하겠으며 농부를 불러다가 애곡하게 하며 울음꾼을 불러다가 울게 할 것이며"(5:16) 하는 모든 사람의 애가로 번지고 있는 것입니다.

  ③ 훗날 남 왕국 유다의 엎드러짐을 바라보면서 예레미야 선지자도 "슬프다 이 성이여 전에는 사람들이 많더니 이제는 어찌 그리 적막하게 앉았는고 전에는 열국 중에 크던 자가 이제는 과부같이 되었고 전에는 열방 중에 공주(公主)였던 자가 이제는 강제 노동을 하는 자가 되었도다"(애 1:1)고 애가를 불렀습니다.

에스겔 선지자에게도 애가를 지어 부르라(겔 19:1)고 말씀하십니다. 선지자들이 "처녀 이스라엘"을 향해서 애가를 부르며 울게 된 원인이 무엇인가? 남북 왕국이 멸망 당하게 된 주원인이 우상 숭배의 죄 때문이요, 우상을 섬겼다는 것은 하나님께서 조상 아

브라함과 다윗에게 세워주신 <메시아언약>을 배신한 죄임을 명심해야 합니다. 지금 우리는 육적 이스라엘의 역사를 배우고 있는 것이 아닙니다. 마치 삼국지(三國志)를 통해서 교훈을 얻으려함같이 윤리만을 말하는 것으로는 부족합니다. 구약성경의 중심주제는 그리스도를 증언하는 데 있습니다. 신구약을 막론하고 메시아를 배척한다면 그 마지막은 멸망인 것입니다.

④ 그리하여 구약시대 부른 애가가,

㉠ "가까이 오사 성을 보시고 우시며 이르시되 너도 오늘 평화에 관한 일을 알았더면 좋을 뻔하였거니와 지금 네 눈에 숨겨졌도다 날이 이를지라 네 원수들이 토둔을 쌓고 너를 둘러 사면으로 가두고 또 너와 및 그 가운데 있는 네 자식들을 땅에 메어치며 돌 하나도 돌 위에 남기지 아니하리니 이는 네가 보살핌 받는 날을 알지 못함을 인함이니라"(눅 19:41-44)는 그리스도의 애가로 이어지고 있다는 점을 명심해야 합니다.

㉡ 주님께서 "보살핌 받는 날을 네가 알지 못함"이라 하신 하나님의 돌아보심은 언제나 세워주신 "언약"을 기억하시기 때문입니다. 요셉은 임종 머리에서 "하나님이 반드시 당신들을 돌보시리니"(창 50:25)합니다. 하나님은 아브라함과 이삭과 야곱에게 세워주신 언약을 돌아보사 그들을 애굽에서 구원해주셨던 것입니다.

⑤ 궁극적으로 하나님의 "보살핌 받는 날"이란 구약성경을 통해서 언약하시고 예언하신 그리스도를 보내주시는 날인 것입니다. 그것은 "평화에 관한 일"입니다. 이 평화에 관한 일을 외면한다면, 엎드러지게 되는 것은 이스라엘만은 아닙니다.

㉠ 명심하십시다. "여호와께서 시온에서부터 부르짖으시며 예루살렘에서부터 음성을 발하시는" 종말적인 날이 이르게 될 때

㉡ "사람이 모든 광장에서 울겠고 모든 거리에서 슬프도다 슬프도다"

할 그날은 과거지사만이 아니라 진정 앞으로 다가오고 있는 것입니다. 그러므로 "너희는 나를 찾으라 그리하면 살리라"는 말씀을 신약적 으로 표현한다면 "주 예수를 믿으라 그리하면 너와 네 집이 구원을 받으리라"(행 16:31)는 말씀이 되는 것입니다. 이는 결코 논리적인 비약(飛躍)이 아닙니다. 범죄하므로 추방당한 죄인이 어떻게 직접적으로 하나님을 찾을 수 있으며 구원을 얻을 수 있단 말입니까?

ⓒ 사람이 "슬프도다 슬프도다"하게 되는 원인이 어디에 있습니까? 그것은 "보살핌 받는 날", 즉 그리스도를 배척한 데 있는 것입니다.

⑥ "천 명이 나가던 성읍에는 백 명만 남고 백 명이 나가던 성읍에는 열 명만 남으리라"(3)는 것은 겨우 십분의 일만이 살아남을 것을 뜻하는데, 이는 심판의 참상을 가리킵니다.

㉠ 그런데 멸망 당할 십분의 구만 보시지 말고 "남으리라" 하시는 십분의 일을 보시기 바랍니다. 이들이 살아남을 수 있는 것은 무슨 공로나 자격이 있어서인가? 이사야 선지자는 "그 중에 십분의 일이 아직 남아 있을지라도 이것도 황폐하게 될 것이나"(사 6:13상) 합니다. 무슨 뜻인가? 인간의 행위로 하면 살아남을 자가 한 사람도 없다는 뜻입니다. 그러나 선지자의 메시지는 절망으로 끝나고 있지 않습니다.

㉡ "밤나무와 상수리나무가 베임을 당하여도 그 그루터기는 남아 있는 것같이 거룩한 씨가 이 땅의 그루터기니라"(사 6:13하)고 "남은 자"가 있게 하시리라고 말씀합니다. 본문 15절에서도 "요셉의 남은 자를 긍휼히 여기시리라" 합니다. 이는 하나님의 계획하신 바를 위하여 씨를 남겨 두시겠다는 긍휼히 여기심입니다. 이를 알았기에 선지자는 "진노 중에라도 긍휼을 잊지 마옵소서"(합 3:2)하고 "긍휼"을 탄원하는 것입니다.

둘째 단원(4-15) **벧엘과 길갈을 찾지 말라**

"벧엘을 찾지 말며 길갈로 들어가지 말며 브엘세바로도 나아가지 말라 길갈은 반드시 사로잡히겠고 벧엘은 비참하게 될 것임이라 하셨나니"(5).

둘째단원의 중심점은 "처녀 이스라엘이 엎드러지게" 된 주원인이 무엇이며 그 책임이 누구에게 있는가를 말씀함에 있습니다. 먼저 원인을 말씀합니다.

① "너희는 나를 찾으라 그리하면 살리라"(4) 하십니다.

㉠ 6절에서도 "너희는 여호와를 찾으라 그리하면 살리라"고 재차 말씀합니다. 그런데 이스라엘은 누구를 찾고 있는가? "나를 찾으라"는 4절과 "여호와를 찾으라"는 6절 사이에 있는 5절을 보십시오.

㉡ "벧엘을 찾지 말며 길갈로 들어가지 말며 브엘세바로도 나아가지 말라"는 언급이 끼어있습니다. 이는 그들이 하나님을 찾지 않고 "벧엘 · 길갈 · 브엘세바"를 찾았다는 것입니다.

② 아모스서에는 "벧엘 · 길갈 · 브엘세바"가 자주 등장하는데 이곳은 이스라엘에게 있어서는 모두 유서 깊은 성지(聖地)라 할 만한 곳들입니다.

㉠ 벧엘은 하나님이 야곱에게 나타나셔서 언약을 세워주신 곳입니다. 그리하여 "두렵도다 이 곳이여 다른 것이 아니라 이는 하나님의 전이요 이는 하늘의 문이로다"라고 고백하면서 제단을 쌓은 곳(창 28장)입니다.

㉡ 길갈은 요단강을 육지같이 건넌 후에 요단강 바닥에서 가져온 열두 돌을 기념으로 세운 곳(수 4장)입니다.

㉢ 브엘세바는 하나님께서 이삭에게 나타나셔서 언약을 세워주신 곳입니다. 그리하여 "이삭이 그곳에 제단을 쌓은"(창 26장) 곳입니다.

③ 사악한 인간들이 이런 곳을 그냥 둘 리 있겠습니까?

㉠ "벧엘에 제단"(3:14)을 쌓고, 브엘세바에 "이삭의 산당"을 세웠고, 길갈에 "이스라엘의 성소"(7:9)를 만들어 자기중심적인 우상숭배(26)를 하는 "벧아웬" 즉 사악한 곳으로 만들었던 것입니다.

㉡ 구약성경에는 "산당(山堂)"이라는 말이 자주 나오는데 대개 70번 이상 나옵니다. 아모스서에도 "이삭의 산당"(7:9)이 나옵니다. 솔로몬도 일천 번제를 기브온에 있는 산당에서 드렸습니다. 그런데 역대 왕들이 "오직 산당은 제하지 아니하였으므로 백성이 오히려 그 산당에서 제사를 드리며 분향하였고"(왕하 15:4)라는 말씀도 여러 번 나옵니다. 즉 다른 것은 개혁을 하면서 "산당"만은 없이 하지 않았다는 것입니다. 왜 그랬을까요? 두 가지로 생각할 수가 있는데, 첫째는 영적 분별력이요, 둘째는 백성들이 좋아했기 때문에 요즘 말로 하면 표를 의식했기 때문일 것입니다. 그러다가 히스기야 왕이 비로소 "산당들을 제거하며, 모세가 만들었던 놋뱀"(왕하 18:4)을 부숴 버렸던 것입니다. 그런데 그의 아들 므낫세가 다시 산당을 세운 것을 요시야 왕이 헐어버리는 것을 보게 됩니다.

④ 그렇다면 "산당" 제사는 옳은 것인가? 과도기적으로 허용하신 때가 있습니다만 근본적으로는 잘못인 것입니다. 모세는 "유월절 제사를 네 하나님 여호와께서 네게 주신 각 성에서 드리지 말고 오직 네 하나님 여호와께서 자기의 이름을 두시려고 택하신 곳(예루살렘)에서" 드리라(신 16:5-6)고 명했던 것입니다. 이는 구원의 근거가 오직 유월절 양 되시는 그리스도에게만 있음을 말씀해주고 있는 것입니다.

㉠ 미련한 인간은 하나님 자신을 찾지 않고 나타내신 "그곳"이라는 장소(물질)를 찾으면서 천지의 대 주제이신 하나님을 우상에게 제사하듯 했던 것입니다. 다시 강조합니다만 메시아언약에 근거하지 않은

제사나 예배란 우상숭배나 다름이 없는(사 66:3) 것입니다. 구약시대 이야기하고 있는 것이 아닙니다. 오늘날도 어떤 곳을 성산(聖山)이라 말하면서 어리석은 사람들을 끌어드리려 하고 있고, 예배하는 처소를 성전(聖殿)이라 말하면서 권위를 세우려는 것을 보게 됩니다.

ⓛ 그렇게 되는 공통적인 원인은 그런 곳에는 지식, 곧 하나님의 말씀이 없다는 것입니다. 그러므로 호세아 선지자는 "내 백성이 지식이 없으므로 망하는도다 네가 지식을 버렸으니 나도 너를 버려 내 제사장이 되지 못하게 할 것이요"(호 4:6)라고 말씀했던 것입니다. 인간의 심령에 진공상태(眞空狀態)란 없습니다. 그리스도를 배척하게 되면 그 자리를 우상이 차지하게 되는 것입니다. "말씀"이 없어서 허(虛)하게 되면 "신비"로 채우려는 것입니다.

⑤ 그러므로 우상을 "너희 왕"(26)이라 말씀하심을 유념해야 합니다.

㉠ 그들은 "나 여호와는 그들의 하나님이 되고 내 종 다윗은 그들 중에 왕이 되리라"(겔 34:24) 하신 메시아언약을 버리고 우상을 왕으로 섬겼던 것입니다.

㉡ 그 결과는 "반드시 사로잡히겠고 허무하게 될 것이라"(5하), 즉 멸망뿐이라는 것입니다. 이것이 처녀 시온이 엎드러지게 된 첫째 원인입니다.

⑥ 둘째 원인을 "너희가 힘없는 자를 밟고(11), 의인을 학대하며, 가난한 자를 억울하게 하는 자로다"(12)에서 찾을 수 있습니다. 아모스서에는 "힘없는 자, 가난한 자"에 대한 언급이 여러 번 등장하는데

㉠ 이스라엘의 죄를 언급할 때 첫 말씀이 "의인을 팔며, 가난한 자를 팔며, 힘없는 자의 머리를 티끌 먼지 속에 발로 밟고"(2:6-7)를 들고 있습니다. 4:1절에서는 "바산의 암소들"이 가난한 자를 학대하며

궁핍한 자를 압제했다고 말씀합니다. 8:4절서도 심판을 선고하시면서 "궁핍한 자를 삼키며 땅의 가난한 자를 망하게 하려는 자들"이라고 말씀합니다. 8:6절에서도 재차 강조합니다. 그리고 본문(5:11-12)에서도 "너희가 힘없는 자를 밟고 그에게서 밀의 부당한 세를 거두었다(11), 너희의 허물이 많고 죄악이 무거움을 내가 아노라 너희는 의인을 학대하며 뇌물을 받고 성문에서 가난한 자를 억울하게 하는 자로다"라고 말씀하는 것입니다.

⑦ 그런데 이런 언급을 대할 때에 사회정의로만 적용하려는 것을 조심해야 합니다. 왜냐하면 성경이 말씀하고 있는 "힘없는 자, 의인, 가난한 자"란 우리가 생각하는 빈곤층과는 다른 개념이기 때문입니다.

　㉠ 이스라엘은 나라가 곧 교회(신정왕국)였기 때문에 지금 교회 안에서 행해지고 있는 일들, 구속하신 하나님의 백성 곧 경건한 자들을 밟는 일을 책망하고 있는 것입니다. 성경에는 세상에 속하지 아니한 경건한 자들을 "힘없는 자, 가난한 자"로 부르고 있는 곳이 많습니다. 그러므로 이 대목을 신약적으로 말한다면,

　㉡ "누가 이 세상의 재물을 가지고 형제의 궁핍함을 보고도 도와 마음을 닫으면 하나님의 사랑이 어찌 그 속에 거하겠느냐 자녀들아 우리가 말과 혀로만 사랑하지 말고 행함과 진실함으로 하자"(요일 3:17-18)가 될 것입니다. 그런데 강한 자들이 이들을 "밟고, 학대하고, 억울하게" 했다는 것입니다. 성경역사가 그러했던 것입니다. 가인은 강한 자였고 아벨은 약한 자였습니다. 이스마엘은 강했고 이삭은 약했으며, 에서는 강했고 야곱은 약한 자에 속했던 것입니다. 오늘날도 세상에 속한 자들은 강한 자이고 하늘의 시민권자들은 핍박을 당하고 있는 것입니다. 하나님은 이를 신원(伸寃)하여 주시려는 것입니다. 이것이 둘째 원인입니다.

⑧ 그런데 이 두 가지 원인이란 다름이 아니라 "하나님 사랑과

이웃 사랑"과 반대되는 죄인데 성경은 이를 가리켜 "경건하지 아니함과 불의"라고 말씀합니다. "경건하지 아니함"은 수직적인 관계 즉 하나님과의 관계에서의 죄입니다. 이것이 하나님을 찾지 않고 벧엘·길갈·브엘세바를 찾은 죄입니다. "불의"란 수평적인 관계 즉 이웃과의 관계의 죄입니다. 신구약을 막론하고 하나님의 진노는 "경건하지 아니함과 불의"(롬 1:18)에 대하여 나타나는 것입니다. 그렇다면 가난한 자를 학대하고 있는 이들은 누구인가?

⑨ 교권주의(敎權主義)자들입니다. 4:1절에서는 "바산의 암소들"이라 하고, 본문은 "강한 자"(9)로 6:1절에서는 "열국 중에 우승하여 유명한 자"라고 말씀합니다.

㉠ "그가 강한 자에게 갑자기 패망이 이르게 하신즉"(9) 합니다. 어찌하여 "강한 자"에게 패망이 갑자기 임하게 되는가? "정의를 쓴 쑥으로 바꾸며 공의를 땅에 던지는 자들"(7)이기 때문이며, "뇌물을 받고 성문에서 가난한 자를 억울하게 하는 자(12)이기 때문입니다.

㉡ 그러므로 "성문에서 정의를 세울지어다"(15) 라고 "성문"을 말씀하는데 지도자들이 성문에 앉아서 치리(治理)하고 재판했기 때문입니다. 어느 시대나 압제하는 자들은 지도계급이라는 점을 명심해야 합니다. 그러므로 선지자들이 책망하고 있는 일차 목표가 그 시대의 지도자들입니다. 주님도 그러하셨습니다.

⑩ "무리가 성문에서 책망하는 자를 미워하며 정직히 말하는 자를 싫어하는도다"(10) 합니다.

㉠ 아모스 선지자는 벧엘의 성문에 서서 이들 지도자들을 향하여 "화있을진저"(18, 6:1)라고 책망하고 있는 것입니다. 그런데 지도자들은 말할 것도 없거니와 "무리" 즉 백성들도 이를 "미워하며, 싫어했다"는 것입니다. 그러면 "무리"가 좋아한 것은 누구일까요?

㉡ "이 땅에 무섭고 놀라운 일이 있도다 선지자들은 거짓을 예언하며

제사장들은 자기 권력으로 다스리며 내 백성은 그것을 좋게 여기니 마지막에는 너희가 어찌하려느냐"(렘 5:30-31)한 거짓 선지자들입니다.

ⓒ 메시아언약을 버리고 우상을 섬긴 죄, 가난한 자, 궁핍한 자, 의인들을 학대한 죄, 이를 책망하는 선지자를 악하다 하여 버리고 회개하지 않은 죄로 말미암아 심판이 임하게 되는 것입니다. 그들을 향해 "너희는 나를 찾으라 그리하면 살리라" 말씀하시는 것입니다.

셋째 단원(16-27) 오직 정의를 물같이

"그러므로 주 만군의 하나님 여호와께서 이와 같이 말씀하시기를 사람이 모든 광장에서 울겠고 모든 거리에서 슬프도다 슬프도다 하겠으며 농부를 불러다가 애곡하게 하며 울음 꾼을 불러다가 울게 할 것이며"(16).

① 셋째 단원은 "그러므로"로 시작이 되는데 이는 1-15절까지에서 고발한 그들의 죄상에 대해 "그러므로"하고 심판을 선언하는 맥락입니다. 이점이 "사람이 모든 광장에서 울겠고 모든 거리에서 슬프도다 슬프도다" 하리라는 말씀에 나타납니다. 선지자는 "이스라엘 족속아 내가 너희에게 대하여 애가로 지은 이 말을 들으라"(1)고 그날을 바라보면서 애가를 부르고 있지만, 그들은 패망을 당하고서야 "광장에서, 거리에서, 포도원에서" 울리라는 말씀입니다. 그리고 종말적인 심판 날에는 수많은 사람들이 "애통"(9:5)하게 될 것을 말씀합니다.

② 이런 맥락에서 셋째 단원의 중심점은 의식적(儀式的)이고 형

식적(形式的)인 신앙으로는 여호와의 날에 구원을 얻을 수 없다는 점을 진술함에 있습니다. "화 있을진저 여호와의 날을 사모하는 자여"(18상) 합니다. "여호와의 날"을 세 번이나 반복해서 강조하는 의도가 무엇인가?

  ㉠ 첫째는 여호와의 날이 반드시 이르게 되리라는 점을 강조하기 위해서요, 둘째는 놀랍게도 무리들도 "여호와의 날을 사모하고" 있다는 것입니다.

  ㉡ 그런데 "화 있을진저 여호와의 날을 사모하는 자여"라고 말씀하는 것이 아닌가! 이는 여호와의 날을 사모하지 말라는 뜻이 아니라, 형식적인 신앙으로는 그날에 구원 얻을 수 없다는 점을 경고하기 위해서인 것입니다.

  ㉢ 이점이 "그날은 어두움이요 빛이 아니라"(18하)는 언급에 나타납니다.

  ③ 21-22절에는 "절기 · 번제 · 소제 · 화목제" 등이 등장하는데,

  ㉠ "내가 너희 절기들을 미워하여 멸시하며 너희 성회들을 기뻐하지 아니하나니"(21) 하십니다.

  ㉡ "화목제도 내가 돌아보지 아니하리라"(22)

  ㉢ "네 비파 소리도 내가 듣지 아니하리라"(23) 하십니다.

이는 "절기 · 번제 · 소제 · 화목제" 등을 드리지 말라는 뜻이 아닙니다. 제사제도는 의식(儀式)이요, 본질(本質)은 구약교회에 주어진 제사제도는 그리스도께서 성취하실 것에 대한 그림자로 주어진 것인데 본질을 망각한 의식은 우상숭배나 다름이 없기(사 66:3) 때문에 기뻐하지 아니하시고 돌아보지 아니하리라 하시는 것입니다.

구약성경 중 최초로 하나님께 제물을 드린 사람은 아벨입니다. "아벨은 자기도 양의 첫 새끼와 그 기름으로 드렸더니 여호와께

서 아벨과 그 제물은 받으셨으나"(창 4:4) 합니다. 이에 대해 마땅히 물어야 합니다. 창조주 하나님께 우상에게 하듯이 제물을 드리는 것이 옳은 일인가? 그런데 하나님이 이를 열납하셨다니? 성경은 대답합니다. "믿음으로 아벨은 가인보다 더 나은 제사를 하나님께 드림으로 의로운 자라 하는 증거를 얻었으니"(히 11:4), 이것이 "믿음"으로 한 일이라는 것입니다. 여기 깜짝 놀랄만한 말씀이 나오는데 그것은 "의롭다 함을 얻었다"는 말씀입니다. 어떻게 아벨이 의롭다함을 얻을 수 있었습니까? 이는 아벨이 믿음으로 드린 제물을 그리스도께서 드려주실 대속제물의 그림자로 여겨주셨기 때문입니다. 구약에 등장하는 모든 제사는 이를 위해서만 의미가 있는 것입니다. 만일 이를 떠나서라면 그것은 우상숭배(사 66:3)와 다를 바가 없다는 말씀입니다.

④ 그런데 하나님께서 "내가 너희 절기들을 미워하여 멸시하며 너희 성회들을 기뻐하지 아니하나니(21), 받지 아니할 것이요(22), 네 비파소리도 내가 듣지 아니하리라"(23) 하시는 것은, 그들이 "믿음"으로, 다시 말하면 메시아언약에 근거해서 드려지고 있는 예배가 아니었기 때문입니다. 그들은 분명 벧엘에 세워둔 송아지 우상을 섬기면서도 "이것이 하나님을 섬기는 예라"(요 16:2) 여겼을 것입니다.

⑤ 그것은 북 왕국만이 그러했던 것은 아닙니다. 남 왕국의 예배에 대해서도,

㉠ 이사야 선지자를 통해서는 "너희가 내 앞에 보이러 오니 이것을 누가 너희에게 요구하였느냐 내 마당만 밟을 뿐이니라 헛된 제물을 다시 가져오지 말라 분향은 내가 가증히 여기는 바요 월삭과 안식일과 대회로 모이는 것도 그러하니 성회와 아울러 악을 행하는 것을 내가

견디지 못하겠노라 내 마음이 너희의 월삭과 정한 절기를 싫어하나
니 그것이 내게 무거운 짐이라 내가 지기에 곤비하였느니라"(사
1:12-14) 하십니다.

ⓛ 말라기 선지자를 통해서는 "만군의 여호와가 이르노라 너희가 내 제
단 위에 헛되이 불사르지 못하게 하기 위하여 너희 중에 성전 문을
닫을 자가 있었으면 좋겠도다 내가 너희를 기뻐하지 아니하며 너희
손으로 드리는 것을 받지도 아니하리라"(말 1:10) 하십니다. 왜냐하
면 "눈먼 희생, 저는 것, 병든 것"을 마지못해 드리는 형식적인 예배
즉 흠 없으신 메시아언약에 근거한 예배가 아니었기 때문입니다. 그
렇다면 우리의 예배는 옳은 예배인가를 돌아보아야 마땅합니다. 명심
하십시다. '드림'은 우리에게 있지만 "받으심"은 하나님에게 있다는
점을!

⑥ "메시아언약"에 근거한 예배와 그렇지 아니한 예배의 차이
가 어떻게 다른지 아십니까?

하나님 앞에 "의롭다 하심을 얻음" 즉 칭의교리에 서 있느냐
여부에 있는 것입니다. 하나님 앞에 나아갈 수가 있고, 그의 기도
와 찬양과 예배가 받아 드려질 수 있는 유일한 길은 오직 "의롭
다 하심"을 입은 자 뿐이요, 의롭다 하심은 율법의 행위로는 불
가능하고 오직 그리스도의 대속을 믿는 자뿐임을 명심 또 명심해
야 하는 것입니다. 그럼에도 불구하고 아모스서를 통해서 교훈만
을 강조하여 "우리는 그들처럼 불의를 행하지 말자"라고 마치 우
리의 의가 그들보다 우월함으로 하나님께 열납하심을 받을 수 있
는 것처럼 말해서는 안 됩니다. 형제는 하나님 앞에 예배드릴 때,
기도를 드릴 때에 오직 그리스도의 구속으로 말미암아 의롭다함
을 얻었기 때문임을 붙잡고 있습니까? 묵상하며 고백하고 있습니

까?

⑦ 그러므로 "오직 정의를 물같이, 공의를 마르지 않는 강같이 흐르게 할지어다"(24) 하십니다. 이를 사회정의로만 보는 것은 주제에서 벗어나는 것이요, 책임회피입니다. 왜냐하면 이 "정의와 공의"가 하나님께서 아브라함에게 "내가 그로 그 자식과 권속에게 명하여 여호와의 도를 지켜 <의와 공도>를 행하게 하려고 그를 택하였나니"(창 18:19) 하신 말씀과 결부되기 때문입니다. 그러면 하나님께서 아브라함을 택하신 의도가 사회정의를 위해서입니까? 그러므로 "공법과 정의"를 행하라 하심은 세상 나라의 정의가 아니라 메시아 왕국의 예표로서의 "정의와 공의"인 것입니다.

이제는 언약의 성취자로 오신 예수 그리스도의 구속의 은총으로 말미암아 "오직 정의를 물같이, 공의를 마르지 않는 강같이" 흐르게 해야 하는 것입니다. 먼저는 총회·노회·당회가 그러해야만 하는 것입니다. 불신 사회는 그 다음입니다. 그럼에도 불구하고 구약의 교회는 어떻게 행동했는가?

⑧ "너희가 너희 왕 식굿과 기윤과 너희 우상들과 너희가 너희를 위하여 만든 신들의 별 형상을 지고 가리라"(26) 하십니다. 여기 핵심적인 말이 "왕"이라는 언급인데 하나님은 메시아 왕을 언약하셨는데 그들은 이를 배척하고 우상으로 그들의 왕을 바꿔치기 했다는 뜻인 것입니다.

⑨ 그러므로 "내가 너희를 다메섹 밖으로 사로잡혀 가게 하리라" 하십니다. 신구약을 막론하고 멸망 받게 되는 결정적인 원인은, "너희는 나를 찾으라 그리하면 살리라" 하시는 메시아 그리

스도를 배척한 죄임을 명심해야 합니다. "그의 이름이 만군의 하나님이라 불리우는 여호와께서 말씀하셨느니라"(27). 이것이 "여호와를 찾으라 그리하면 살리라"는 뜻입니다.

아모스 6장 개관도표
주제 : 화 있을진저 머리인 지도자들이여

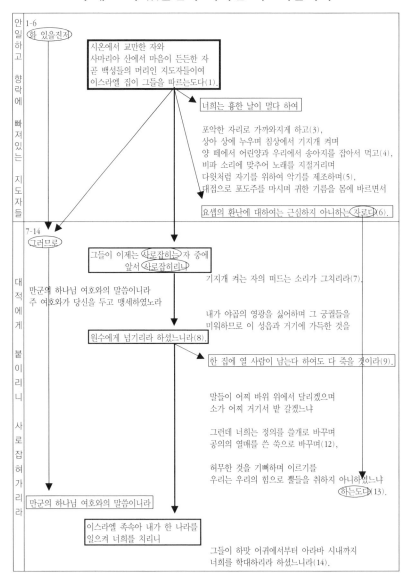

안일하고 향락에 빠져있는 지도자들

1-6

화 있을진저

시온에서 교만한 자와
사마리아 산에서 마음이 든든한 자
곧 백성들의 머리인 지도자들이여
이스라엘 집이 그들을 따르는도다(1).

너희는 흉한 날이 멀다 하여

포악한 자리로 가까와지게 하고(3),
상아 상에 누우며 침상에서 기지개 켜며
양 떼에서 어린양과 우리에서 송아지를 잡아서 먹고(4),
비파 소리에 맞추어 노래를 지절거리며
다윗처럼 자기를 위하여 악기를 제조하며(5),
대접으로 포도주를 마시며 귀한 기름을 몸에 바르면서

요셉의 환난에 대하여는 근심하지 아니하는 자로다(6).

대적에게 붙이리니 사로잡혀가가리라

7-14

그러므로

그들이 이제는 사로잡히는 자 중에
앞서 사로잡히리니

기지개 켜는 자의 떠드는 소리가 그치리라(7).

만군의 하나님 여호와의 말씀이니라
주 여호와가 당신을 두고 맹세하였노라

내가 야곱의 영광을 싫어하며 그 궁궐들을
미워하므로 이 성읍과 거기에 가득한 것을

원수에게 넘기리라 하셨느니라(8).

한 집에 열 사람이 남는다 하여도 다 죽을 것이라(9).

말들이 어찌 바위 위에서 달리겠으며
소가 어찌 거기서 밭 갈겠느냐

그런데 너희는 정의를 쓸개로 바꾸며
공의의 열매를 쓴 쑥으로 바꾸며(12),

허무한 것을 기뻐하며 이르기를
우리는 우리의 힘으로 뿔들을 취하지 아니하였느냐
하는도다(13).

만군의 하나님 여호와의 말씀이니라

이스라엘 족속아 내가 한 나라를
일으켜 너희를 치리니

그들이 하맛 어귀에서부터 아라바 시내까지
너희를 학대하리라 하셨느니라(14).

6장

화 있을진저 머리인 지도자들이여

¹ 화 있을진저 시온에서 교만한 자와 사마리아 산에서 마음
이 든든한 자 곧 백성들의 머리인 지도자들이여 이스라엘 집
이 그들을 따르는도다

6장은 네 번째이자 마지막 "왜냐하면 … 그러므로"의 경고입니다. 6장의 중심점은 도표에서 보시는 바대로 "화 있을진저 시온에서 교만한 자와 사마리아 산에서 마음이 든든한 자, 곧 백성들의 머리인 지도자들이여 이스라엘 집이 그들을 따르는도다"(1)하고 교만에 빠져있는 지도자들을 책망하시면서, "그러므로 그들이 이제는 사로잡히는 자 중에 앞서 사로잡히리라"(7)는 심판을 선고하는 데 있습니다.

지도자들이 교만에 빠져있기는 남북 왕국이 마찬가지였습니다.

그래서 남 왕국의 수도인 "시온"과 북 왕국의 수도인 "사마리아"(1)를 동시에 언급하고 있는 것입니다. 지도자들이 다가오고 있는 "환난에 대하여는 근심하지 않고"(6), "교만하고 향락에 빠져있는"(첫째 단원) 것을 책망하시면서 "원수에게 넘기리니, 사로잡혀 가리라"(둘째 단원)는 것이 6장의 대의입니다. 이는 멸망 당하게 되는 책임이 지도자들에게 있다는 점을 나타냅니다. 이를 두 단원으로 나누어 상고하겠습니다.

> 첫째 단원(1-6) **교만하고 향락에 빠져있는 지도자들**
> 둘째 단원(7-14) **원수에게 넘기리니 사로잡혀 가리라**

첫째 단원(1-6) 교만하고 향락에 빠져있는 지도자들

"대접으로 포도주를 마시며 귀한 기름을 몸에 바르면서 요셉의 환난에 대하여는 근심하지 아니하는 자로다"(6).

① 6장의 첫 마디가 "화 있을진저"(1상) 라는 무서운 책망입니다. 이는 "복 받을 자들이여"(마 25:34)라는 말씀과는 정반대의 상태를 의미합니다. 이를 흔히들 저주라고 말하는데 저주와는 구별되어야 합니다. 왜냐하면 이는 스스로 "화"를 자초하고 있는 자들이라는 뜻이기 때문입니다.

5:18절에서도 "화 있을진저 여호와의 날을 사모하는 자여" 하고 그날이 복이 아니라 화를 받게 될 것임을 말씀했습니다. 이 점에서 두 번의 "화"(禍)가 누구를 향하여 발하여지고 있는가를

유의해야 합니다. 누가, 어째서 화가 있다는 말씀인가?

② "시온에서 교만한 자와 사마리아 산에서 마음이 든든한 자"(1중)라고 말씀합니다.

㉠ "교만하고 마음이 든든하다"는 것은 "평안하다, 안전하다"(살전 5:3) 하고 무사태평인 것, 결국 자기 자신만을 위하는 것을 가리킵니다. 누가 그러했다는 말인가?

㉡ "곧 백성들의 머리인 지도자들이여 이스라엘 집이 그들을 따르는 자들"(1하) 이라고 말씀합니다. 이를 현대인의 성경에서는 "이스라엘 백성 가운데서도 유명하여 인기를 얻는 자들"이라고 번역하고 있습니다.

③ 그런데 이들을 오늘의 정치지도자들로 여기는 것을 조심해야 합니다. 그렇게 여기면서 아모스를 사회정의를 부르짖는 혁명가나 운동권 인사쯤으로 여기는 해석들이 있기 때문입니다. 아닙니다.

㉠ 아모스는 하나님의 "선지자"(先知者)요, 하나님께서 선지자를 통하여 "화 있을진저"하고 책망하시는 이유는 이들이 하나님의 백성들을 위임(委任)받은 종교지도자들이기 때문입니다. 그러므로 이 말씀은 다른 사람들이 아니라,

㉡ "화 있을진저 너희 율법교사여"(눅 11:52)로 이어져, "내 형제들아 너희는 선생 된 우리가 더 큰 심판을 받을 줄 알고 선생이 많이 되지말라"(약 3:1)는 오늘의 종교지도자인 바로 "우리"에게 적용되는 말씀인 것입니다.

④ 그러므로 이들 지도자의 죄는 5장에서도 지적한 바와 같이 대인관계(對人關係)의 죄이기 전에 경건하지 아니함, 즉 원인이 하나님과의 관계가 잘못되었다는 데 있다는 점을 놓쳐서는 안 됩니다. 그렇습니다. 하나님과의 관계가 바르지 못하기 때문에 이웃

과의 관계도 잘 못되는 것입니다. 그들은 하나님을 찾지 않고 "벧엘에 가서 범죄하며 길갈에 가서 죄를 더하며 아침마다 너희 희생을 삼일마다 너희 십일조를 드리는"(4:4) 자들입니다. 이 지도자들이 백성들을 멸망의 길로 인도하고 있었기 때문에 "화 있을진저"하시는 것입니다.

⑤ 이 맥락이 "화 있을진저 외식하는 서기관들과 바리새인들이여 너희는 천국 문을 사람들 앞에서 닫고 너희도 들어가지 않고 들어가려 하는 자도 들어가지 못하게 하는도다 화 있을진저 외식하는 서기관들과 바리새인들이여 너희는 교인 한 사람을 얻기 위하여 바다와 육지를 두루 다니다가 생기면 너희보다 배나 더 지옥 자식이 되게 하는도다 화 있을진저 눈먼 인도자여"(마 23:13-16)하고, 악순환은 계속되고 있는 것입니다. 주님의 진노는 수많은 영혼들을 멸망으로 인도하고 있는 지도자들 위에 부어지고 있었던 것입니다.

반면 주님은 "충성되고 지혜 있는 종이 되어 주인에게 그 집 사람들을 맡아 때를 따라 양식을 나눠 줄 자가 누구냐 주인이 올 때에 그 종의 이렇게 하는 것을 보면 그 종이 복이 있으리로다"(마 24:45)고 말씀하십니다..

⑥ "너희는 갈레·대 하맛·가드로 내려가 보라"(2) 하시는데, 왜냐하면 이 도시들은 번창하던 도시들이었으나 이제는 쇠퇴하고 패망한 도시로 거울이 되기 때문입니다. 이런 뜻입니다. 그 도시들은 "우리는 지도자들을 잘못 만나 이 모양이 되었습니다. 그들은 우리에게 멸망하는 그 날까지 안전하다 평안하다는 말만 했습니다"라고 증언하고 있는 역사의 증인이 되어있다는 말씀입니다.

⑦ "너희는 흉한 날이 멀다 하여 포악한 자리로 가까워지게 하고"(3) 합니다.

　㉠ "흉한 날이 멀다 하여"는 "그들이 내 백성의 상처를 가볍게 여기면서 말하기를 평강하다 평강하다"(렘 6:14)했다는 그런 뜻입니다. 그들은 백성들이 듣기에 좋은 말만 했기에 거짓 선지자들이 인기가 있었던 것입니다.

　㉡ 그 결과는 "포악한 자리로 가까워지게" 즉 멸망을 재촉하고 있었다는 것입니다. 또한 하나님 두려운 줄을 모르게 되면 백성을 "포악"으로 다스리게 되는 것입니다. 선지자이신 주님은 말씀합니다. "만일 그 악한 종이 마음에 생각하기를 주인이 더디 오리라 하여 동료들을 때리며 술친구들로 더불어 먹고 마시게 되면 생각하지 않은 날 알지 못하는 시각에 그 종의 주인이 이르러 엄히 때리고 외식하는 자가 받는 벌에 처하리니 거기서 슬피 울며 이를 갈리라"(마 24:48-51).

⑧ 4-6절은 지도자들이 세상 열락에 취하여 사망의 깊은 잠에 빠져있는 상태를 묘사하고 있는데, "상아 상에 누우며 침상에서 기지개 켜며 양 떼에서 어린 양과 우리에서 송아지를 잡아서 먹고 비파 소리에 맞추어 노래를 지절거리며 다윗처럼 자기를 위하여 악기를 제조하며 대접으로 포도주를 마시며 귀한 기름을 몸에 바르면서 요셉의 환난에 대하여는 근심하지 아니하는 자로다"합니다.

⑨ 다시 강조합니다만 그들의 잘못은 호화스러운 생활 자체에 있는 것이 아닙니다. 핵심적인 잘못은 "요셉의 환난으로 말미암아 근심하지 아니하는 자로다"한 하나님의 경고를 무시한 데 있는 것입니다. 이들 지도자들은 "평강, 평강"하면서 당시의 번영이 마치 벧엘의 송아지의 축복인 양 여기면서 세상 열락(悅樂)에 빠

져 있었던 것입니다. 메시아언약을 배반한 그들 앞에 하나님의 진노 곧 "환난의 날"이 닥쳐오고 있는데도 관심하지 아니하고 거짓 평강 만을 말했던 것입니다. 지도자로 세움을 받는다는 것은 귀하고도 영광스러운 것입니다. 그러나 그 영광은 현세에서 대접을 받으라는 영광이 아니라 맡은 바 임무를 올바로 수행한 후에 주님께 받을 영광인 것입니다.

현대교회 지도자들도 주님이 말씀하신바 "모든 사람이 너희를 칭찬하면 화가 있도다 그들의 조상들이 거짓 선지자들에게 이와 같이 하였느니라"(눅 6:26) 하신 회중들에게 듣기에 좋은 말만하고 있는 것은 아닌지 자문해 보아야 할 것입니다.

둘째 단원(7-14) 원수에게 넘기리니 사로잡혀가리라

"그러므로 그들이 이제는 사로잡히는 자 중에 앞서 사로잡히리니 기지개 켜는 자의 떠드는 소리가 그치리라"(7).

① "왜냐하면 … 그러므로, 사로잡혀 가리라"는 패턴입니다.
㉠ 사로잡혀 가는 중에 지도자들이 "앞서(제일 먼저) 사로잡혀" 가게 되리라고 말씀합니다.
㉡ "기지개 켜는 자의 떠드는 소리가 그치리라" 하십니다. 그들의 영적인 무관심이 얼마나 괘씸하셨으면 이렇게 말씀했겠습니까?
② 만군의 여호와께서 "주 여호와가 당신을 두고 맹세하셨노라"(8상) 하신 "맹세"로 말씀하시는 바가 무엇인가?
㉠ "내가 야곱의 영광을 싫어하며"(8중) 하십니다. 야곱의 영광이란 바울이 말씀한바, "그들에게는 양자 됨과 영광과 언약들과 율법을 세

우신 것과 예배와 약속들"(롬 9:4) 같은 것일 수 있습니다. 이는 하나님이 주신 것입니다. 그런데 어찌하여 야곱의 영광을 싫어하신다고 말씀하시는가?

ⓛ 13절을 보십시오. 그들은 "허무한 것을 기뻐하며 이르기를 우리는 우리의 힘으로 뿔들을 취하지 아니하였느냐" 즉 우상(허무한 것)을 숭배하면서 말하기를 자신들의 영광과 번영(뿔)은 "우리 힘으로 취한 것"인 양 자랑했다는 것입니다. 그러므로 "야곱의 영광"이란 "교만"으로 해석할 수 있는 것입니다.

③ 맹세로 말씀하시는 두 번째는,

㉠ "그 궁궐들을 미워하므로 이 성읍과 거기에 가득한 것을 원수에게 넘기리라"(8하) 하십니다. 그 배은망덕이 얼마나 괘씸하셨으면 맹세로 말씀하시기를 "싫어하며, 미워하므로, 원수에게 넘기리라" 하시겠습니까?

ⓛ 4:2절에서도 자기의 거룩함을 가리켜 맹세하시기를 "사람이 갈고리로 너희를 끌어가며 낚시로 너희의 남은 자들도 그리하리라"고 원수에게 넘겨주실 것을 말씀하십니다.

④ "너희는 정의를 쓸개로 바꾸며 공의의 열매를 쓴 쑥으로 바꾸며"(12) 라고 말씀합니다. 아모스서에는 "정의와 공의"라는 말이 세 번(5:7,24, 6:12) 강조되어 있는데 무엇을 가리키는가? 이는 메시아 예언에,

㉠ "또 다윗의 왕좌와 그의 나라에 군림하여 그 나라를 굳게 세우고 지금 이후로 영원히 〈정의와 공의〉로 그것을 보존하실 것이라"(사 9:7), "내가 다윗에게 한 의로운 가지를 일으킬 것이라 그가 왕이 되어 지혜롭게 다스리며 세상에서 〈정의와 공의〉를 행할 것이며"(렘 23:5) 하신 말씀과 결부하여 해석되어야 합니다.

ⓛ 왜냐하면 신정왕국(神政王國)이란 메시아 왕국의 예표로 세우신 것이

기 때문입니다.

⑤ 5장에서도 언급했습니다만,

㉠ "너희는 정의를 쑥개로 바꾸며 공의의 열매를 쓴 쑥으로 바꾸며" 한 일은 교회 밖에서 벌어진 일들이 아니라 교회 안에서 일어나고 있는 일이라는 점입니다. 하나님은 바벨론이나 앗수르 같은 이방에 "정의와 공의"를 기대하고 계시는 것이 아닙니다. 그러나 하나님의 교회만은 "정의를 물같이, 공의를 마르지 않는 강같이" 흘러나오게 되기를 기대하시는 것입니다.

㉡ 그런데 "정의와 공의를 쓴 쑥"으로 변했다는 것은 생명의 말씀인 여호와의 법을 죽이는 독초(毒草)나 독약(毒藥)처럼 만들어 버렸다는 뜻입니다. 이점을 하박국 선지자는 "이러므로 율법이 해이하고 정의가 전혀 시행되지 못하오니 이는 악인이 의인을 에워쌌으므로 정의가 굽게 행하여짐이니이다"(합 1:4) 하고 탄식합니다.

㉢ 누가 이렇게 했다는 것입니까? 첫 단원에서 "머리인 지도자들이여"(1) 하신 지도자들입니다. 이는 이사야 선지자로 말씀한바 "이 개들은 탐욕이 심하여 족한 줄을 알지 못하는 자들이요 그들은 몰지각한 목자들이라 다 제 길로 돌아가며 사람마다 자기 이익만 추구하며 오라 내가 포도주를 가져오리라 우리가 독주를 잔뜩 마시자 내일도 오늘같이 또 크게 넘치리라 하느니라"(사 56:11,12) 하는 자들입니다.

⑥ "만군의 하나님 여호와의 말씀이니라 이스라엘 족속아 내가 한 나라를 일으켜 너희를 치리니"(14) 하십니다.

㉠ 북 왕국 이스라엘을 치시기 위하여 일으킨 한 나라가 앗수르였고, 남 왕국 유다를 치기 위해서 일으킨 한 나라가 바벨론입니다. 여기에 하박국 선지자의 갈등이 있었던 것입니다. "어찌하여 거짓된 자들을 방관하시며 악인이 자기보다 의로운 사람을 삼키는데도 잠잠하시나이까"(합 1:13) 합니다. 이런 뜻입니다. 아무리 타락을 했어도

앗수르나 바벨론보다야 낮지 않습니까? 그런데 보다 악한 그들을 들어서 치신다는 말씀입니까?

ⓛ 하나님은 "그러나 의인은 믿음으로 말미암아 살리라"고 대답하십니다. 이스라엘을 심판하시려는 하나님의 의중에는 "이 여러 왕들의 시대에 하늘의 하나님이 〈한 나라〉를 세우시리니 이것은 영원히 망하지도 아니할 것이요 그 국권이 다른 백성에게로 돌아가지도 아니할 것이요 도리어 이 모든 나라를 쳐서 멸망시키고 영원히 설 것이라"(단 2:44) 하신 메시아 왕국 건설의 계획을 갖고 계셨던 것입니다. 그 메시아 왕국이 도래하는 그 때까지는 "오직 나의 의인은 믿음으로 살리라", 믿음으로 사는 기간(期間)이라고 말씀하시는 것입니다. 이 기간 동안 위임받은 하나님의 백성들을 잘 돌보아야 할 막중한 책임이 지도자들에게 있는 것입니다. 이것이 "화 있을진저 유명한 지도자들이여"의 뜻입니다.

아모스 7장 개관도표
주제 : 실상은 많은 사람의 죄를 지며 기도한 선지자

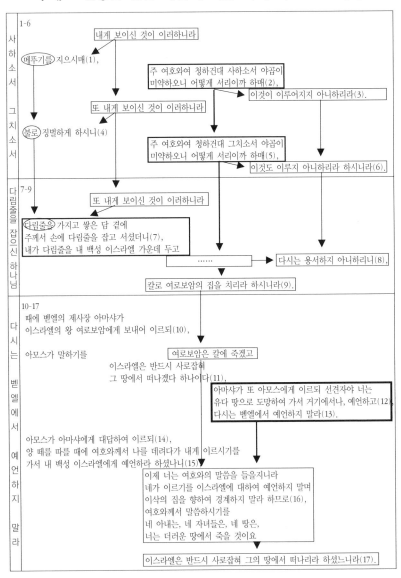

7장

실상은 많은 사람의 죄를 지며 기도한 선지자

[1] "주 여호와께서 내게 보이신 것이 이러하니라 왕이 풀을 벤 후 풀이 다시 움돋기 시작할 때에 주께서 메뚜기를 지으시매"

이제까지 네 번의 "왜냐하면→그러므로"의 설교를 마치고, 다섯 가지 환상의 계시가 시작됩니다. 7장에는 "메뚜기와 불과 다림줄"의 환상이 나오고, 8장에서는 "여름 과일"의 환상을 보이시고, 9장에서는 "제단 곁에 서신 주"의 환상을 보여주십니다. 그런데 세 번째 환상과 네 번째 환상 사이에 벧엘의 제사장 아마샤가 선지자 아모스를, "왕을 모반하나니 그 모든 말을 이 땅이 견딜 수 없나이다"(7:10-17)하고 왕에게 상소하므로 배척하는 내용이

삽입되어있는 문맥입니다.

도표에서 보시는 바대로 7장의 중심점은 "메뚜기와 불" 환상을 본 선지자가 "사하소서, 그치소서"(첫째 단원)라고 간구하여 재앙을 돌이키게 되지만, 다림줄을 띄우고 쌓은 담 곁에 "다림줄을 잡고 서신 하나님"(둘째 단원)으로부터는 "다시는 용서하지 아니하리라"(8)는 선고를 받게 됩니다. 이때 선지자는 침묵할 수밖에 없었습니다. 그런데 벧엘의 선지자 아마샤가 "다시는 벧엘에서 예언하지 말라"(셋째 단원)고 아모스 선지자를 배척하는 내용입니다. 그렇다면 두 가지 물음이 가능해집니다.

첫째는 과연 참 선지자는 "나라와 민족을 괴롭히는 자인가?" 둘째는 선지자를 배척한 그들의 종말은 어찌 되는가? 우리는 7장을 통해서 "실상은 많은 사람의 죄를 지며 기도한 선지자"임을 보게 될 것입니다. 이를 세 단원으로 나누어 상고하겠습니다.

첫째 단원(1-6) **사하소서, 그치소서**
둘째 단원(7-9) **다림줄을 잡으신 하나님**
셋째 단원(10-17) **다시는 벧엘에서 예언하지 말라**

첫째 단원(1-6) 사하소서, 그치소서

"주 여호와께서 내게 보이신 것이 이러하니라 왕이 풀을 벤 후 풀이 다시 움돋기 시작할 때에 주께서 메뚜기를 지으시매"(1),

첫째 단원의 핵심은 환상을 통해서 이스라엘 앞에 닥쳐오고 있는 재앙을 본 선지자가 하나님 앞에 기도와 간구를 드림으로 그 재앙을 돌이키는 데 있습니다.

① "주 여호와께서 내게 보이신 것이 이러하니라"하는데, 선지 자란 "본 자요, 또한 들은 자"입니다.

   ㉠ "주 여호와께서는 자기의 비밀을 그 종 선지자들에게 보이지 아니하 시고는 결코 행하심이 없으시리라"(3:7) 하십니다. 이는 선지자에게 보이셔서 경고하게 하신 후에 실행하신다는 의미입니다.

   ㉡ 그러므로 "사자가 부르짖은즉 누가 두려워하지 아니하겠느냐 주 여 호와께서 말씀하신즉 누가 예언하지 아니하겠느냐"(3:8)라고 말했던 것입니다.

② 하나님께서 선지자에게 보여주신 첫 번째 환상은 다가오고 있는, "메뚜기"(1) 재앙입니다.

   ㉠ 이 "메뚜기"란 문자적으로 황충 즉 메뚜기 재앙일 수 있습니다. 메뚜 기 떼가 내습하게 되면 "밭이 황무하고 토지가 마르니 곡식이 떨어 지며 새 포도주가 말랐고 기름이 다하였도다"(욜 1:10) 한 황무지가 되고 마는 것입니다.

   ㉡ 또한 이 메뚜기는 "이는 많고 강한 백성이 이르렀음이라 이와 같은 것이 옛날에도 없었고 이후에도 대대에 없으리로다"(욜 2:2)하는 앗 수르나 바벨론과 같은 침략군을 상징함일 수 있습니다.

③ 메뚜기 환상을 본 선지자는,

   ㉠ "주 여호와여 청하건대 사하소서" 하면서

   ㉡ "야곱이 미약하오니 어떻게 서리이까"(2) 라고 간구합니다. 그리하여

   ㉢ "여호와께서 이에 대하여 뜻을 돌이키셨으므로 이것이 이루어지지 아니하리라"(3)는 응답을 받습니다.

④ 하나님께서 선지자에게 보여주신 두 번째 환상은, "불로 징 벌하게 하시니 불이 큰 바다를 삼키고 육지까지 먹으려 하는지

라"(4) 한 환상인데 "바다, 육지"에 대한 재난이 아닙니다. 하나님은 이를 통해 "내가 이제 예루살렘과 유다에 재앙을 내리리니 듣는 자마다 두 귀가 울리리라"(왕하 21:12)는 경고를 하시려는 것입니다.

⑤ 불로 징벌하게 하시는 환상을 본 선지자는,

㉠ "주 여호와여 청하건대 그치소서" 하면서

㉡ "야곱이 미약하오니 어떻게 서리이까"(5) 하고 간구함으로

㉢ "주 여호와께서 이르시되 이것도 이루지 아니하리라 하시니라"(6) 는 응답을 받습니다.

⑥ 이 말씀은 우리로 하여금 출애굽의 고사(古事)를 생각하게 합니다. 모세가 산에서 내려옴이 더딤을 보고 백성들이 송아지 우상을 만들어 놓고, "이는 너희를 애굽 땅에서 인도하여 낸 너희 신이로다"고 반역의 죄를 범했던 사건 말입니다. 하나님은 그들을 진멸하려 하셨습니다. 그러나 모세의 간구를 들으시고,

㉠ "여호와께서 뜻을 돌이키사 말씀하신 화를 그 백성에게 내리지 아니하시니라"(출 32:1-14) 합니다. 그런데 그런 중보의 일을 아모스 선지자도 감당하고 있는 것입니다.

㉡ 아모스 선지자의 첫 간구는 "사(赦)하소서"라는 말이라는 점을 주목해야 합니다. 왜냐하면 선지자는 재앙이 죄의 결과로 임하게 되는 하나님의 진노임을 알았기 때문입니다. 두 번째 간구는 "야곱이 미약하오니 어찌 서리이까"하는 "미약하다"는 말입니다. 그렇다면 당시의 지도자들도 자신들이 미약한 존재라는 점을 알고 있었겠습니까?

저는 이 말씀을 통해 "이와 같이 성령도 우리의 연약함을 도우시나니"(롬 8:26) 한 말씀을 생각합니다. 우리의 연약, 미약하다는 점을 알고 고백하기만 하면 도우시는 하나님이십니다. 그런데

"사마리아의 산에 있는 바산의 암소들아 이 말을 들으라 너희는 힘없는 자를 학대하며 가난한 자를 압제하며 가장에게 이르기를 술을 가져다가 우리로 마시게 하라 하는도다"(4:1) 한 이들이 "야곱이 미약하오니 어찌 서리이까"라는 점을 알았겠습니까?

> "오직 하나님은 긍휼하시므로 죄악을 덮어주시어
> 멸망시키지 아니하시고 그의 진노를 여러 번 돌이키시며
> 그의 모든 분을 다 쏟아 내지 아니하셨으니
> 그들은 육체이며 가고 다시 돌아오지 못하는
> 바람임을 기억하셨음이라
>
> 그들이 광야에서 그에게 반항하며
> 사막에서 그를 슬프게 함이 몇 번인고
> 그들이 돌이켜 하나님을 거듭거듭 시험하며
> 대적에게서 구속하신 날도 기억하지 아니하였도다"(시 78:38-42).

⑦ 아모스라는 뜻은 "짐 지는 자"라는 뜻이라 합니다.

㉠ 하나님을 향해서는 이름 그대로 백성들의 죄를 짊어지고 그들을 대신하여 "사하소서, 그치소서"하고 간구하면서,

㉡ 백성을 행해서는 하나님을 대신하여 "너희는 나를 찾으라 그리하면 살리라 벧엘을 찾지 말며 길갈로 들어가지 말며 브엘세바로도 나아가지 말라 길갈은 반드시 사로잡히겠고 벧엘은 허무하게 될 것임이라"고 죄를 책망하며, 심판을 경고하는 사자와 같은 선지자였습니다. 선지자가 죄를 책망하고 심판을 경고할 때 재미가 있고 좋아서 하는 것이 아닙니다. 예레미야 선지자가 "어찌하면 내 머리는 물이 되고 내 눈은 눈물 근원이 될꼬 죽임을 당한 딸 내 백성을 위하여 주야로 울리로다"(렘 9:1) 한 것처럼, 울면서 눈물로 호소했던 것입니다. 모

세는 "이제 그들의 죄를 사하시옵소서 그렇지 아니하시오면 원하건
대 주께서 기록하신 책에서 내 이름을 지워버려 주옵소서"(출 32:
32)라고 간구했습니다.

ⓒ 아모서 선지자도 애가(哀歌)를 지어 부르면서 간구함으로 두 번씩이
나 재앙을 돌이켰던 것입니다.

⑧ 전도서에 이런 말씀이 있습니다. "곧 작고 인구가 많지 아
니한 어떤 성읍에 큰 왕이 와서 그것을 에워싸고 큰 흉벽을 쌓고
치고자 할 때에 그 성읍 가운데에 가난한 지혜자가 있어서 그의
지혜로 그 성읍을 건진 그것이라 그러나 그 가난한 자를 기억하
는 사람이 없었도다"(전 9:14-15).

㉠ 모세의 일사각오의 기도를, 예레미야의 단장(斷腸)의 기도를 백성들
이 알았겠습니까?

㉡ 아모스의 간구로 말미암아 두 번의 재앙이 돌이키게 되었음을 "바산
의 암소들이, 사마리아 산의 머리인 자들이, 벧엘의 제사장 아마샤
가" 이를 알았겠습니까? 자신들이 "상아 상에 누우며 침상에서 기지
개 켜는" 동안 그 배후에서 하나님과 선지자 간에 이런 중보기도가
드려지고 있었음을 꿈엔들 생각했겠습니까?

둘째 단원(7-9) **다림줄을 잡으신 하나님**

"또 내게 보이신 것이 이러하니라 다림줄을 가지고 쌓은 담 곁에 주
께서 손에 다림줄을 잡고 서셨더니"(7),

아모스 선지자에게 보여주신 세 번째 환상은 "다림줄" 환상입
니다.

① "다림줄을 가지고 쌓은 담"이라는 묘사는,

㉠ 그 담을 처음 쌓을 때는 "다림줄"을 대고 아주 반듯하게 쌓았음을 나타냅니다. 그런데,

㉡ "주께서 손에 다림줄을 잡고 서셨다"는 것은 그 담이 기울기 시작한 것이 위험지경에 이르렀음을 의미합니다.

② "내가 다림줄을 내 백성 이스라엘 가운데 두고 다시는 용서하지 아니하리니"(8) 하십니다.

㉠ "다림줄을 베풀겠다" 하심은 곧 심판을 뜻합니다. 남 왕국 유다에 심판을 베푸실 때에도 "내가 사마리아를 잰 줄과 아합의 집(북 왕국)을 다림 보던 추로 예루살렘에 베풀리라"(왕하 21:13)고 말씀하셨습니다.

㉡ 두 번씩이나 "사하신" 하나님은 "다시는 용서하지 아니하리라" 하십니다. 그런데 아모스가 이번에는 침묵하고 있는 것입니다. "사하소서, 그치소서"라고 간구하고 있지 아니합니다.

③ 왜 그럴까요?

㉠ 우리는 아브라함이 "거기서 십 명을 찾으시면 어찌하려 하시나이까"(창 18:32)하고 간구하기를 열 명에서 멈춘 것을 알고 있습니다. 어찌하여 "다섯 사람, 아니 한 사람"이라고 더 나아가지를 못한 것일까요? 하나님의 진노를 돌이키는데도 어떤 가이드라인(guideline) 같은 것이 있는 것은 아니겠습니까? 그렇습니다.

㉡ 하나님의 손에 잡으신 "다림줄의 줄과 추"가 무엇의 상징인가를 아신다면 선지자가 침묵하는 이유를 알게 될 것입니다. "나는 정의를 측량줄로 삼고 공의를 저울추로 삼으니"(사 28:17) 하십니다. 이를 한마디로 표현하면 하나님의 "공의"입니다. 하나님의 용서에 어떤 한계(限界)가 있는 것이 아니라 하여도 인간의 죄를 사하심에 있어서 하나님의 공의에 손상을 입으시면서 베푸신 것은 아니라는 점을 인식해야 합니다.

④ 성경은 말씀합니다.

㉠ "사람이 없음을 보시며 중재자(仲裁者)가 없음을 이상히 여기셨음으
로 자기 팔로 스스로 구원을 베푸시며 자기의 공의를 스스로 의지
하사"(사 59:16)라고 말씀합니다. 무슨 뜻입니까? "중재자"가 없었
다는 것입니다. 다시 말하면 그들의 죄 값을 대신 책임질 자가 없었
다는 것입니다. 사람 가운데서는 없었습니다. "모세도, 엘리야도, 아
모스도" 아니었습니다. 그들은 예표적인 인물이었기에 한계가 있을
수밖에 없었던 것입니다. 그러므로

㉡ "스스로 구원을 베푸시기" 위해서 하나님께서 친히 "임마누엘" 하신
것입니다.

⑤ "이삭의 산당들이 황폐되며 이스라엘의 성소들이 파괴될 것
이라 내가 일어나 칼로 여로보암의 집을 치리라 하시니라"(9). 이
"다림줄"의 환상은 "메뚜기와 불"의 재앙과는 달리 "이제"의 일
로 여겨집니다. 이점이 다음 단원에서 아마샤가 왕에게 상소하기
를 "아모스가 말하기를 여로보암은 칼에 죽겠고 이스라엘은 반드
시 사로잡혀 그 땅에서 떠나겠다 하나이다"(11) 한 점으로 알 수
있습니다.

⑥ 본문에서 몇 가지 집고 넘어가야 할 점이 있습니다.

㉠ 두 번의 재앙을 돌이키게 한 아모스의 간구를 직선적(直線的)으로 오
늘의 성도들에게 적용하여 기도의 능력을 말하고 기도를 독려하려는
충동을 조심해야 합니다.

㉡ 왜냐하면 이는 이 말씀이 놓여있는 역사적인 좌표를 무시하는 무모
한 일이기 때문입니다. 우리는 선지자도 아니요, 여로보암 시대에 살
고 있지도 아니합니다.

⑦ 구약의 말씀들이 신약의 성도들에게 적용되는 경로는 직선
적이 아니라,

㉠ 구약성경과 신약성경의 중간에 세우신 예수 그리스도의 십자가의 중재를 통해서 적용되어야 하는 것입니다. 만일 곧 바로 적용시킨다면 주님의 대속적인 죽으심, 즉 십자가 사건을 헛된 것으로 만드는 것이 되기 때문입니다.

㉡ "하나님은 한 분이시요 또 하나님과 사람 사이에 중보자도 한 분이시니 곧 사람이신 그리스도 예수라"(딤전 2:5). 그러므로 이 지점에서 증언해야 할 점은 "다림줄을 베풀고 다시는 용서하지 아니하리라" 하시는 하나님의 의로우심을 만족시켜드리면서 동시에 우리에게 임할 진노를 돌이키게 하신, 즉 "곧 이 때에 자기의 의로우심을 나타내사 자기도 의로우시며 또한 예수 믿는 자를 의롭다 하려 하신"(롬 3:26) 예수 그리스도의 십자가인 것입니다.

⑧ 그러므로 아모스의 간구를 예표로 하여,

㉠ "만일 누가 죄를 범하여도 아버지 앞에서 우리의 대언자(代言者)가 있으니 곧 의로우신 예수 그리스도시라"(요일 2:1)고 이제도 우리를 위하여 간구(롬 8:34)하고 계시는 그리스도의 중보기도를 증언해야 마땅합니다.

㉡ 그런 연후에야 그리스도의 구속으로 말미암아 우리가 제사장이 되었으니, "모든 사람을 위하여 간구와 기도와 도고와 감사를 하되 임금들과 높은 지위에 있는 모든 사람을 위하여 하라"(딤전 2:1-2)고 성도들에게 적용 가능하게 되는 것입니다.

셋째 단원(10-17) 다시는 벧엘에서 예언하지 말라

"때에 벧엘의 제사장 아마샤가 이스라엘의 왕 여로보암에게 보내어 이르되 이스라엘 족속 중에 아모스가 왕을 모반하나니 그 모든 말을 이 땅이 견딜 수 없나이다"(10).

① 셋째 단원의 중심점은 벧엘의 제사장 아마샤가 선지자 아모스를 모함하여 고발하는 내용입니다. 다섯 가지 환상을 보여주시는 중간에, 어떤 의도로 벧엘의 제사장 아마샤가 아모스 선지자를 고발하는 기사를 삽입(揷入)시키고 있는지 그 의도, 그 마음을 읽으실 수 있게 되었으리라고 믿어집니다. 벧엘의 송아지를 책망하는 선지자를 배척한 것이 궁극적으로 누구를 배척한 일인가?

② 우리는 이미 이에 대한 답을 알고 있습니다. 그렇습니다.

㉠ 그리스도를 배척한 죄를 범하고 있는 것입니다. 성경은 그 반대의 본보기를 라합의 경우에서 보는 바입니다. "또 기생 라합이 사자들을 접대하여 다른 길로 나가게 할 때에 행함으로 의롭다 하심을 받은 것이 아니냐"(약 2:25) 합니다. 저는 라합이 의롭다함을 얻었다는 말씀을 처음 대할 때에 얼마나 경이로운 마음이 들었는지 모릅니다. 왜냐하면,

㉡ "사람이 의롭게 되는 것은"(갈 2:16), 오직 예수 그리스도를 믿음으로 말미암는 방도 외에는 다른 길이 없다는 점을 믿었기 때문입니다. 그런데 라합이 "의롭다 함"을 받았다니! 그렇습니다. 구약에도 다른 길이 있었던 것이 아니라 기생 라합도 예수 그리스도를 믿고 하나님께 의롭다 하심을 받은 것입니다. 그것이 어떻게 가능하여졌는가? 정탐꾼을 영접한 것을 그리스도를 영접한 것으로 여겨주셨기 때문입니다. 신구약을 막론하고 구속의 주는 한 분 예수 그리스도시요, 그러므로 그 정탐꾼은 사적인 군인이 아니라 구속의 역사에 쓰임을 받고 있는 하나님의 군사였기 때문입니다. 주님은 말씀하십니다. "누구든지 내 이름으로 이런 어린아이 하나를 영접하면 곧 나를 영접함이니"(마 18:5). 그러므로 아마샤는 벧엘에서 그리스도를 추방하는 죄를 범한 것입니다. 다윗은 그리스도의 영에 의해 "나는 사랑하나 그들은 도리어 나를 대적하니 나는 기도할 뿐이라"(시 109:4).

③ 아마샤는 아모스 선지자를 무엇이라고 모함했는가?

㉠ 첫째로 "왕을 모반하나니 그 모든 말을 이 땅이 견딜 수 없나이다"(10) 라고 말했습니다. 이는 백성들을 선동하여 사회불안을 조성하는 자라는 뜻입니다. 우리는 제사장 서기관 장로들이 그리스도를 이처럼 모함한 일을 알고 있습니다. "고발하여 이르되 우리가 이 사람을 보매 우리 백성을 미혹하고 가이사에게 세금 바치는 것을 금하여 자칭 왕 그리스도라 하더이다"(눅 23:2).

㉡ 둘째로 "여로보암은 칼에 죽겠고 이스라엘은 반드시 사로잡혀 그 땅에서 떠나겠다 하나이다"(11) 합니다. 이것은 사실입니다. 주님서도 "돌 하나도 돌 위에 남지 않고 다 무너뜨려지리라, 너희가 예루살렘이 군대들에게 에워싸이는 것을 보거든 그 멸망이 가까운 줄을 알라, 그들이 칼날에 죽임을 당하며 모든 이방에 사로잡혀 가겠고"(눅 21장)라고 말씀하셨습니다.

④ 그런데 아마샤의 보고에는 결정적으로 외면한즉 빠뜨린 점이 있습니다. 그것은 아모스가 선포한 논리(論理),

㉠ "왜냐하면 … 그러므로"라는 패턴입니다. 이런 일이 "어째서, 무엇때문에" 임하게 되는가 하는 원인을 한마디도 말하지 않고 있다는 점입니다.

㉡ 이는 자신들의 잘못을 철저하게 은폐하고 있다는 증거요, 그러므로 회개의 가망이 없음을 말해주는 것입니다.

⑤ 뿐만 아니라 아마샤는 "너는 유다 땅으로 도망하여 가서 거기에서나 떡을 먹으며 거기에서나 예언하고 다시는 벧엘에서 예언하지 말라" (12-13)고 배척합니다.

㉠ 아마샤사 "거기서나 떡을 먹으며"라고 말한 것은 당시의 선지자들이 먹고살기 위해서 예언을 하는 직업적인 선지자들이었음을 말해주고 있는 것입니다. 이런 뜻입니다. "여기 벧엘은 내 영역이다 이를 침범

하지 말아라".

    ⓒ 이점을 에스겔서를 통해 하나님은 "너희가 두어 움큼 보리와 두어 조각 떡을 위하여 나를 내 백성 가운데에서 욕되게 하여 거짓말을 곧이 듣는 내 백성에게 너희가 거짓말을 지어내어 죽지 아니할 영혼을 죽이고 살지 못할 영혼을 살리는도다"(겔 13:19)하시고, 미가 선지자는 "그 들의 우두머리들은 뇌물을 위하여 재판하며 그들의 제사장은 삯을 위하여 교훈하며 그들의 선지자는 돈을 위하여 점을 치면서도 여호와를 의뢰하여 이르기를 여호와께서 우리 중에 계시지 아니하냐 재앙이 우리에게 임하지 아니하리라 하는도다"(미 3:11)라고 말합니다. 그러므로 직업적인 선지자들은 "재앙이 우리에게 임하지 아니하리라"고 백성들이 듣기에 좋은 말만 할 수밖에 없었던 것입니다. 먹고 살기 위해서.

  ⑥ 그러자 아모스는 응수합니다. "나는 선지자가 아니며 선지자의 아들도 아니라 나는 목자요 뽕나무를 재배하는 자로서"(14), 왜 이렇게 말하고 있는 것일까요?

    ㉠ "나는 먹고살기 위해서 예언하는 너 같은 직업적인 선지자가 아니다"라고 말해주고 있는 셈입니다.

    ⓒ 나아가 "나는 선지자가 아니다"라는 언급 속에는 은연중에 "선지자"로 여김을 받는 것을 자랑스럽게 여기는 것이 아니라 부끄러워한다는 그런 뜻이 암시되어 있습니다.

  ⑦ "양 떼를 따를 때에 여호와께서 나를 데려다가 여호와께서 내게 이르시기를 가서 내 백성 이스라엘에게 예언하라 하셨나니"(15)

    ㉠ 이는 자신의 소명(召命)과 사명(使命)이 오직 신적인 권위에 있음을 말해주고 있는 것입니다.

    ⓒ 아마샤는 "아모스가 말하기를"(11상) 라고 고발했으나, 아모스는 아

니다, 이는 내 말이 아니라 "여호와께서 나를 데려다가 이르시기를"
(15상) 라고 자신이 전한 말씀이 여호와 하나님으로 말미암음임을
증언합니다. 사도 바울도 거짓 교사들에게 배척을 받았을 때에, "이
는 내가 사람에게서 받은 것도 아니요 배운 것도 아니요 오직 예수
그리스도의 계시로 말미암은 것이라"(갈 1:12)고 신적 권위에 있음
을 말씀했습니다.

ⓒ 계시가 충족된 이 시대의 사역자들은 "성경에 말씀하기를, 기록하였
으되"라고 선포함으로 이 권위 위에 설 수 있는 것입니다.

⑧ 그런 후에 아모스 선지자는 "이제 너는 여호와의 말씀을 들
을지니라"(16상) 합니다.

㉠ "네 아내는 성읍 가운데서 창녀가 될 것이요 네 자녀들은 칼에 엎드
러지며 네 땅은 측량하여 나누어질 것이며 너는 더러운 땅에서 죽을
것이요"(17상) 합니다. 이는 멸문지화(滅門之禍)를 당하게 된다는 말
입니다. 어찌하여 그런 화를 당하게 된다는 것입니까?

㉡ "네가 이르기를 이스라엘에 대하여 예언하지 말며 이삭의 집을 향하
여 경고하지 말라 하므로"(16하) 라고 그 이유를 말해줍니다. 하나
님의 말씀, 곧 메시아언약을 배척했기 때문입니다. 달리 말하면 회개
하지 않은 죄 때문인 것입니다.

⑨ "이스라엘은 반드시 사로잡혀 그의 땅에서 떠나리라 하셨느
니라"(17하) 합니다.

㉠ 말씀하는 순서를 주목할 필요가 있는데 먼저는 아마샤에 대한 심판
을 선언하고, 다음에 나라와 백성의 심판을 말합니다. 이는 아마샤의
죄악이 자신뿐만이 아니라 그 화가 이스라엘 전체에 미치게 됨을 나
타내고 있는 것입니다. 왜냐하면 그는 벧엘의 제사장이었기 때문입니
다.

㉡ 이것이 선지자를 배척한, 다시 말하면 메시아언약을 배반한 그들의
말로입니다.

⑩ 이제 생각해보아야 합니다. 선지자는 이스라엘을 괴롭히는 자인가?

　㉠ 아합 왕은 엘리야 선지자를 가리켜, "이스라엘을 괴롭게 하는 자여 너냐"(왕상 18:17)라고 말했습니다.

　㉡ 나라와 민족을 구하기 위해 닥쳐오는 재앙을 온 몸으로 막아서서 간구함으로 돌이키게 한 선지자 아모스가 왕을 모반하는 자란 말인가?

　㉢ 언약의 성취자로 오신 그리스도를 무슨 연고로, "이에 예수의 얼굴에 침 뱉으며 주먹으로 치고 어떤 사람은 손바닥으로 때리며 이르되 그리스도야 우리에게 선지자 노릇을 하라 너를 친 자가 누구냐"(마 26:67-68)하는 멸시와 조롱을 퍼부어야 했단 말인가?

성경은 말씀합니다.

　　"그가 찔림은 우리의 허물 때문이요
　　그가 상함은 우리의 죄악 때문이라
　　그가 징계를 받음으로 우리는 평화를 누리고
　　그가 채찍에 맞음으로 우리는 나음을 받았도다
　　우리는 다 양 같아서 그릇 행하여 각기 제 길로 갔거늘
　　여호와께서는 우리 모두의 죄악을 그에게 담당시키셨도다,
　　그러나 〈그가 많은 사람의 죄를 담당하며 범죄자를 위하여 기도〉
　　하였느니라"(사 53:5-6,12).

성경은 다윗 왕을 예표로 하여 이렇게 말씀합니다.

　　내게 선을 악으로 갚아
　　나의 영혼을 외롭게 하나
　　나는 그들이 병 들었을 때에

굵은 베옷을 입으며 금식하여
내 영혼을 괴롭게 하였더니
내 기도가 내 품으로 돌아왔도다
내 가 나의 친구와 형제에게 행함같이
그들에게 행하였으며 내가 몸을 굽히고 슬퍼하기를
어머니를 곡함같이 하였도다(시 35:12-14).

이것이 "실상은 많은 사람의 죄를 지며 기도한 선지자"입니다.

아모스 8장 개관도표
주제 : 여호와의 말씀을 듣지 못한 기갈이라

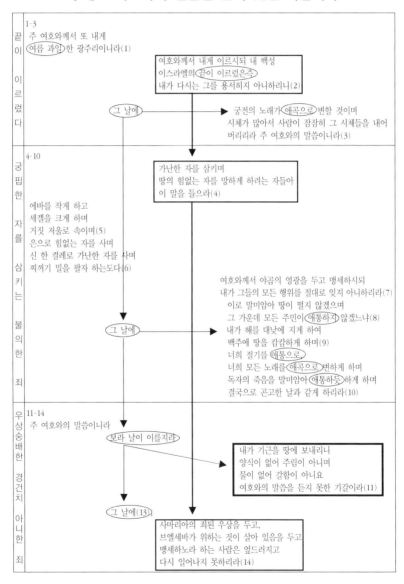

1-3 끝이 이르렀다

주 여호와께서 또 내게 여름 과일 한 광주리이니라(1)

여호와께서 내게 이르시되 내 백성 이스라엘의 끝이 이르렀은즉 내가 다시는 그를 용서하지 아니하리니(2)

그 날에 → 궁전의 노래가 애곡으로 변할 것이며 시체가 많아서 사람이 잠잠히 그 시체들을 내어 버리리라 주 여호와의 말씀이니라(3)

4-10 궁핍한 자를 삼키는 불의한 죄

가난한 자를 삼키며 땅의 힘없는 자를 망하게 하려는 자들아 이 말을 들으라(4)

에바를 작게 하고 세겔을 크게 하며 거짓 저울로 속이며(5) 은으로 힘없는 자를 사며 신 한 켤레로 가난한 자를 사며 찌꺼기 밀을 팔자 하는도다(6)

여호와께서 야곱의 영광을 두고 맹세하시되 내가 그들의 모든 행위를 절대로 잊지 아니하리라(7) 이로 말미암아 땅이 떨지 않겠으며 그 가운데 모든 주민이 애통하지 않겠느냐(8)

그 날에 → 내가 해를 대낮에 지게 하여 백주에 땅을 캄캄하게 하며(9) 너희 절기를 애통으로 너희 모든 노래를 애곡으로 변하게 하며 독자의 죽음을 말미암아 애통하듯 하게 하며 결국으로 곤고한 날과 같게 하리라(10)

11-14 우상숭배한 경건치 아니한 죄

주 여호와의 말씀이니라

보라 날이 이를지라 → 내가 기근을 땅에 보내리니 양식이 없어 주림이 아니며 물이 없어 갈함이 아니요 여호와의 말씀을 듣지 못한 기갈이라(11)

그 날에(13) → 사마리아의 죄된 우상을 두고, 브엘세바가 위하는 것이 살아 있음을 두고 맹세하노라 하는 사람은 엎드러지고 다시 일어나지 못하리라(14)

8장

여호와의 말씀을 듣지 못한 기갈이라

[11] 주 여호와의 말씀이니라 보라 날이 이를지라 내가 기근을
땅에 보내리니 양식이 없어 주림이 아니며 물이 없어 갈함이
아니요 여호와의 말씀을 듣지 못한 기갈이라

8장의 중심점은 도표에서 보시는 바대로 "이스라엘의 끝이 이르렀다"(첫째 단원)고 최후선언을 하시면서 그 원인이 "가난한 자를 삼킨 불의"(둘째 단원)한 죄와 "사마리아의 우상을 숭배"(셋째 단원)한 경건하지 아니한 죄 때문임을 거듭 말씀함에 있습니다. 그런데 가장 중요한 핵심은 "여호와의 말씀을 듣지 못한 기갈" (11)의 날이 이르게 될 것이라는 말씀입니다. 왜냐하면 이는 이제까지의 그 어떤 재앙보다도 치명적인 재앙이기 때문입니다.

언제 이러한 재앙이 임하게 된다는 것인가? "그날에", 이를 세 단원으로 나누어 상고하겠습니다.

첫째 단원(1-3) **이스라엘의 끝이 이르렀다**
둘째 단원(4-10) **가난한 자를 삼키는 불의 한 죄**
셋째 단원(11-14) **우상을 숭배한 경건하지 아니한 죄**

첫째 단원(1-3) **이스라엘의 끝이 이르렀다**

"주 여호와께서 또 내게 여름 과일 한 광주리를 보이시며"(1),

① "여름 과일" 환상은 아모스에게 보여주신 네 번째 환상입니다. 그 의미가 무엇인가? "여름 과일"이란 팔레스타인에서는 익은 과일(렘 40:10)를 가리키는 말입니다. 그런데 좋은 뜻으로 익은 과일이 아니라 심판의 때가 이르렀다는 나쁜 뜻입니다.

㉠ 그래서 "내 백성 이스라엘의 끝이 이르렀다"(2중)고 말씀하시는 것입니다. 그러므로 "여름 과일" 환상은, 셋째 환상인 "다림줄"과 연관이 있는데 "다림줄"(7:8) 곧 "정의와 공의"를 갖다 대어보니까 "끝이 이르렀다" 즉 더 미룰 수 없게 되었다는 그런 뜻입니다. 하나님은 아브라함에게 그의 자손들이 애굽에서 종살이하다 사대 만에 이 땅으로 돌아오게 되리라 하셨는데 어찌하여 4대라 하시는가? "이는 아모리 족속(가나안의 원주민)의 죄악이 아직 가득 차지 아니함이니라"(창 15:16)고 말씀하십니다. 반면 역대하에는 "여호와의 진노를 그의 백성에게 미치게 하여 회복할 수 없게 하였으므로"(대하 36:16)라고 말씀합니다. 하나님의 심판은 죄악이 가득(창 6:5)하였

을 때에 마치 풍선이 터지듯이 시행되는 것입니다.

ㄴ "내가 다시는 그를 용서하지 아니하리니"(2하) 하십니다. 다림줄 환
상 때에도 "다시는 용서하지 아니하리니"(7:8) 하셨습니다.

② "그날에 궁전의 노래가 애곡으로 변할 것이며 곳곳에 시체
가 많아서 사람이 잠잠히 그 시체들을 내어버리리라 이는 주 여
호와의 말씀이니라"(3) 하십니다. 그렇다면 이스라엘의 끝이 이르
러 이처럼 비참한 심판을 당하게 되는 원인이 무엇이라고 말씀하
시는가?

둘째 단원(4-10) 가난한 자를 삼키는 불의 한 죄

"가난한 자를 삼키며 땅의 힘없는 자를 망하게 하려는 자들아 이 말
을 들으라"(4).

① 심판당하게 되는 원인은 분명한 것입니다. 신구약 시대를
막론하고 하나님의 진노는 언제나 "사람들의 모든 경건하지 않음
과 불의에 대하여 하늘로 쫓아 나타나나니"(롬 1:18)라고 말씀합
니다. 주님은 온 율법과 선지자의 강령(마 22:40)이 "하나님 사랑
과 이웃 사랑"이라고 요약해주십니다. 본 단원에서는 "불의" 즉
이웃을 사랑하지 않은 죄를 말씀하고, 다음 단원에서는 "경건하
지 아니함" 즉 "하나님을 사랑하지 않은 죄" 때문에 멸망 당하게
됨을 말씀합니다.

② 이러한 맥락에서 "가난한 자를 삼키며 힘없는 자를 망하게
하려는 자들아"(4) 하시는 것입니다. 이는 앞에서도 여러 번 말씀

한 바입니다.

    ㉠ 2:6-7절에서는 "여호와께서 이와 같이 말씀하시되 이스라엘의 서너 가지 죄로 말미암아 내가 그 벌을 돌이키지 아니하리니 이는 그들이 은을 받고 의인을 팔며 신 한 켤레를 받고 가난한 자를 팔며 힘없는 자의 머리를 티끌 먼지 속에 발로 밟고 연약한 자의 길을 굽게 하며"라고 책망하셨습니다.

    ㉡ 4:1절에서는 "사마리아의 산에 있는 바산의 암소들아 이 말을 들으라 너희는 힘없는 자를 학대하며 가난한 자를 압제하며"라고 책망하십니다.

    ㉢ 5:11절에서는 "너희가 힘없는 자를 밟고 그에게서 밀의 부당한 세를 거두었은즉"하십니다. 이제 "이스라엘의 끝이 이르렀은즉"하시면서

    ㉣ "가난한 자를 삼키며 땅의 힘없는 자를 망하게 하려는 자들아 이말을 들으라(4), 은으로 힘없는 자를 사며 신 한 켤레로 가난한 자를 사며 찌꺼기 밀을 팔자 하는도다"(6) 라고 재삼재사 말씀하시는 것입니다. 그러면서 "내가 그들의 모든 행위를 절대로 잊지 아니하리라"(7) 하십니다. 하나님은 어찌하여 "가난하고 힘없는 자"에게 이토록 관심을 기울이시는 것일까요? 이점을 구속사라는 맥락으로 보면 유월절 어린 양의 피로 구속하여 자기 백성으로 삼으신 자들이기 때문입니다.

  ③ 그러므로 "사회정의"(社會正義)라는 잣대만으로는 부족한 것입니다.

    ㉠ 왜냐하면 하나님께서 이루시려는 바가 어떤 이상국가(理想國家)가 아니라 하나님의 나라건설이기 때문입니다. 그러므로 이는 사회정의가 아니라 메시아 왕국의 정의로 보아야 하는 것입니다. 신약의 서신서들이 불신자들에게 보내진 것이 아니요 신약교회들에게 보내진 것과 같이, 구약의 선지서들도 구약교회에 보내진 것입니다. 가난한 자들을 학대하는 그들은

ⓛ "월삭이 언제 지나서 우리가 곡식을 팔며 안식일이 언제 지나서 우리가 밀을 내게 할꼬"(5중) 하는 교인들입니다. 그러나 예배를 드리면서도, "안식일이 어서 지나야 장사를 할텐 데" 하고 마음으로는 "맘몬"이라는 우상을 섬기고 있는 형식적인 교인들이었습니다.

ⓒ "그러므로 "가난한 자를 삼키며 힘없는 자를 망하게 하는" 일들이 교회 안에서 벌어지고 있음을 유념해야 합니다. 이점을 어찌하여 강조하느냐 하면 사회정의를 부르짖는 신학자 중에는 "불의"는 죄로 여기면서도 "경건하지 아니함"에 대해서는 종교 다원주의를 주장하면서 죄로 여기고 있지 않기 때문입니다.

④ "가난한 자를 삼키며 힘없는 자를 망하게 하려는 자들아"하셨는데, 이들이 누구인가?

ⓖ "그날에 궁전의 노래가 애곡으로 변할 것이라"(3)한 "왕 · 제사장 · 선지자"와 같은 지도계급입니다.

ⓛ "화 있을진저 시온에서 교만한 자와 사마리아 산에서 마음이 든든한 자 곧 백성들의 머리인 지도자들이여 이스라엘 집이 그들을 따르는도다"(6:1)한 유명한자들입니다.

이점을 에스겔 선지자를 통해서는 "인자야 너는 이스라엘 목자들에게 예언하라 그들 곧 목자들에게 예언하여 이르기를 주 여호와께서 이같이 말씀하시되 자기만 먹는 이스라엘 목자들은 화 있을진저 목자들이 양 떼를 먹이는 것이 마땅하지 아니하냐 너희가 살진 양을 잡아 그 기름을 먹으며 그 털을 입되 양 떼는 먹이지 아니하는도다 너희가 그 연약한 자를 강하게 아니하며 병든 자를 고치지 아니하며 상한 자를 싸매 주지 아니하며 쫓기는 자를 돌아오게 하지 아니하며 잃어버린 자를 찾지 아니하고 다만 포악으로 그것들을 다스렸도다"(겔 34:2-4) 하십니다. 이사야서에서는 "몰지각한 목자들"(사 56:11)이라고 말씀합니다. 남북 왕조를 망하게 한 책임이 지도자들에게 있다는 지적은 선지서가 공통적으로 말씀해주고 있는 바입니다.

⑤ 하나님께서 이처럼 진노하시는 것은,

㉠ 그들이 구속하여 자기 백성 삼으신 하나님의 소유이기 때문입니다. 이들을 "삼키며 망하게 하려는" 것을 결코 좌시(坐視)하지 않으시는 것입니다. 그러므로 이 말씀은

㉡ "너희가 너희 조상의 분량을 채우라 뱀들아 독사의 새끼들아 너희가 어떻게 지옥의 판결을 피하겠느냐"(마 23:32-33)고 당시의 종교지도자들을 책망하신 주님의 말씀과 맥을 같이 하는 것입니다. 교회가 타락하고 부패하여지는 것은 평신도에 의해서가 아니라 언제나 지도자로 인하여 발생하게 되는 것입니다.

⑥ 5절에 보면 "에바를 작게 하여 세겔을 크게 하며 거짓 저울로 속이며" 하는 묘사가 있는데, 이는 모두가 백성들의 양식과 관련이 있는 말씀입니다.

㉠ 곡식을 되는 에바는 "작게" 하고 값을 많이 받으려고 은을 다는 세겔은 "크게" 하여 저울을 "속였다"는 것입니다. 이렇게 하여 "가난한 자를 삼키며 힘없는 자를 망하게 하는" 일이 아모스 선지자 당시에는 자행되었던 것입니다.

㉡ 그런데 이 말씀이 오늘의 우리에게는 어떤 의미로 다가오는 것일까요? 어떻게 하는 것이 "삼키며 망하게" 하는 것인가를 생각해보아야 할 것입니다. 육신의 양식이 아니라 영의 양식을 속여서 파는 일입니다. 이를 가리켜 주님은 "거짓 선지자가 많이 일어나 많은 사람을 미혹하게 하겠으며"(마 24:11)라고 말씀하십니다. 이점이 이어지는 "양식이 없어 주림이 아니며 물이 없어 갈함이 아니요 여호와의 말씀을 듣지 못한 기갈이라"(11)는 문맥이 뒷받침해 주고 있습니다.

⑦ 본문에는 "애곡(3), 애통(8), 독자의 죽음으로 말미암아 애통

하듯 하게 하며"(10)하고 "애곡과 애통"하게 될 것을 말씀하는데, 주님은 말씀하십니다. "만일 그 악한 종이 마음에 생각하기를 주인이 더디 오리라 하여 동무들을 때리며 술친구들과 더불어 먹고 마시게 되면 생각하지 않은 날 알지 못하는 시각에 그 종의 주인이 이르러 엄히 때리고 외식하는 자가 받는 벌에 처하리니 거기서 슬피 울며 이를 갈리라"(마 24:48-51).

⑧ 둘째 단원이 우리에게 주는 교훈은 교회는 목사 · 장로 · 권사 · 부자 · 권세 있는 자보다도 이름 없는 평신도들에게 보다 많은 관심을 기우려야 한다는 점(약 2:1-5)입니다. 직분 자들은 섬김을 받아야 할 지위(地位)에 있는 자들이 아니라 섬겨야 하는 직분(職分)이기 때문입니다.

셋째 단원(11-14) 우상을 숭배한 경건하지 아니한 죄

"사마리아의 죄된 우상을 두고 맹세하여 이르기를 단아 네 신들이 살아있음을 두고 맹세하노라 하거나 브엘세바가 위하는 것이 살아있음을 두고 맹세하노라 하는 사람은 엎드러지고 다시 일어나지 못하리라"(14).

① "내 백성 이스라엘의 끝이 이르렀다"(2)고 사망선고를 내리실 수밖에 없는 것은 그들이 끝내 우상숭배에서 돌이키지 아니했기 때문입니다.

㉠ 그들은 하나님을 "사마리아의 죄 된 우상", 즉 "사마리아의 송아지"로 바꿔버렸던(롬 1:23) 것입니다.

ⓒ 또한 "브엘세바의 위하는 것"(14)을 섬겼습니다. 브엘세바는 이삭과 관련(창 26:23)이 있는 곳인데 그곳에 "이삭의 산당"(7:9)을 세우고 숭배했던 것입니다.

② 이 우상숭배와 관련하여 주목하게 되는 첫째 점은 "살아있음"(14)이라는 말입니다. 그들은 사마리아와 브엘세바의 우상들을 살아있는 존재로 여겼다는 것입니다. "사시고 참되신" 하나님을 버리고 목석(木石)을 "살아있는" 신으로 여기다니, 그러고도 변명의 여지가 있다는 말인가?

주목하게 되는 두 번째 점은 "맹세"라는 말입니다. "살아있음"이라는 말과 "맹세"라는 말이 각각 두 번씩 강조되어 있는데, 이는 그들이 우상을 섬기기로 "맹세" 한 자들이라는 것입니다. 이것이 "경건하지 아니한 죄"입니다. 멸망 받게 되는 주원인은 불의가 먼저가 아니라 하나님을 믿지 아니하는 경건하지 아니함에 있음을 명심해야 합니다.

③ "주 여호와의 말씀이니라 보라 날이 이를지라 내가 기근을 땅에 보내리니 양식이 없어 주림이 아니며 물이 없어 갈함이 아니요 여호와의 말씀을 듣지 못한 기갈이라"(11) 하십니다. 8장의 핵심이 여기에 있습니다.

ⓐ 왜냐하면 어떤 시련, 환난 중에도 하나님의 말씀이 바르게 선포되기만 한다면 하나님이 함께 하신다는 표징이요, 소망이 있기 때문입니다. 말씀은 빛으로, 위로로, 소망으로, 치유로 임하기 때문입니다.

ⓑ 중세(中世)를 암흑시대라 말하는데 "말씀의 기근"이 암흑(暗黑)시대요, 최악의 징벌이라 할 수 있는 것입니다.

④ 그렇다면 어찌하여 하나님은 이러한 "말씀의 기근", 다시 말하면 영적인 기근을 보내신다고 말씀하시는가?

ⓖ 이는 문맥과 동떨어진 말씀이 아닙니다. "너희는 나를 찾으라 그리하면 살리라"(5:4,6)고 선지자를 통해서 또는 재난을 통해서 말씀하셨으나, "너희가 내게로 돌아오지 아니하였느니라, 돌아오지 아니하였느니라"(4장) 그래서 "말씀의 기간"이 이르게 되는 것입니다.

ⓛ "여호와의 말씀을 듣지 못한 기갈이라"이라는 말씀이 놓여있는 위치를 보십시오. 앞부분(1-10)에는 백성들을 학대하는 "불의"가 있고, 뒷부분(14)에는 사마리아의 죄 된 우상을 섬기는 경건하지 아니함이 있습니다. 이들에게 하나님의 말씀을 전한다는 것은 "진주를 돼지 앞에 던지는"(마 7:6) 것과 같기 때문입니다.

ⓒ 같은 시기에 세움을 받은 호세아 선지자를 통해서는 그들의 소위를 "선지자들이 그들을 부를수록 그들은 점점 멀리하고 바알들에게 제사하며 아로새긴 우상 앞에서 분향"하고, "내 백성이 끝끝내 내게서 물러가나니 비록 그들을 불러 위에 계신 이에게로 돌아오라 할지라도 일어나는 자가 하나도 없도다"(호 11:2,7) 하십니다. 그러므로 그들에게서 말씀을 거두시겠다고 선언하시는 것입니다.

⑤ 본문은 "날이 이를지라"고 말씀하는데 그날이 언제인가? 역사적으로 보면 이런 시기가 몇 번 있었습니다.

ⓖ 혼란한 사사 말기입니다. "아이 사무엘이 엘리 앞에서 여호와를 섬길 때에는 여호와의 말씀이 희귀하여 이상이 흔히 보이지 않았더라"(삼상 3:1) 합니다.

ⓛ 아합 왕 때입니다. 엘리야 선지자는 "내 말이 없으면 수년 동안 비도 이슬도 있지 아니하리라"(왕상 17:1)고 선언하고 그릿 시냇가에 숨었습니다. 선지자란 하나님의 말씀을 대언하는 자인데 선지자가 숨었다는 것은 말씀이 숨은 기갈의 기간이었던 것입니다.

ⓒ 또한 70년의 포로기간이라고 말할 수 있습니다.

> 주의 성소를 불사르며
> 주의 이름이 계신 곳을 더럽혀 땅에 엎었나이다,
> 우리의 표적은 보이지 아니하며
> 선지자도 더 이상 없으며
> 이런 일이 얼마나 오랠는지
> 우리 중에 아는 자도 없나이다(시 74:7,9)

라고 탄식하고 있습니다.

ㄹ 또한 신구약 중간기인 약 400년 동안이 "말씀의 기근"을 보낸 시기라고 말할 수 있습니다. 오랜 침묵 끝에 "광야에 외치는 자의 소리가 있어, 회개하라 천국이 가까웠느니라"(마 3:2-3)는 길 예비자의 외침이 울려 퍼졌던 것입니다.

⑥ 바울은 유대인의 특권 중 "하나님의 말씀을 맡았다"(롬 3:2)는 점을 첫 손가락에 꼽고 있습니다. 그런데 이 영광이 그들에게는 도리어 엄청난 화가 되고 만 것을 유념해야 합니다.

ㄱ 왜냐하면 "화 있을진저 너희 율법교사여 너희가 지식의 열쇠를 가져가서 너희도 들어가지 않고 또 들어가고자 하는 자도 막았느니라"(눅 11:52)고 잘못 사용했기 때문입니다.

ㄴ 현대교회에서 이 특권이 누구에게 주어졌는가? 말씀의 사역자들입니다. 이 시대는 "양식이 없어 주림이 아니며 물이 없어 갈함이 아니요 여호와의 말씀을 듣지 못한 기갈"이 아닌지 겸허한 마음으로 성찰(省察)해보아야 할 것입니다. "홍수 때 마실 물이 없다"는 말이 있습니다. 말씀은 홍수같이 흘러넘치고 있건만 정작 "말씀의 기근과 기갈"의 때는 아닌지 심각하게 고민해야 할 때인 것입니다.

⑦ 성경은 말씀합니다. "때가 이르리니 사람이 바른 교훈을 받지 아니하며 귀가 가려워서 자기의 사욕을 따를 스승을 많이 두

고 또 그 귀를 진리에서 돌이켜 허탄한 이야기를 따르리라 그러
나 너는 모든 일에 신중하여 고난을 받으며 전도인의 일을 하며
네 직무를 다하라"(딤후 4:3-5). 이것이 "여호와의 말씀을 듣지
못한 기갈"입니다.

아모스 9장 개관도표
주제 : 헐고 다시 세우시는 하나님

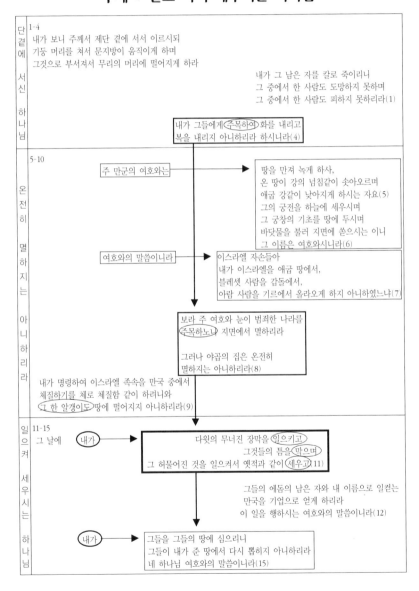

단 곁에 서신 하나님

1-4
내가 보니 주께서 제단 곁에 서서 이르시되
기둥 머리를 쳐서 문지방이 움직이게 하며
그것으로 부서져서 무리의 머리에 떨어지게 하라

내가 그 남은 자를 칼로 죽이리니
그 중에서 한 사람도 도망하지 못하며
그 중에서 한 사람도 피하지 못하리라(1)

내가 그들에게 주목하여 화를 내리고
복을 내리지 아니하리라 하시니라(4)

온전히 멸하지는 아니하리라

5-10
주 만군의 여호와는

땅을 만져 녹게 하사,
온 땅이 강의 넘침같이 솟아오르며
애굽 강같이 낮아지게 하시는 요요(5)
그의 궁전을 하늘에 세우시며
그 궁창의 기초를 땅에 두시며
바닷물을 불러 지면에 쏟으시는 이니
그 이름은 여호와시니라(6)

여호와의 말씀이니라

이스라엘 자손들아
내가 이스라엘을 애굽 땅에서,
블레셋 사람을 갑돌에서,
아람 사람을 기르에서 올라오게 하지 아니하였느냐(7)

보라 주 여호와 눈이 범죄한 나라를
주목하노니 지면에서 멸하리라

그러나 야곱의 집은 온전히
멸하지는 아니하리라(8)

내가 명령하여 이스라엘 족속을 만국 중에서
체질하기를 체로 체질함 같이 하려니와
그 한 알갱이도 땅에 떨어지지 아니하리라(9)

일으켜 세우시는 하나님

11-15
그 날에 내가

다윗의 무너진 장막을 일으키고
그것들의 틈을 막으며
그 허물어진 것을 일으켜서 옛적과 같이 세우고(11)

그들의 에돔의 남은 자와 내 이름으로 일컫는
만국을 기업으로 얻게 하리라
이 일을 행하시는 여호와의 말씀이니라(12)

내가

그들을 그들의 땅에 심으리니
그들이 내가 준 땅에서 다시 뽑히지 아니하리라
내 하나님 여호와의 말씀이니라(15)

9장

헐고 다시 세우시는 하나님

¹¹ 그 날에 내가 다윗의 무너진 장막을 일으키고 그것들의 틈을 막으며 그 허물어진 것을 일으켜서 옛적과 같이 세우고

    마지막 장에 이르렀습니다. 9장은 8절 중간에 등장하는 "그러나"가 분기점입니다. 앞부분에서는 "제단 곁에 서신 하나님"(첫째 단원)께서, "내가 그들(이스라엘)에게 주목하여 화를 내리고 복을 내리지 아니하리라(4), 내가 범죄한 나라에 주목하여 지면에서 멸하리라"(8) 하십니다. 그런데 "그러나"(8중) 하고 앞에서 말씀하신 심판을 뒤집으면서 "야곱의 집은 온전히 멸하지는 아니하리라"(둘째 단원) 하십니다. 여기에 소망이 있는 것입니다. 이어서 말씀하시기를 "그날에 내가 다윗의 무너진 장막을 일으키고, 세우고"(셋째 단원) 하십니다. 그러니까 하나님은 헐고 다시 세우시

려는 것입니다. 여기에 아모스서의 절망과 소망이 있는 것입니다. "파괴, 파멸"을 당하게 된 것은 인간의 행위로 말미암은 결과요, 그러나 "일으켜, 세우심"은 계획하신 바를 기어코 이루시고자 하는 하나님의 주권적인 행사인 것입니다. 그러므로 "이를 행하시는 여호와"(12하) 라고 말씀하십니다. 여기에 인류의 소망이 있는 것입니다. 이를 세 단원으로 나누어 상고하겠습니다.

> 첫째 단원(1-4) **제단 곁에 서신 하나님**
> 둘째 단원(5-10) **온전히 멸하지는 아니하리라**
> 셋째 단원(11-15) **일으켜 세우시는 하나님**

첫째 단원(1-4) **제단 곁에 서신 하나님**

"내가 보니 주께서 제단 곁에 서서 이르시되 기둥머리를 쳐서 문지방이 움직이게 하며 그것으로 부서져서 무리의 머리에 떨어지게 하라 내가 그 남은 자를 칼로 죽이리니 그 중에서 한 사람도 도망하지 못하며 그 중에서 한 사람도 피하지 못하리라"(1).

셋째 단원은 다섯 가지 환상 중 마지막 환상인데 아모스 선지자가 본 것은 "제단 곁에 서신 하나님"입니다.

① "내가 보니 주께서 제단 곁에 서서 이르시되"(1상), 여기서 말씀하는 "제단"이 어디에 있는 무슨 단인가?

㉠ 이는 "아침마다 희생"(4:4)을 드린 "벧엘의 제단"(3:14)으로 보아야 합니다. 9장 첫 절은 8장 마지막 절, "사마리아의 죄된 우상을 두고 맹세하여 이르기를 단아 네 신들이 살아 있음을 두고 맹세하노라"

한 것과 결부가 되는 말씀이기 때문입니다.

ⓛ "주께서 제단 곁에" 서셨다는 것은 "이스라엘의 끝"(8:2)이 이르렀기 때문에 심판을 시행하시기 위해서인 것입니다. 4:12절에서는 "네 하나님 만나기를 준비하라" 하셨고, 5:17절에서는 "내가 너희 가운데로 지나갈 것임이니라"고 말씀하셨는데, 이는 다 심판을 의미하는 것으로 그날이 이르게 된 것입니다.

② "기둥머리를 쳐서 문지방이 움직이게 하며 그것으로 부서져서 무리의 머리에 떨어지게 하라"(1중) 하십니다. 여기서 말씀하는 "기둥·문지방"은 벧엘에 세워진 신전(神殿)을 가리키는데, 하나님은 "내가 이스라엘의 모든 죄를 보응하는 날에 벧엘의 제단들을 벌하여 그 제단의 뿔들을 꺾어 땅에 떨어뜨리고"(3:14)라고 말씀하셨습니다. 이 장면은 삼손이 블레셋 다곤의 신전 기둥을 부서뜨려 건물을 무너지게 하여 그 안에 있는 모든 지도자와 온 백성을 죽게(삿 16:30) 한 사건을 연상하게 합니다.

③ "그 남은 자를 칼로 죽이리니 그 중에서 한 사람도 도망하지 못하며 그 중에서 한 사람도 피하지 못하리라"(1하) 하십니다.

2-4절은 1절에 대한 상론이라 할 수 있는데, "그들이 파고 스올로 들어갈지라도(무덤 속에 숨을지라도) 내 손이 거기에서 붙잡아 낼 것이요 하늘로 올라갈지라도 내가 거기에서 붙잡아 내릴 것이며 갈멜산 꼭대기에 숨을지라도 내가 거기에서 찾아낼 것이요 내 눈을 피하여 바다 밑에 숨을지라도 내가 거기에서 뱀을 명령하여 물게 할 것이요 그 원수 앞에 사로잡혀 갈지라도 내가 거기에서 칼을 명령하여 죽이게 할 것이라" 하십니다. 어디에 있던지 심판하시는 하나님의 눈이 이를 적발해 내실 것이라는 말씀합니다. 결국 "그 중에서 한 사람도 피하지 못하리라"(1하)는 말씀

입니다. 성경을 교훈적으로만 접근하게 되면 이럴 경우 너무 잔
인하다는 생각이 들게 될 것입니다. 아닙니다.

④ 이 점에서 사활(死活)적인 말씀을 드려야 하겠습니다. 구약
시대 주어진 제사제도, 즉 어린 양이 누구의 무엇에 대한 예표인
가를 놓치지 마시기 바랍니다. 하나님은 자기 아들의 대속적인
죽음을 통해서 구원하려 하시는데, 그들은 이 메시아언약을 "썩
어지지 아니하는 하나님의 영광을 썩어질 사람과 새와 짐승과 기
어 다니는 동물 모양의 우상으로 바꾸었느니라"(롬 1:23) 한 바꿔
치기한 자들입니다. 배은망덕한 그들을 향해 하나님은 선지자를
보내시되 부지런히 보내어 "너희는 나를 찾으라 그리하면 살리라
벧엘을 찾지 말며 길갈로 들어가지 말며 브엘세바로도 나아가지
말라 길갈은 반드시 사로잡히겠고, 벧엘은 비참하게 될 것임이라
하셨나니 너희는 여호와를 찾으라 그리하면 살리라"(5:4-6)고 호
소하면서 오래 참고 기다리셨습니다. 또한 여러 가지 재난들로
경고하셨으나 끝끝내 돌아오지 않은 자들입니다.

그들이 우상과 바꿔치기한 메시아언약이 무엇인가? 우리 대신
자기 아들을 심판하시고 구원해주시겠다는 약속입니다. 이런 사
랑의 언약을 배신하고 대적하는 자들을 심판하신다는 것은 정당
한 것입니다. 이점을 계시록 16:7절에서는 "제단이 말하기를 그
러하다 주 하나님 곧 전능하신 이시여 심판하시는 것이 참되시고
의로우시도다"(계 16:7) 합니다. 여기서 "제단"이라 한 것은 번제
단을 가리키는데 어찌하여 번제단이 하나님의 의로우심을 증언하
고 있는가? 그것은 분명합니다. 죄를 묵과하실 수 없는 하나님의
공의(公義)가 우리 대신 자기 아들을 심판하신 곳이 "번제단"이기

때문입니다.

⑤ 그러므로 근본 원인은 하나님께서 마련해주신 구원의 방도,

㉠ "너희는 나를 찾으라 그리하면 살리라 벧엘을 찾지 말며 길갈로 들어가지 말며 브엘세바로도 나아가지 말라 길갈은 반드시 사로잡히겠고 벧엘은 비참하게 될 것임이라 하셨나니 너희는 여호와를 찾으라 그리하면 살리라"(5:4-6) 하신 하나님을 배척한 데 있는 것입니다. 그렇다면 하나님을 찾는다는 것이 구체적으로 무엇을 의미하는가?

㉡ "아브람이 여호와를 믿으니 여호와께서 이를 그의 의로 여기시고"(창 15:6) 하신, 아브라함과 다윗에게 세워주신 메시아언약을 믿는 것입니다. 신구약을 막론하고 오직 이 한 길만이 "살리라" 하신 유일한 길임을 명심 또 명심, 증언 또 증언해야 하는 것입니다. 하나님은 인간의 자력으로는 구원의 가망이 없음을 우리 자신보다 더 잘 알고 계십니다. 우리가 할 수 있는데 하나님이 행해주신 것이 절대로 아닙니다. 이를 아셨기에 구원의 방도를 하나님이 마련해주신 것입니다. 이것이 구약의 성도들에게는 "메시아언약"으로 주어졌으며, 신약의 성도들에게는 그 언약의 성취자로 오신 그리스도의 십자가 복음으로 주어진 것입니다.

⑥ 그러므로 신구약을 막론하고 교회 안에 있다는 것만으로는 보장받을 수 없습니다.

㉠ "언약 안에" 있어야만 합니다. 그리스도 안에만 구원이 있습니다. 밖에는 없습니다. 언약 밖에는, 그리스도 밖에서는 한 사람도 도망하지 못하며 한 사람도 피할 자가 없는, 다시 말하면 살아남을 자가 없다는 말씀입니다.

㉡ 또한 육적으로 당한 이스라엘의 멸망이 비참한 것이 아닙니다. 참으로 비참한 것은 "마땅히 두려워할 자를 내가 너희에게 보이리니 곧 죽인 후에 또한 지옥에 던져 넣는 권세 있는 그를 두려워하라 내가 참으로 너희에게 이르노니 그를 두려워하라"(눅 12:5) 하십니다.

ⓒ 왜? 무엇 때문에 이런 멸망을 받게 됩니까? 윤리적인 문제 때문이 아닙니다. "하나님이 세상을 이처럼 사랑하사 독생자를 주셨으니 이는 그를 믿는 자마다 멸망하지 않고 영생을 얻게 하려 하심이니라"(요 3:16)하신 복음을 "당신을 구원하시기 위하여 대신 죽으시고 다시 살아나신 그리스도"를 배척했기 때문입니다.

⑦ "내가 그들에게 주목하여 화를 내리고 복을 내리지 아니하리라"(4하) 하십니다. 여기 "복과 화"가 함께 등장하는데 복을 받는 자와 저주를 당하게 되는 자가 있다는 것입니다. 언제입니까? 그 마지막이 다릅니다. 하나는 그 마지막이 사망이요, 다른 하나는 그 마지막이 영생입니다. 성경은 말씀합니다. "죄의 삯은 사망이요 하나님의 은사는 그리스도 예수 우리 주 안에 있는 영생이니라"(롬 6:21-23).

둘째 단원(5-10) 온전히 멸하지는 아니하리라

"보라 주 여호와의 눈이 범죄한 나라를 주목하노니 내가 그것을 지면에서 멸하리라 그러나 야곱의 집은 온전히 멸하지는 아니하리라 여호와의 말씀이니라"(8).

① 둘째 단원의 핵심은 심판하시되, "야곱의 집은 온전히 멸하지는 아니하리라"에 있습니다. 왜 그렇습니까? 그들에게 그럴만한 자격이 있어서가 아닙니다. 하나님께서 계획하신 구원의 방도를 이루시기 위해서입니다. 먼저 심판하시는 하나님을 어떤 하나님으로 계시하고 있는가? "주 만군의 여호와는 땅을 만져 녹게 하사 거기 거주하는 자가 애통하게 하시며 그 온 땅이 강의 넘침

같이 솟아오르며 애굽 강같이 낮아지게 하시는 이요 그의 궁전을 하늘에 세우시며 그 궁창의 기초를 땅에 두시며 바닷물을 불러 지면에 쏟으시는 이"(5-6)라고 말씀합니다.

② 심판하신다는 문맥에서 어찌하여 이렇게 계시하셔야만 했는 가? 이 말씀 속에는 "하늘·땅·바다"가 다 언급되어 있는데, 이 는 심판하시는 하나님의 능력을 말씀함이기도 하지만 이는 그들 이 사마리아의 우상을 섬기는 것과 관련이 있다고 하겠습니다.

그들이 메시아언약을 버리고 사마리아의 우상을 섬긴 이유는 한마디로 물질 축복을 위해서였습니다. 목축업에 종사하던 이스 라엘 민족이 가나안에 정착하면서 농사를 짓게 되자 "비를 내려 주는 신, 풍년을 주는 신"을 필요로 하게 되었던 것입니다. 그 필 요에서 바알을 섬기기에 이르렀던 것입니다. 이점을 아모스와 거 의 같은 시기, 같은 북 왕국을 위하여 활동했던 호세아의 글에서 는 "나는 나를 사랑하는 자들(우상)을 따르리니 그들이 내 떡과 내 물과 내 양털과 내 삼과 내 기름과 내 술들을 내게 준다"(호 2:5하)고 말하는 것을 보게 됩니다.

하나님은 그들을 향해서 "곡식과 새 포도주와 기름은 내가 그 에게 준 것이요 그들이 바알을 위하여 쓴 은과 금도 내가 그에게 더하여 준 것이거늘 그가 알지 못하도다"(호 2:8) 하십니다.

아모스서에서도 이를 깨닫게 하기 위해서 "땅·하늘·궁창·바 다" 등을 말씀하면서 "바닷물을 불러 지면에 쏟으시는 자니 그 이름은 여호와시니라"(6) 하시는 것입니다. 창조주 하나님을 자기 하나님으로, 아바 아버지로 모신다는 것이 얼마나 위대하고 영광 스런 일인가? 그런데 이를 버리고 말 못하는 우상을 섬기다니 성경은 "스스로 지혜 있다 하나 어리석게 되어 썩어지지 아니하는 하나님의 영광을 썩어질 사람과 새와 짐승과 기어다니는 동물 모양의 우상으로 바꾸었느니라"(롬 1:22-23)고 말씀합니다.

③ 또 하나님을 어떤 하나님으로 계시하시는가?

㉠ "내가 이스라엘을 애굽 땅에서, 블레셋 사람을 갑돌에서, 아람 사람을 기르에서 올라오게 하지 않았느냐"(7) 하십니다. 이 점에서 "블레셋과 아람"을 언급하심은 그들이 하나님을 의뢰하지 않고 애굽이나 앗수르를 의지하다가 심판을 당하게 된 것과 관련이 있습니다. 우리 하나님은 이스라엘 만이 아니라 모든 열국 즉 "역사를 주관하시는 하나님"이심을 계시해 주고 있습니다. 이점을 다니엘은 "지극히 높으신 자가 인간 나라를 다스리시며 자기의 뜻대로 그것을 누구에게든지 주시는 줄을 아시리이다"(단 4:17,25,32)고 말씀합니다. 하나님은,

㉡ "이스라엘 자손들아 너희는 내게 구스 족속 같지 아니하냐"(7상) 하십니다. 이는 이스라엘이 자신의 정체성(正體性)을 망각했음을 책망하는 말씀입니다. "이스라엘을 애굽 땅에서" 인도하여 내시면서 "내가 거룩하니 너희도 거룩할지니라"고 구별된 백성임을 말씀하셨는데, 이를 망각한다면 구스 족속(흑인)하고 다를 바가 없다는 것입니다.

④ 또 하나님을 어떤 하나님으로 계시하시는가? "보라 주 여호와의 눈이 범죄한 나라를 주목하노니 내가 그것을 지면에서 멸하리라"(8상) 하십니다. 4절에서는 "내가 그들에게 주목하여 화를 내리겠다" 하셨는데, 여기서는 "범죄한 나라"를 주목(注目)하여 지면에서 멸하리라 하시는 것입니다. 이 점에서 범죄한 나라를 이스라엘에 국한시킬 필요는 없습니다. 왜냐하면 1-2장에서 "다메섹 · 가사 · 두로 · 에돔 · 암몬 · 모압" 등 열방을 죄로 인하여 심판하실 것을 말씀하고 있기 때문입니다. 우리 하나님은 역사를

주관하시는 것만이 아니라 "열방을 심판하시는 하나님"이시라는 점을 계시하시는 말씀입니다.

⑤ "그러나" 하시고는, "야곱의 집은 온전히 멸하지는 아니하리라 이는 여호와의 말씀이니라"(8상) 하십니다. 어찌하여 북이스라엘의 심판을 말씀하시는 문맥에서 "야곱의 집"을 언급하시는 의도가 무엇인가?

㉠ "야곱"하면 우선적으로 무조건적인 하나님의 택하심을 연상하게 됩니다. 하나님은 "나의 택한 야곱아"(사 41:8) 하십니다. 인간의 범죄로 말미암아 남북으로 갈라졌다 하여도 하나님의 경륜은 "야곱의 집"에 있기 때문입니다.

㉡ "온전히 멸하지는 아니하리라" 하십니다. 이는 그들에게 그럴만한 자격이 있어서가 아니라 "야곱의 집"을 통해서 그리스도를 보내시어 구원계획을 이루시기 위해서인 것입니다.

㉢ "온전히 멸하지는 아니하리라"는 점을 이사야 선지자는 "만군의 여호와께서 우리를 위하여 생존자를 조금 남겨두지 아니하셨더면 우리가 소돔 같고 고모라 같았으리로다"(사 1:9)고 말씀합니다. 이것이 "남은 자"의 교리인데 성경역사를 살펴보면 하나님은 언제나 남은 자"를 두셨습니다. 그러므로 신약성경에서도 "지금도 은혜로 택하심을 따라 남은 자가 있느니라"(롬 11:5) 합니다.

⑥ "내가 명령하여 이스라엘 족속을 만국 중에서 체질하기를 체로 체질함 같이 하려니와 그 한 알갱이도 땅에 떨어지지 아니하리라"(9) 하십니다. 이는 "야곱의 집은 온전히 멸하지는 아니하리라" 하심에 대한 해설인데 그렇다면 살아남을 자는 어떠한 자인가?

㉠ "체질한다"는 뜻은 알곡과 쭉정이를 선별하는 작업을 가리킵니다. 이는 "까부르듯 하는"(눅 22:31) 환난 즉 이방에 포로가 되는 시련(체

질)을 통해서 이루어질 것을 의미합니다. "그 한 알갱이도 땅에 떨어지지 아니하리라" 하심은 결국 "남은 자"를 돌아오게 하시겠다는 의미입니다. "밤나무, 상수리나무가 베임을 당하여도 그 그루터기는 남아있는 것같이 거룩한 씨가 이 땅의 그루터기니라"(사 6:13) 하십니다.

ⓛ "야곱의 집은 온전히 멸하지는 아니하리라"는 말씀은 은혜요, 하나님의 긍휼입니다. 우리 하나님은 "일을 행하는 여호와, 그것을 지어(계획하여) 성취하는 여호와"(렘 33:2)이심을 계시해 주고 있습니다.

셋째 단원(11-15) 일으켜 세우시는 하나님

"그 날에 내가 다윗의 무너진 장막을 일으키고 그것들의 틈을 막으며 그 허물어진 것을 일으켜서 옛적과 같이 세우고"(11).

① 아모스서의 심장(心臟)부분에 이르렀다, 아모스서는 이 한 말씀을 위해서 기록이 된 것이라 해도 과언이 아닙니다. 왜냐하면 다른 선지서들을 보면 인간의 행위로 말미암은 "절망"과 하나님께서 행해주실 "소망"을 교차적으로 반복해서 진술합니다. 그런데 아모스서는 1:1-9:10절에 이르도록 한 번도 하나님께서 행해주실 소망·긍휼에 대한 언급이 없다는 점입니다. 그런데 9:11절에 이르러 드디어 "그 날에 내가"하고 비로소 하나님께서 행해주실 은혜를 말씀하는 문맥인 것입니다. 심지어 9장도

㉠ 앞부분인 1-10절은 "한 사람도 피하지 못하리라"(1)는 심판에 관한 내용인데, 8절에서 "그러나"하고 반전(反轉)을 하면서 "내가 일으키고 막으며 일으켜서 옛적과 같이 세우겠다" 하시는 것입니다.

ⓛ 이때까지의 내용은 "불을 보내어 궁궐들을 사르리라, 산당을 훼파하
리라, 사로잡혀 가리라"고 파괴하겠다는 말씀입니다. 이는 배은망덕
한 인간들의 행위로 말미암은 것입니다. 그러나 마지막 단원은 하나
님께서 행해주시겠다는 하나님의 행사입니다. 그러므로 "내가 다윗의
장막을 일으키고(11), 내가 내 백성 이스라엘의 사로잡힌 것을 돌이
키리니(14), 내가 그들을 그들의 땅에 심으리니"(15)하고, "내가 …
하겠다"고 말씀하시는 것입니다. 그렇다면 하나님께서 행해주시겠다
는 것이 무엇인가?

② "다윗의 장막"(11상)이라고 말씀합니다.

㉠ "다윗의 장막"이란 하나님께서 다윗에게 세워주신 언약을 상징적으
로 말씀함입니다. 다윗이 하나님을 위하여 성전을 건축하려 하자
"여호와가 너를 위하여 집을 이루고"(삼하 7:11), 즉 집을 세워주시
겠다고 언약하셨는데, 이것이 다윗의 장막입니다.

ⓛ 어찌하여 "장막"이라고 말씀하시는가? 다윗 자신이나 이새의 가문은
장막같이 보잘것없음을 나타냅니다. 이점을 바울은 "우리가 이 보배
를 질그릇에 가졌으니"(고후 4:7) 합니다. 우리는 "질그릇"같이 무가
치한 존재요, 또한 "만일 땅에 있는 우리의 장막 집이 무너지면"(고
후 5:1) 한 장막 같은 몸인 것입니다.

③ 본래 다윗의 장막이란 목동의 천막이었습니다.

㉠ 그러나 이제는 하나님께서 쓰시기 위해서 택하신 장막이요, 언약을
통해서 하나님이 함께 하시는 성막 즉 언약궤가 안치되어있는 성소
와 같은 엄청난 변화를 가져온 장막이 된 것입니다.

ⓛ 이 점에서 놓치지 말아야 할 장막이라는 맥락은 "내가 이스라엘 자
손을 애굽에서 인도하여 내던 날부터 오늘날까지 집에 살지 아니하
고 장막과 성막 안에서 다녔나니"(삼하 7:6) 하신 말씀입니다. 하나
님은 부동산(不動産)인 성전(집)에 안주해 계신 분이 아니라 이동식
(移動式) "장막과 성막"에 거주하시면서 행하시는 하나님, 즉 야전군

사령관과 같은 하나님이시라는 말씀입니다. 하나님은 "다윗의 장막"에 거주하시면서 영적 싸움을 진두지휘해 오신 것입니다.

④ 그런데 어찌하여 "무너진 장막"이라고 말씀하시는가?

㉠ 첫째는 그들이 하나님께서 세워주신 메시아언약을 파(破)했기 때문에 "무너진 장막"이라 하시는 것입니다. 메시아 왕국의 예표인 다윗 왕국이 분열 왕국이 되었다가 멸망 왕국이 된다는 것은 마치 "다윗의 장막이 무너진" 것과 같았기 때문입니다.

㉡ 둘째는 하나님은 다윗에게 "네 왕위가 영원하리라"고 언약하셨는데 다윗의 왕위인 "시드기야의 두 눈을 빼고 놋 사슬로 그를 결박하여 바벨론으로 끌고 갔더라"(왕하 25:7), 그래서 다윗의 무너진 장막이라 하는 것입니다.

⑤ 그런데 하나님은 "그 날에 내가 다윗의 무너진 장막을 일으키고 그것들의 틈을 막으며 그 허물어진 것을 일으켜서 옛적과 같이 세우고"(9:11)라고 말씀하시는 것입니다. 이 점에서 신약성경이 예수 그리스도의 족보를,

㉠ "아브라함부터 다윗까지

㉡ 다윗부터 바벨론으로 사로잡혀 갈 때까지

㉢ 바벨론으로 사로잡혀 간 후부터 그리스도까지"(마 1:17), 세 시기로 분류하고 있는 의도(意圖)를 생각하게 합니다.

"다윗부터 바벨론으로 사로잡혀 갈 때까지"가 바로 다윗의 장막이 무너지기 시작한 시기라고 말한다면 "바벨론으로 사로잡혀 간 후부터 그리스도까지"의 시기가 "무너진 장막을 일으키고 그 틈을 막으며 그 퇴락한 것을 일으켜서 옛적과 같이 세우시는" 기간이라고 말할 수 있을 것입니다.

⑥ 무너진 장막을 "일으키고" 하십니다. 이는 선지자들과 성경의 일관된 약속입니다.

ⓐ 세례 요한의 부친 "사가랴가 성령의 충만함을 받아 예언하여 이르되 찬송하리로다 주 이스라엘의 하나님이여 그 백성을 돌아보사 속량하시며 우리를 위하여 구원의 뿔을 그 종 다윗의 집에 일으키셨으니"(눅 1:67-69)하고 "일으키셨음"을 찬양합니다.

ⓑ 천사는 마리아에게 "보라 네가 잉태하여 아들을 낳으리니 그 이름을 예수라 하라 그가 큰 자가 되고 지극히 높으신 이의 아들이라 하나님께서 그 조상 다윗의 왕위를 그에게 주시리니 영원히 야곱의 집을 왕으로 다스리실 것이며 그 나라가 무궁하리라"(눅 1:31-33). 이것이 무너진 장막을 일으키심"입니다. 이처럼 "일으켜 세우시는" 의도가 무엇인가? 하나님은 "다윗의 장막"이 무너질 것을 이미 아셨습니다.

ⓒ 그리하여 "그가 만일 죄를 범하면 내가 사람의 매와 인생의 채찍으로 징계하려니와 내가 네 앞에서 물러나게 한 사울에게서 내 은총을 빼앗은 것처럼 그에게서는 빼앗지는 아니하리라"(삼하 7:14-15)고 말씀하셨던 것입니다. 하나님은 "사울의 장막"은 일으켜 세워주시지 않으셨습니다.

⑦ 11절을 보시면 "무너진 장막, 그 틈을 막으며, 그 퇴락한 것"이라고 말씀하고 있는데 어찌하여 이 지경이 되었는가?

ⓐ 이 점에서 하수인(下手人)만 보아서는 부족합니다. 그 배후에 있는 파괴자 사탄을 볼 수 있어야 합니다. 하나님은 그가 인류의 시조를 넘어뜨리자, "여자의 후손은 네 머리를 상하게 할 것이라"(창 3:15)고 선언하셨습니다. 사탄은 이때부터 자신이 "여자의 후손"에 의하여 멸망 당하게 될 것을 알고 있었던 것입니다. 그리하여 그가 태어나지 못하도록 "무너뜨리려는" 파괴공작(破壞工作)을 계속해왔습니다. 이를 깨달은 사람이 요셉입니다. "당신들은 나를 해하려 하였으나 하나님은 그것을 선으로 바꾸사 오늘과 같이 많은 백성의 생명을 구원하게 하시려 하셨나니"(창 50:20)라고 말합니다.

ⓛ 현대신학은 "마귀"라는 말을 하면 비웃고 경멸합니다. 그러나 악령을 부인하게 되면 성령도 부인하게 됩니다. 그리고 그리스도의 대속도 무용지물로 여기게 되는 것입니다. 주님은 "사탄이 하늘로부터 번개 같이 떨어지는 것을 내가 보았노라"(눅 10:18)고 말씀하십니다.

⑧ 그러므로 유념해야 할 점은 "다윗의 장막이 무너짐"이 성전이 불에 타고 바벨론의 포로가 되는 것이 처음도 아니요, 또한 마지막도 아니라는 것입니다. 또한 "무너진 장막을 일으켜 세우심"도 포로귀환이 처음도 아니요 마지막도 아니라는 점입니다.

ⓖ 사탄은 그리스도를 십자가에 못 박아 죽임으로 무너뜨리려 하였으나 하나님은 다시 살리심으로 "다윗의 무너진 장막을 일으켜 세우셨다"는 점을 인식한다는 것은 사활적으로 중요한 요점입니다. 사탄은 무너뜨리나, 하나님은 일으켜 세우십니다.

ⓛ 바울은 이를 가리켜 "죄가 더한 곳에 은혜가 더욱 넘쳤나니"(롬 5:20)라고 선언하고 있습니다. 그렇습니다. 사탄은 성도 한 사람, 한 사람도 넘어뜨리려 하나 "하나님을 사랑하는 자 곧 그의 뜻대로 부르심을 입은 자들에게는 모든 것이 합력하여 선을 이루느니라"(롬 8:28)고 다시 일으켜 세우시는 것입니다.

⑨ 그래서 본문은 "이 일을 행하시는 여호와의 말씀이니라"(12하)고 최고 최대의 권위로 말씀하시는 것입니다. "이 일을 행하시는 여호와"를 믿는 자는 "내가 확신하노니 사망이나 생명이나 천사들이나 권세자들이나 현재 일이나 장래 일이나 능력이나 높음이나 깊음이나 다른 어떤 피조물이라도 우리를 우리 주 그리스도 예수 안에 있는 하나님의 사랑에서 끊을 수 없으리라"(롬 8:38-39)고 선언하게 되는 것입니다.

ⓖ "일을 행하는 여호와, 그것을 지어 성취하는 여호와"(렘 33:2), 그렇습니다. "내 아버지께서 이제까지 일하시니 나도 일한다"(요 5:17)

하십니다. 성경은 아무리 분량이 많다고 하여도, 크게는 "하나님이 행해주신 것과 사람이 행한 일"로 되어있습니다. 천지만물을 창조하시고 자기 형상대로 사람을 지으시고 그들에게 배필을 주시고 에덴을 창설하사 거기 두신 분은 하나님이십니다.

ⓛ 그런데 인간이 한 일이라고는 하나님의 말씀을 불신앙하고 사탄의 유혹하는 말을 청종한 일입니다. 그리하여 에덴에 세우셨던 "아담의 장막"은 무너지고 말았습니다.

ⓒ 그러나 하나님께서는 "내가, 여자의 후손은 네 머리를 상하게 할 것이요"(창 3:15) 하고 다시 세우시는 일을 시작하신 것입니다. 이를 행하시는 하나님은 아브라함에게도 "내가 너로 큰 민족을 이루고"(창 12:2)라고 약속하셨습니다. 다윗에게도 "내가 네 몸에서 날 네 씨를 네 뒤에 세워 그의 나라를 견고하게 하리라"(삼하 7:12)고 "내가 하겠다" 하고 약속하셨습니다. 그리고 하나님은 그 약속을 지켜주신 것입니다.

⑩ 그러므로 설교자는 마땅히 하나님께서 행해주신 일을 우선적으로 보다 많이 더 자주자주 설교하여 성도들로 하여금 하나님의 선하심과 신실하심에 확고하게 세워주어야 할 책임이 있는 것입니다. 이를 듣고 믿게 될 때 "은혜"를 받는 것입니다. 은혜를 받아야 순종이 따르게 되는 것입니다. 사람이 행해야 할 일은 교훈을 주는 것이지 은혜가 아닙니다. 이것만을 강조한다면 성도들의 목에 멍에를 매우는 신약적인 "율법"이 될 수 있는 것입니다.

⑪ "그들이 에돔의 남은 자와 내 이름으로 일컫는 만국을 기업으로 얻게 하리라"(12상) 하십니다.

ⓐ 이는 예수 그리스도의 구속으로 말미암아 이방이 구원에 참여하게 될 것을 말씀함입니다. 특히 "에돔"을 거론하심은 이들이 이스라엘과 가장 적대관계에 있었기 때문일 것입니다. 그런데 그 벽을 허물고

화평하게 해주시겠다는 말씀입니다. 그리하여 그들 중에서도 "기업" 즉 하나님의 소유될 백성이 있을 것을 말씀합니다.

ⓛ 이 말씀을 야고보가 이방인의 구원문제로 회집(會集) 된 예루살렘 공회에서 인용하고 있다는 것은 너무나 적절한 인용이었던 것입니다. "이후에 내가 돌아와서 다윗의 무너진 장막을 다시 지으며 또 그 허물어진 것을 다시 지어 일으키리니 이는 그 남은 사람들과 내 이름으로 일컬음을 받는 모든 이방인들로 주를 찾게 하려 함이라 하셨으니"(행 15:16-17) 합니다. 야고보는 이 말씀의 의미를 정확하게 이해하고 있었던 것입니다. 즉 하나님께서 이방인들도 구원에 참여시키실 것을 미리 말씀하셨다는 것입니다. 그런데 "우리 조상과 우리도 능히 메지 못하던 멍에를 제자들의 목에 두려느냐"(행 15:10)고 율법주의자들의 말을 막았던 것입니다.

⑫ 13-15절은 복음시대에 임하게 될 풍성한 은혜를 말씀하는 묘사인데, "내가 내 백성 이스라엘의 사로잡힌 것을 돌이키리니"(14상) 하십니다.

이 말씀이 일차적으로는 이스라엘을 포로에서 귀환하게 하심으로 성취됩니다만 창세기에서부터 하나님께서 행해오신 일이 무엇인가를 아는 자라면 본문의 궁극적인 성취는 주님께서 말씀하신 바 "나를 보내사 포로 된 자에게 자유를, 눈먼 자에게 다시 보게 함을 전파하며 눌린 자를 자유롭게 하고 주의 은혜의 해를 전파하게 하려 하심이라, 이 글이 오늘 너희 귀에 응하였느니라"(눅 4:18-21)에서 성취될 예언임을 깨닫게 될 것입니다.

⑬ 배역한 죄에 대한 심판으로 시작한 아모스서의 마지막 말은 "내가 그들을 그들의 땅에 심으리니 그들이 내가 준 땅에서 다시 뽑히지 아니하리라"(15)는 말씀입니다.

예레미야 선지자를 통해서도 "깨어서 그들을 뿌리 뽑으며 무너뜨리며 전복하며 멸망시키며 괴롭게 하던 것과 같이 내가 깨어서 그들을 세우며 심으리라 여호와의 말씀이니라"(렘 31:28)하십니다. 그리고 이 약속이 "내가 새 언약을 세우리라" 하신 "새 언약"과 결부된 문맥에서 주어진 말씀임을 유념해야 합니다.

아모스와 동시대에 같은 북 왕국을 위해서 세움을 받은 호세아 선지자를 통해서도, "내가 그들을 스올의 권세에서 속량하며 사망에서 구속하리니, 내가 그들의 반역을 고치고 기쁘게 사랑하리니, 내가 이스라엘에게 이슬과 같으리니"(호 13:14, 14:4-5)라는 소망을 말씀하셨습니다. 우리가 믿는 하나님은 인간이 해결책으로 마련했던 "무화과나무 잎"을 벗기시고 "가죽옷을 지어 입혀" 주시는 하나님이십니다.

아모스서가 우리에게 하는 도전이 무엇인가?

① 이제 아모스서를 마쳐야 하겠습니다. 아모스서의 기록목적은 무엇인가? 하나님은 예루살렘의 멸망을 전후해서 16명의 문서 선지자들을 집중적으로 투입하셔서 선지서를 기록하게 하셔서 후대에 전해주게 하셨습니다. 선지서에는 공통점이 있는데,

㉠ 첫째는 메시아언약을 배반한 죄를 책망합니다.
㉡ 둘째는 돌아오라고 회개를 촉구합니다.
㉢ 셋째는 심판을 경고합니다.

그런데 멸망을 막은 선지자는 한 사람도 없다는 점입니다. 구약의 역사가 멸망으로 끝나고 있다는 것은 무엇을 말해주고 있는가? 인간의 행위로는 구원의 가망이 없다는 증거입니다. 그래서

ⓔ 넷째로 모든 선지자들은 공통적으로 "회복"을 약속하고 있습니다.

이 회복은 "내가, 하리니"하시는 하나님의 주권적인 은혜의 약속입니다. 그리하여 오직 구원은 하나님께서 주권적으로 이루어주실 메시아언약에 있다는 결론에 도달하게 되는 것이 선지서들입니다.

② 이 점에서 분명해야 함은 율법으로 안 되니까 메시아를 보내주시겠다는 것이 아니라는 점입니다. 하나님은 먼저 복음을 주시고, 그 후에 율법을 주심은 율법으로 죄를 깨닫고 복음을 믿게 하기 위해서였습니다. 그러므로 주님은 말씀하십니다. "너희가 성경(구약성경)에서 영생을 얻는 줄 생각하고 성경을 연구하거니와 이 성경이 곧 내게 대하여 증언하는 것이로다"(요 5:39). 구원은 "성경"에 있는 것이 아니라, 성경이 증언하고 있는 그리스도에 있는 것입니다.

③ 그러므로 아모스서를 통해서 첫째로 깨달아야 할 점은 "이스라엘"의 죄가 아니라, 나 자신이 "전적타락 · 전적부패 · 전적무능"의 죄인임을 뼈저리게 깨닫는 일입니다. 우리는 너무나 가볍게 "나는 죄인입니다" 라는 말을 하고 있지만, 진정 죄의 사악성과 뿌리를 깨달았단 말인가? 모세를 통해 율법을 주심으로부터 그리스도가 오시기까지 약 1500년! 그리고 구약성경의 분량이 무엇을 위해 그토록 많은 것인가? 두 가지로 요약할 수 있는데,

ⓐ 첫째는 죄를 깨닫게 하기 위해서요,

ⓑ 둘째는 죄를 깨닫고 "이같이 율법이 우리를 그리스도께로 인도하는 초등교사"(갈 3:24)가 되어 주님을 만나게 하기 위해서라고 말씀합니다.

그런데 1500년의 기간이 모자랐단 말인가? 구약성경 39권의

분량이 모자랐단 말인가? 주님 당시의 종교지도자들은 자신이 죄
인임을 깨닫는데 실패함으로 그리스도를 배척했던 것입니다. "하
나님의 의를 모르고 자기 의를 세우려고 힘써 하나님의 의에 복
종하지 아니하였느니라"(롬 10:3) 하십니다. 죄를 깨닫는다는 것
이 이토록 어려운 일이란 말인가?

④ 현대교회의 우려할만한 증상은,

㉠ "사랑의 하나님, 좋으신 하나님"에게로 직행하려는데 있다고 하겠습
니다. 하나님께서 정해놓으신 구원서정은 율법을 통하여 죄를 깨닫고
그리스도를 만나게 하시려는 것입니다.

㉡ 그런데 복음보다는 성장(成長)에 관심을 기울이고 있는 것입니다. 그
래서 "무너진 장막을 일으켜 세워주신" 하나님께서 행해주신 "그 큰
일"보다는 사람이 행해야 할 일에 올인(all in)하고 있다는 말입니다.
그리하여 강단에서 복음은 점점 사라져가고 있습니다.

이렇게 말하고 있는 셈입니다. "우리는 복음을 통과했다. 그러
므로 이제는 성장이다, 기도다, 전도다, 봉사다" 아닙니다. 성경적
인 모든 동기는 "예수 그리스도로의 구속으로 말미암아"에 연결
되어 있다는 점을 놓쳐서는 안 됩니다. 만일 이를 떠나서라면
"하나님의 의를 모르고 자기 의를 세우려고 힘써 하나님의 의를
복종하지 아니한" 저 유대인의 함정에 빠지게 될 것입니다.

⑤ 아모스 선지자는 구두(口頭)로 말씀을 선포했을 것입니다.
그런데 성령께서 이를 기록하여 후대에 전하게 하신 목적이 무엇
이겠습니까? 성경은 말씀합니다.

㉠ "이 복음은 하나님이 〈선지자들〉을 통하여 그의 아들에 관하여 성경
에 미리 약속하신 것이라"(롬 1:2). 그렇다면 아모스서의 기록목적도
그리스도, 곧 복음을 증언하기 위하여 기록되었다고 말할 수 있는

것입니다.

ⓛ 아모스서를 통해서 말씀하려는 중심주제는 이스라엘의 멸망이 아니라 "무너진 장막을 다시 일으켜 세우실" 그리스도를 증언하는 것입니다. 이는 아모스서 만이 아니라 구약성경 전체의 기록목적(요 :39)이기도 합니다. 이것이 분명하다면 우리는 마땅히 "나는 성경을 기록한 목적대로 사용하고 있는가?"하고 자문해 보아야 할 것입니다.

⑥ 부활하신 주님께서 증언하신 방법을 보십시오.

㉠ "이르시되 미련하고 <선지자들>이 말한 모든 것을 마음에 더디 믿는 자들이여 그리스도가 이런 고난을 받고 자기 영광에 들어가야 할 것이 아니냐 하시고 이에 모세와 모든 <선지자의 글>로 시작하여 모든 성경에 쓴바 자기에 관한 것을 자세히 설명하시니라"(눅24:25- 27).

ⓛ 사도들은 주님께서 본을 보여주신 방법대로 행했다는 것이 사도행전의 증거입니다. 사도들의 증언은 자신들의 체험에 의존하고 있지 않습니다. 성경을 들어서 예수가 그리스도이심을 입증(立證)하고 있습니다. 바울은 데살로니가에 가서 복음을 전할 때에 "성경을 가지고 강론하며 뜻을 풀어 그리스도가 해를 받고 죽은 자 가운데서 다시 살아나야 할 것을 증언하고 이르되 내가 너희에게 전하는 이 예수가 곧 그리스도라"(행 17:2-3)고 증명(證明)했다고 말씀합니다.

⑦ 그렇습니다. 구약성경을 주심이 아니라면 복음을 증명할 길이 없는 것입니다. 그래서 바울 사도는 이 복음이,

㉠ "율법과 선지자들에게 증거를 받은 것이라"(롬 3:21)고 증언했습니다. 오직 예수 그리스도만이 무너지고 쓰러진 우리의 장막을 "일으켜, 세우실" 분이요, "심으시고, 다시는 뽑히지 아니하게 하실" 구주이심을 증언하라고 주신 것이 아모스서인 것입니다.

ⓛ 우리는 구약성경을 주님께서 모범을 보여주신 대로, 그리하여 초대교

회 사도들이 모범을 따른 그 방법대로 사용하고 있는가? 이점은 말씀을 맡은 사역자들이 명심해야 할 사활을 좌우할만한 요점입니다.

⑧ 이제 그리스도인들 모두가 명심해야 할 말씀이 있습니다. 성경은 "너희 몸은 너희가 하나님께로부터 받은바 너희 가운데 계신 성령의 전인 줄을 알지 못하느냐"(고전 6:19)고 우리의 정체성을 일깨워주고 있는데,

㉠ 이 성전도 "내가 무너진 천막을 일으켜 세우고" 하신 하나님께서 세워주신 성전이라는 점입니다. 그리고 하나님 나라건설을 위하여 지금도 일하시는 하나님은,

㉡ "형제의 장막"에 거하시면서 형제를 의의 병기로 사용하시면서 진두지휘하시는 야전군 사령관이시라는 점입니다. "이는 네 하나님 여호와의 말씀이니라"(9:15하). 아멘 이것이 "헐고 다시 세우시는 하나님"입니다. – 아 멘 –